Timothy French

Ramy zaufania do e-usług w zakresie jakości projektowania

Timothy French

Ramy zaufania do e-usług w zakresie jakości projektowania

Zaufanie jako semiotyczny fenomen

Wydawnictwo Bezkresy Wiedzy

Imprint

Cover image: www.ingimage.com

Publisher:
Wydawnictwo Bezkresy Wiedzy
is a trademark of
International Book Market Service Ltd., member of OmniScriptum Publishing Group
17 Meldrum Street, Beau Bassin 71504, Mauritius

Printed at: see last page
ISBN: 978-620-0-81276-6

ABSTRACT

Oferowany wkład dotyczy zaufania do e-usług z wyraźnego semiotycznego punktu widzenia. Semiotykę zaufania do usług elektronicznych opracowuje się i wspiera poprzez zastosowanie nowych ram EST (E-Service Trust). Główny wkład ma na celu pokazanie, w jaki sposób, dzięki zastosowaniu ram EST, można uzyskać głębsze zrozumienie tworzenia zaufania do e-usług dla bankowości elektronicznej typu B2C (B2C (business-to-consumer)). Ponadto teza ta stanowi jednolitą semiotyczną narrację i analityczne ramy odniesienia. Wyniki są mapowane do nowej drabiny zaufania, nowego wariantu znanej klasycznej drabiny semiotycznej Stampera, po raz pierwszy sformułowanej w 1973 roku. Drabina ta jest wykorzystywana w całej pracy w sposób integrujący do artykułowania semiozy zaufania na różnych poziomach: społecznym, semantycznym, pragmatycznym, składniowym i empirycznym. Celem jest uwydatnienie wymagań dotyczących zaufania konsumentów do bankowości elektronicznej, tak aby ułatwić projektowanie stron internetowych dla bankowości elektronicznej. Wyniki uzyskane w wyniku zastosowania zasad ramowych EST obejmują zestaw odpowiedzi dotyczących zaufania konsumentów do zestawu siedmiu stron internetowych bankowości elektronicznej wyodrębnionych na kartach, uzupełnionych odpowiedziami dotyczącymi zaufania konsumentów zebranymi podczas spotkania dotyczącego bankowości elektronicznej na żywo. Wyniki pokazują, w jaki sposób zróżnicowany zestaw funkcji strony internetowej bankowości elektronicznej jest dekodowany przez konsumentów w celu zwiększenia ich zaufania. Konkretnie, w jaki sposób postrzeganie przez konsumentów bankowości elektronicznej funkcji projektowania na poziomie powierzchni łączy się z tworzeniem zaufania konsumentów wyrażonego jako wymierny poziom zaufania. Wydaje się, że konsumenci bankowości elektronicznej wykorzystują zarówno afektywne, jak i racjonalne reakcje w celu podniesienia poziomu zaufania do serwisu. Co więcej, właściwości gwarantujące zaufanie wynikają z postrzegania przez konsumentów różnych cech projektów na poziomie powierzchni. Wyniki badań empirycznych opisanych w niniejszym dokumencie stanowią pierwszy bezpośredni dowód na poparcie ogólnego modelu zaufania firmy Gambetta (pierwotnie opracowanego w literaturze z zakresu nauk społecznych), ze szczególnym uwzględnieniem bankowości elektronicznej B2C. Wszyscy konsumenci B2C polegają na konkretnych protokołach bezpieczeństwa w celu bezpiecznego korzystania z usług on-line. W związku z tym analiza protokołu SSL/TLS (Secure Socket Layers/Transport Level Security) z perspektywy zaufania jest oferowana jako niewielki wkład. Główny nacisk kładzie się w szczególności na niewłaściwe wykorzystanie i błędne postrzeganie przez konsumentów protokołu SSL/TLS na poziomie semantycznym. Twierdzi się, że naiwna semioza zaufania w odniesieniu do protokołu SSL/TLS może mieć negatywny wpływ na poziom zaufania konsumentów, w związku z czym znaki SSL/TLS mogą działać jak "fałszywy przyjaciel". Mówiąc bardziej ogólnie, zaufanie jako mierzalny poziom zaufania ma duże znaczenie dla modeli świadczenia i konsumpcji e-usług. W związku z tym jako niewielki wkład oferowany jest nowatorski projekt agenta ds. zaufania VO (organizacji wirtualnej). W szczególności proponuje się, aby odpowiednio zaprojektowany agent ds. zaufania mógł obiektywnie informować VO o poziomach zaufania konsumentów e-usług, wykorzystując dowody związane z reputacją osób trzecich.

DEKLARACJA

Potwierdzam, że jest to moja własna praca i wykorzystanie wszystkich materiałów z innych źródeł zostało właściwie i w pełni uznane.

Timothy S Francuski

PODZIĘKOWANIA

Chciałbym wyrazić uznanie i wdzięczność mojemu przełożonemu, profesorowi Kechengowi Liu, który był dla mnie stałym źródłem inspiracji. Chciałbym również podziękować moim egzaminatorom, a mianowicie dr Stephenowi Gulliverowi (Uniwersytet Czytelniczy) i profesorowi Loucopoulosowi (Uniwersytet Loughborough) za ich cierpliwość i pracowitość. Chciałbym również podziękować moim kolegom z pracy, którzy mnie wspierali. Wśród najwybitniejszych chciałbym szczególnie wyróżnić: Dr Mark Springett, Dr Simon Polovina, Dr Marc Conrad i Dr Osei Adjei.

Mojemu byłemu profesorowi Ianowi Bentowi (Nottingham University) zawdzięczam ogromny i trwały dług za jego inspirację, polegający na wprowadzeniu mnie w świat semiotyki poprzez komputerową analizę muzyczną i wspomaganą komputerowo analizę stylistyczną.

Wreszcie, przyznaję, że jestem głęboko zadłużony wobec mojej najbliższej rodziny, która przez cały czas oferowała mi swoje wsparcie. Ho-shinowi i Emily jestem winien specjalne i szczere podziękowania.

LISTA SKRÓTÓW

BPMLBusiness Process Mark-up Language

BS7799 British Standards Institute (Standard Bezpieczeństwa 7799)

B2B Business-to-Business

Organ certyfikujący CAC

Dyrektor Wykonawczy CEOChief

CGCorporate Governance

Język znaczników handlowych kontrolowany przez CTML(CTMLControllled Trade Mark-up Language)

Zarządzanie relacjami z klientami CRMC

ebXMLe-business Extensible Mark-up Language

E-SEQUALE - jakość usług (ramy)

ESTE-Service Trust

Rada ds. Sprawozdawczości Finansowej FRC

FPFailure Point

GTTGlobal Trust Table

HCIHuman Computer Interface

HLTMMHigh Level Trust Mental Mental Model

Protokół w sprawie uścisku dłoni (HPHandshake Protocol)

IND-CCAIndistinguishability under Chosen Ciphertext Attack

IP Protokół internetowy

IRRCInvestor Responsibility Research Centre

IT Technologia informacyjna

Perspektywa działania w języku angielskim

LISTA SKRÓTÓW (ciąg dalszy)

System MASMulti-agent

MoTeCModel zaufania w handlu elektronicznym (MoTeCModel of Trust in e-Commerce)

MRIMagnetyczny rezonans magnetyczny

OGSAOpen Grid Service Architecture

Semiotyka organizacyjna

PPMPast Performance Measure

PKIPublic Key Infrastructure

QoSQuality of Service

Ramy opisu źródeł RDFR

RPCRemote Procedure Call

RSARivest Shamir i Aldeman

SAMLSecurity Assertions Mark-up Language

SOAPSimple Object Access Protocol

Protokół SSL/TLSSecure Socket Layer/Transport Level Protocol

TUTTrust Utterance Taxonomy

TTST Threshold Score

Opis domeny UDDIUniversal Interfejs

URLUnique Resource Locator

Kod UCUtterance

Doświadczenie UE-Użytkownika

VOVirtualna organizacja

WS Web-Service

LISTA SKRÓTÓW (ciąg dalszy)

WSDLWeb-Service Description Language

WS-SecurityWeb-Service Security

WS-TrustWeb-Service Trust

XACMLExtensible Access Control Mark-up Language

XMLExtensible Mark-up Language

XML SOAPExtensible Mark-up Language Prosty obiekt Protokół dostępu

1 WPROWADZENIE

Technologie e-systemów (business-to-consumer, web-services i grid-services) udostępniają autoryzowanym użytkownikom zasoby, które zazwyczaj nie są własnością tego użytkownika. Właściciel zasobu musi mieć pewność, że zasób on-line będzie dostępny i w stanie nadającym się do wykorzystania przez konsumentów on-line, gdy będą chcieli z niego korzystać. Pomimo kontroli bezpieczeństwa, autoryzacji i uwierzytelniania, konsumenci i dostawcy e-usług muszą mieć pewien stopień wzajemnego zaufania, aby móc współistnieć we wspólnej przestrzeni elektronicznej.

Jednak przestępcze nadużycia zaufania w kontekście e-usług B2C (business-to-consumer) stały się powszechną wiedzą. Ponadto w ostatnim czasie pojawiły się dowody na tzw. "credit-crunch", który wprowadził do publicznej kontroli wiarygodność głównych instytucji finansowych na całym świecie. Wiele z tych banków należy do największych dostawców e-usług zarówno dla ogółu społeczeństwa, jak i dla partnerów biznesowych za pośrednictwem systemów B2B (business-to-business). Oczywiście każde nadużycie zaufania przez instytucję macierzystą dostawcy e-usług (taką jak bank), przez konsumenta internetowego lub przez osobę trzecią, która dopuściła się nadużycia, może prowadzić do powstania ryzyka. W bardzo realnym sensie zarówno konsumenci, jak i dostawcy usług internetowych (takich jak bankowość elektroniczna) są zatem narażeni na ryzyko poprzez świadczenie i korzystanie z usług elektronicznych.

1.1 Problem badawczy

Oferowany wkład dotyczy zaufania do e-usług z wyraźnego semiotycznego punktu widzenia. Głównym celem tego badania jest próba modelowania i zarządzania tworzeniem zaufania w bankowości elektronicznej B2C. Pomiar zaufania w ramach bankowości elektronicznej B2C jest uważany za kluczowy dla osiągnięcia tego celu. Jednakże, chociaż powszechnie uznaje się, że zaufanie pośredniczy w wielu formach komunikacji, wydaje się, że brak jest wspólnego porozumienia co do tego, jak najlepiej zdefiniować, modelować i badać zaufanie w środowisku e-usług (Grabner-Krauter i Kaluschia, 2003). Badanie to wnosi wartość dodaną do wcześniejszych prac, przedstawiając jednolite podejście, w którym zaufanie jest postrzegane jako mierzalny poziom zaufania, gdy patrzy się na nie w ramach jednoczących semiotycznych ram analitycznych. Docelowi odbiorcy badań powinni być postrzegani jako dostawcy e-usług B2C (np. e-banki), ich użytkownicy, a także pracownicy naukowi.

Wyniki badań mają potencjalną wartość zarówno komercyjną, jak i akademicką. Oczekuje się, że dostawcy usług bankowości elektronicznej B2C będą mogli wykorzystać te metody i wyniki, aby lepiej wykorzystać zaufanie w celu uzyskania przewagi konkurencyjnej. Rzeczywiście, jedno z najczęściej cytowanych badań w literaturze poświęconej e-konfidencji, przeprowadzone przez Cheskin Research and Sapient (Cheskin Research and Studio Archetype/Sapient, 1999) jest wyraźnie motywowane komercyjnie. Pomimo publikacji takich badań, a także wybitnych badań naukowych w zakresie zaufania on-line (Riegelsberger, 2005; Egger, 2003), dziedzina ta pozostaje bardzo rozproszona z wieloma różnymi modelami, ramami koncepcyjnymi i wynikami empirycznymi. Z punktu widzenia dostawcy usług bankowości elektronicznej B2C w dziedzinie zaufania on-line do tej pory brakowało zatem ujednolicającego paradygmatu lub integrujących podstaw teoretycznych (całość prac, o których mowa w niniejszym dokumencie, jest później szczegółowo omówiona w rozdziale 2).

Z punktu widzenia dostawcy e-usług, jakość, użyteczność i wiarygodność e-usług jest słusznie uważana za obszar o krytycznym znaczeniu dla misji, ale pozostaje obszarem bez szybkich napraw i magicznych rozwiązań (Lohse, 2000). Jest to jeszcze bardziej prawdziwe, gdy weźmiemy pod uwagę podobszar bankowości elektronicznej, gdzie literatura przedmiotu jest zazwyczaj obszerna i obejmuje badania nad wadami bezpieczeństwa (Hole, Moen i Tjøstheim, 2006), relacje z klientami i aspekty marketingowe (Mukherjee, Nath i Pal, 2002) oraz badania użyteczności bankowości elektronicznej (Kim i Moon, 1998; Nilsson, Adams i Herd, 2005). Większość opublikowanych badań nad aspektami zaufania w bankowości elektronicznej ma charakter anegdotyczny i niewiele ma podstaw teoretycznych (Aladwani, 2001).

Stosując nowe ramy EST (E-Service Trust) w bankowości elektronicznej, zwiększymy nasze rozumienie tworzenia zaufania poprzez zastosowanie semiotycznego paradygmatu. Konkretniej rzecz ujmując, staramy się odpowiadać za tworzenie niematerialnego zaufania konsumentów do bankowości elektronicznej, koncentrując się na *doświadczeniach użytkowników on-line*. Przez nieuchwytne zaufanie rozumiemy zestaw przekonań, oczekiwań i poznania użytkownika, które tworzą się w umyśle konsumenta podczas jego zaangażowania w stronę internetową. Zarówno afektywna, jak i racjonalna semioza zaufania jest uchwycona w kategoriach mierzalnego poziomu zaufania do strony. W ramach szerszych doświadczeń użytkowników ramy EST są wykorzystywane do badania roli protokołu SSL/TLS (Secure Socket Layers/ Transport Level Security) w mediowaniu naiwnego postrzegania zaufania konsumentów. Takie protokoły nie tylko służą do mediacji w zakresie postrzegania zaufania klientów, a tym samym mają wpływ na poziom zaufania konsumentów, ale odgrywają również kluczową rolę w zapewnieniu integralności i bezpieczeństwa komunikacji (np. płatności kartą kredytową) między klientem bankowości elektronicznej on-line a jego dostawcą usług.

Przed bardziej szczegółowym nakreśleniem celów należy wyjaśnić, że badania te były częściowo motywowane postrzeganym brakiem wyraźnego zaufania do badań w dziedzinie OS (semiotyka organizacyjna). Trzy stosunkowo niewielkie badania, istniały jako wyjątki (Karvonen i Parkinnen, 2001; Ibrahim, Noor i Mehad, 2007; Wisse, 2006). Rola zaufania w aktach komunikacji on-line była do tej pory zaniedbanym obszarem badań w społeczności OS. Ta luka w literaturze na temat OS może wydawać się nieco zaskakująca, biorąc pod uwagę pozorną wszechobecność zaufania w aktach komunikacji międzyludzkiej, a tym samym jego rolę w środowisku organizacyjnym (Kramer i Cook, 2004).

Staramy się zaradzić tej luce w literaturze na temat systemów operacyjnych, przede wszystkim poprzez zajęcie się kwestią tworzenia zaufania konsumentów w ramach doświadczeń użytkowników bankowości elektronicznej B2C. Aspekty związane z zaufaniem mediatorów ds. bezpieczeństwa, ponieważ mają one wpływ na doświadczenia użytkowników B2C, jak również na rolę zaufania w ramach szerszej współpracy VO (Virtual Organisation) w e-bankowości, są również analizowane jako niewielkie i pomocne elementy. VO w kontekście e-usługi zazwyczaj składa się z tymczasowej wirtualnej grupy roboczej składającej się z jednej lub więcej organizacji "ceglanych i zaprawnych", które są połączone przez Internet, a ich wspólnym celem jest świadczenie e-usługi. Oferowany wkład skupia się na wspieraniu konsumenta VO e-usługi, w odniesieniu do "miękkiego" pomiaru zaufania do reputacji.

Poprzednie badania wykazały, że reputacja jest kluczowym wyznacznikiem zaufania do e-usług konsumenckich VO (Wilson, Arenas i Schubert, 2007). Bez zaufania do konkretnej marki i bez zaufania konsumentów do przyszłych intencji (uczciwości i rzetelności finansowej) instytucji macierzystej, zaufanie do e-usług może być poważnie ograniczone (Klang, 2001). Ze względu na rozproszony i wirtualny charakter e-usług oferowanych przez VO nie zawsze łatwo jest konsumentowi e-usługi wstępnie określić prawdopodobną wiarygodność dostawcy e-usługi przed jej konsumpcją. W związku z tym oferuje się nowego agenta zaufania, który będzie wspierał konsumenta usług internetowych świadczonych przez VO e-usługi, starając się informować go o poziomie zaufania poprzez wykorzystanie obiektywnych dowodów pochodzących od osób trzecich, dotyczących właściciela lub właścicieli usług internetowych świadczonych przez

VO. Analizując zaufanie VO do e-usługi, za pomocą soczewki semiotycznej można oddzielnie zbadać rolę reputacji w oderwaniu od innych czynników wpływających, takich jak postrzeganie interfejsu komputera przez konsumenta. Paradygmat semiotyczny jest wykorzystywany jako podstawa zestawu narzędzi i technik, które składają się na nowe ramy zaufania do e-usług (EST). Techniki z tych ram są wykorzystywane jako podstawa dwóch badań empirycznych (rozdziały 6 i 7) oraz dwóch badań analitycznych (rozdziały 4 i 8). Nowa semiotyczna drabina *zaufania wywodzi* się z klasycznej semiotycznej drabiny Stampera (Stamper, 1973). Jest ona wykorzystywana jako integracyjne narzędzie analityczne w ramach rozdziałów 4, 6, 7 i 8. Proponuje się również HLTMM (High Level Trust Mental Model), na podstawie semiotycznego punktu widzenia zaufania (rozdział 3). Rozdziały 4, 6, 7 i 8 odnoszą się następnie do tego modelu.

1.2 Zakres i cele badawcze

Zakres obecnych badań został w dużej mierze omówiony w poprzedniej sekcji (sekcja 1.1). Główny nacisk położono na *rolę zaufania w pośredniczeniu w komunikacji między konsumentami i dostawcami w ramach spotkań dotyczących usług bankowości elektronicznej B2C on-line*. Główne cele można wygodnie podzielić na cele teoretyczne i empiryczne. Cele te są pokrótce przedstawione na stronie internetowej:

Cel badawczy 1 (teoretyczny)

Opracowanie nowej semiotyki e-trust i nowych ram EST (E-Service Trust). Rozwijana jest semiotyka e-trust, a następnie wspierana poprzez zastosowanie nowych ram EST. Zaufanie jest rozumiane jako wymierny poziom zaufania, wynikający ze złożonego zestawu uwarunkowań. Głównym celem jest wykazanie, w jaki sposób, poprzez zastosowanie ram EST, można uzyskać głębsze zrozumienie początkowego etapu tworzenia zaufania do e-usług konsumenckich, a dokładniej bankowości elektronicznej B2C. Stanowi to główny wkład pracy magisterskiej. Proponuje się nową semiotyczną drabinę zaufania, która ma na celu uwzględnienie semiozy zaufania na poziomie społecznym, semantycznym, pragmatycznym, składniowym i empirycznym. Drabina zaufania jest nowatorskim wariantem drabiny semiotycznej Stamper (Stamper, 1973), dostosowanym specjalnie do wyartykułowanej semiozy zaufania w ustawieniach usług e-trust. Przyjęta definicja semiozy zaufania jest następstwem działania Morrisa jako paradygmatu znaczeniowego (Morris,

1938). Krytyczne porównanie między komunikacją on-line i off-line odbywa się za pomocą teorii sygnalizacji zaufania Gambetta (pierwotnie opracowanej w literaturze z zakresu nauk społecznych) i rozwiniętej w nowatorskim obszarze zainteresowania, jakim jest bankowość elektroniczna. Ramy EST są sformułowane w oparciu o przesłanki pomocnicze, a następnie są wykorzystywane do realizacji Celów 2 i 3, tj. do późniejszego wykorzystania w badaniach empirycznych i indukcyjnych. Wyniki uzyskane w wyniku zastosowania EST Framework są odwzorowane na nowatorskim, integracyjnym HLTMM (High Level Trust Mental Model). HLTMM ma na celu uwzględnienie zaufania jako połączenia trzech wymiarów: pewności siebie, słuchania i doświadczenia.

Cel badawczy 2 (empiryczny)

Zbadanie roli afektywnego i racjonalnego postrzegania zaufania wśród konsumentów bankowości elektronicznej.

Ujawnienie roli znaków na poziomie powierzchni wbudowanych w interfejs serwisów bankowości elektronicznej w kształtowaniu zaufania konsumentów zarówno w początkowym punkcie kontaktowym (badanie użytkownika 1), jak i poza stroną domową (badanie użytkownika 2). Ujawnienie roli afektywnego i racjonalnego postrzegania zaufania przez konsumentów bankowości elektronicznej B2C jako części ich doświadczeń użytkownika. Pokazanie, w jaki sposób szeroka gama cech projektu strony internetowej na poziomie powierzchni postrzeganych przez konsumentów bankowości elektronicznej B2C (w ramach ich doświadczeń z użytkowaniem) buduje zaufanie konsumentów do strony internetowej bankowości elektronicznej, wyrażone jako wymierny poziom zaufania. Uzyskane wyniki są wykorzystywane do dostarczenia pierwszych bezpośrednich dowodów na poparcie modelu zaufania Gambetta (Gambetta i Hamill, 2005) dostosowanego do potrzeb, ze szczególnym uwzględnieniem bankowości elektronicznej. Stanowi to niewielki wkład do wiedzy.

Cel badawczy 3 (teoretyczny)

Zbadanie roli rzeczowych mediatorów bezpieczeństwa (SSL/TLS) w doświadczeniach użytkowników on-line B2C.

Analiza protokołu SSL/TLS z punktu widzenia zaufania semiotycznego jest oferowana jako niewielki wkład. W szczególności, głównym celem jest pokazanie, jak niewłaściwe użycie i błędne postrzeganie protokołu SSL/TLS przez konsumentów wpływa na semiozyzację zaufania konsumentów na poziomie społecznym i semantycznym. Podrzędny cel polega na wyraźniejszym pokazaniu, przy użyciu semiotycznej drabiny zaufania, roli oświetlenia półprzewodnikowego/TLS jako "fałszywego przyjaciela" poprzez wywoływanie naiwnej semiozy zaufania konsumentów, a tym samym ujawnienie jej negatywnego wpływu na poziom zaufania konsumentów. Celem analizy jest ujawnienie zaufania, braku zaufania i słabych punktów w zakresie bezpieczeństwa związanych z infrastrukturą półprzewodnikową/TLS, aby umożliwić ocenę ryzyka. Wyniki są wyraźnie związane z teorią Gambetta dotyczącą sygnalizacji zaufania i mapowane na HLTMM.

Cel badawczy 4 (teoretyczny)

Zbadanie roli agenta zaufania w dostarczaniu dowodów osób trzecich w ramach współpracy VO (Virtual Organisational) e-usługi w kontekście użytkowania.

Zaufanie jako mierzalny poziom zaufania ma szerokie znaczenie dla wzorców konsumpcji i świadczenia e-usług, takich jak e-usługi VO. Nowatorski projekt dla agenta zaufania VO jest oferowany jako niewielki wkład. Celem jest wykazanie, że odpowiednio zaprojektowany agent może być wykorzystany do obiektywnego informowania o poziomach zaufania konsumentów VO, poprzez wykorzystanie obiektywnych dowodów osób trzecich. Wybranym przykładem są wyniki w zakresie ładu korporacyjnego. Przedstawione są propozycje nowego, wspierającego agenta oprogramowania. Dochodzenie odnosi się do HLTMM.

1.3 Wkład pracy magisterskiej

Wkład pracy magisterskiej obejmuje następujące wyniki teoretyczne i empiryczne, które zostały wygenerowane w odpowiedzi na cztery cele wyższego szczebla przedstawione w poprzedniej sekcji (sekcja 1.2 powyżej).

- **Wkład teoretyczny**

Opracowano nowatorską semiotykę e-trust, która obejmuje integrację klasycznych studiów nad trustem, takich jak klasyczne dzieło Morrisa (Morris, 1938) z nowszym wkładem Diego Gambetty (Bacharach i Gambetta, 2001). Wyniki tej konceptualnej integracji obejmują nowatorskie ramy narzędzi i technik EST, nowatorską semiotyczną drabinę zaufania oraz HLTMM. W rozdziale 3 przedstawiono wiele istotnych materiałów, popartych rozdziałem 2, który krytycznie analizuje poprzednie badania nad zaufaniem on-line, pokazując, że zaufanie rozumiane jako mierzalny poziom zaufania jest zgodne z poprzednią literaturą. Podano również wartość dodaną semiotycznego paradygmatu integracyjnego w odniesieniu do e zaufania.

- **Wkład empiryczny**

Przeprowadzono dwa badania użytkowników z wykorzystaniem dwóch technik z ram EST. Sortowanie kart (studium użytkownika 1) i analiza dyskursu (studium użytkownika 2) są wykorzystywane do badania procesu tworzenia zaufania w bankowości elektronicznej z wykorzystaniem podmiotów ludzkich. Wyniki tych badań są wykorzystywane do ujawnienia bogatego zestawu reakcji na zaufanie do zawartości witryny, w którym zróżnicowana taksonomia manifestu na poziomie powierzchni (bodźce wizualne) są postrzegane jako wzbudzające zarówno zaufanie, jak i nieufność. Zarówno zamierzone, jak i niezamierzone znaczenia są postrzegane jako przekazywane użytkownikom za pośrednictwem treści strony. Wyniki stanowią pierwszą weryfikację teorii Gambetta w zakresie sygnalizacji zaufania w odniesieniu do bankowości elektronicznej, a także są wykorzystywane do informowania HLTMM. Pierwsze badanie użytkowników jest badaniem na pełną skalę, obejmującym 42 osoby, natomiast drugie badanie użytkowników jest badaniem o znacznie mniejszej skali, zaprojektowanym jako badanie empiryczne na *potwierdzenie koncepcji*. Wyniki drugiego badania dla użytkowników mają na celu potwierdzenie wyników pierwszego badania dla użytkowników, ale w bardziej ograniczonych ramach odniesienia (pojedynczy serwis bankowości elektronicznej) i w odniesieniu do podzbioru wskazówek wizualnych, które okazały się istotne w pierwszym badaniu dla użytkowników.

- **Wkład metodologiczny**

Badanie to oferuje pierwszy znany rachunek semiotyczny zaufania zastosowany do doświadczeń użytkowników bankowości elektronicznej B2C. EST Framework składa się z zestawu wcześniej znanych metod i technik, ale jest tutaj zastosowany do nowej dziedziny zainteresowań w następujący sposób: badanie użytkownika pierwsze stanowi nowatorską próbę wykorzystania sortowania kart w celu ujawnienia początkowej semiozy zaufania konsumentów za pomocą stron internetowych siedmiu znanych brytyjskich serwisów bankowości elektronicznej B2C. Drugie studium użytkownika stanowi pierwszą próbę zastosowania perspektywy działania języka (Language Action Perspective - LAP), a dokładniej *analizy dyskursu w* celu ujawnienia kształtowania się zaufania w środowisku bankowości elektronicznej. Wykorzystując metodę badań indukcyjnych oraz drabinę semiotyczną jako sondę koncepcyjną, rozdział 4 ujawnia rolę reputacji w ustawieniach e-usług wspólnych VO: mianowicie e-usług internetowych i gridowych. Proponuje się wprowadzenie nowego środka zaufania opartego na agencie, który bezpośrednio wspierałby pomiar reputacji VO w czasie rzeczywistym, a tym samym lepiej informowałby o poziomach zaufania konsumentów VO. Stosując podobne podejście, w rozdziale 8 ujawniono rolę wszechobecnego protokołu bezpieczeństwa SSL/TLS w ramach spotkań e-usług B2C jako potencjalnego "fałszywego przyjaciela" dla naiwnych konsumentów e-usług (takich jak konsumenci bankowości elektronicznej). Główny nacisk położono na błędne interpretacje i niewłaściwe wykorzystanie protokołu na poziomie konsumentów, a nie na szczegółowe rozważania dotyczące aspektów technicznych lub luk w zabezpieczeniach.

1.4 Struktura tezy

Rozdział 1 przedstawia przegląd motywacji, zakresu, celów i wkładu pracy dyplomowej oraz wskazuje, że badania te zostały opracowane z myślą o zaspokojeniu trzech potrzeb: potrzeby rozwinięcia głębszego zrozumienia procesu kształtowania zaufania konsumentów B2C (w szczególności bankowości elektronicznej); potrzeby ujednolicenia teoretycznego rachunku zaufania on-line; oraz potrzeby opracowania nowej semiotyki zaufania, która pogłębi nasze obecne rozumienie aktów komunikacji w dziedzinie OS.

W rozdziałach 2, 3 i 5 opracowano niezbędne *podstawy teoretyczne* do osiągnięcia celów i zaspokojenia potrzeb określonych w rozdziale 1, w zakresie objętym niniejszym zapytaniem, w następujący sposób:

W rozdziale 2 starano się umieścić obecne badania (tj. rozwój semiotyki e-trust) w szerszym kontekście wcześniejszych badań nad zaufaniem, zarówno klasycznym, jak i ściśle związanym z kontekstem e-usług. Widzi się, że zaufanie rozumiane jako mierzalny poziom zaufania jest w pełni zgodne z poprzednią literaturą.

Rozdział 3 rozwija nową semiotykę e-trust i określa rolę nowej semiotycznej drabiny zaufania oraz HLTMM (High Level Trust Mental Model). Klasyczne prace Morrisa (Morris, 1938) i nowsze prace Gambetty (Bacharach i Gambetta, 2001) okazują się być integralną częścią rozwoju nowej semiotyki euforii.

W rozdziale 4 przedstawiono rolę wysokiego poziomu zaufania jako reputacji w kontekście korzystania z e-usług VO poprzez przegląd najnowszej literatury. Wykazano, że semiotyczna drabina zaufania jest istotna dla wyartykułowania zaufania na różnych poziomach abstrakcji, na etapie projektowania i planowania wspólnej e-usługi VO. Przedstawia się wspomagający czynnik zaufania, który dostarcza obiektywne wyniki reputacji strony trzeciej (które odnoszą się do organizacji macierzystej VO) konsumentom VO e-usług w czasie ich trwania. Celem jest lepsze informowanie o poziomach zaufania konsumentów VO do danej e-usługi VO, tuż przed jej konsumpcją.

Rozdział 5 zawiera nowe ramy EST, obejmujące zestaw semiotycznie zorientowanych metod badań empirycznych i indukcyjnych, które są następnie stosowane i artykułowane w rozdziałach 6, 7 i 8. Chociaż same techniki nie są nowe, ich zastosowanie w kontekście e-trust stanowi wkład do wiedzy. Przedstawiono krótkie uzasadnienie, uzasadniające zastosowanie tych technik.

W rozdziale 6 opisano wykorzystanie rodzajów kart do badania tworzenia zaufania na poziomie strony domowej siedmiu dobrze znanych brytyjskich stron internetowych bankowości elektronicznej B2C. Badanie obejmuje badanie empiryczne z udziałem 42 osób. Chociaż sortowanie za pomocą kart było już wcześniej stosowane do określania czynników jakościowych na stronach internetowych, jest to pierwsze rozszerzone opublikowane badanie (francuskie, Liu i Springett, 2007), które stosuje sortowanie za pomocą kart do badania postrzegania zaufania w bankowości elektronicznej on-line.

W rozdziale 7 opisano zastosowanie podejścia LAP (Language Action Perspective) w celu zbadania postrzegania zaufania konsumentów do bankowości elektronicznej poza poziomem strony internetowej. Chociaż zakres badania jest ograniczony (obejmuje cztery osoby), wyniki pokazują, że analiza dyskursu jest użyteczną techniką, która jest w stanie uchwycić semiozy zaufania konsumentów tuż poza poziomem strony domowej, tj. w ramach płytkiej nawigacji na stronie. Wyniki mają na celu potwierdzenie wyników badania użytkowników nr 1, ale w bardziej ograniczonych ramach odniesienia (jeden serwis bankowości elektronicznej) i w odniesieniu do podzbioru wskazówek wizualnych, które okazały się istotne w pierwszym badaniu użytkowników. W związku z tym badanie stanowi niewielki wkład do istniejącej literatury.

W rozdziale 8 przedstawiono analizę dekonstrukcyjną dobrze znanego protokołu SSL/TLS w zakresie bezpieczeństwa materialnego z wykorzystaniem semiotycznej drabinki zaufania jako sondy. Wyniki ujawniają luki w zaufaniu i bezpieczeństwie w użytkowaniu protokołu działającego na różnych poziomach abstrakcji systemowej, umożliwiając przeprowadzenie analizy ryzyka. Głównym celem pracy jest zbadanie błędnej interpretacji i niewłaściwego wykorzystania SSL/TLS przez konsumentów w ramach e-usług (np. bankowości elektronicznej), a nie luk technicznych.

W rozdziale 9 przedstawiono streszczenie głównych ustaleń zawartych w tezie.

2 ZAUFANIE I HANDEL ELEKTRONICZNY

Kwestia kształtowania się zaufania konsumentów w Internecie była już wcześniej analizowana przy użyciu różnych podejść. Można zidentyfikować szereg różnych tradycji i podejść do kwestii zaufania (i nieufności). W obszernej opublikowanej literaturze możliwe jest zidentyfikowanie szeregu kluczowych, wpływowych myślicieli, którzy próbowali sformalizować lub na wpół sformalizować pojęcie zaufania. Rozumiemy przez to tych pisarzy, którzy usiłowali skonstruować modele zaufania, określić antycypunki powstawania zaufania oraz tych, którzy oferują definicje zaufania, które mają szczególne potencjalne znaczenie dla świata zaufania on-line. Jednak jedną z odwiecznych barier w syntezie ostatecznego modelu zaufania do e-usług i teorii zaufania z tej pracy jest brak porozumienia co do definicji zaufania (Grabner-Krauter *i in.* , 2005; Grabner-Krauter i Kaluschia (2003). Tak więc, nieadekwatne konceptualizacje zaufania i brak jednoczącego punktu widzenia lub paradygmatu może prowadzić do słabego teoretycznego uzasadnienia badań empirycznych i w konsekwencji do niemożności opracowania spójnych i skutecznych teorii.

2.1 Zaufanie między przedsiębiorstwami a konsumentami w zakresie wartości niematerialnych i prawnych

Zaufanie niematerialne obejmuje zbiór przekonań, oczekiwań i poznań użytkownika (zarówno racjonalnych, jak i afektywnych), które tworzą się w umyśle konsumenta podczas korzystania ze strony e-commerce B2C. Tworzenie niematerialnego zaufania w Internecie było przedmiotem szerokiego i zróżnicowanego zakresu badań, z których kilka ujawniło wyniki, które można bezpiecznie uogólnić. Szeroko zakrojone badania konsumenckie zidentyfikowały szereg czynników warunkujących zaufanie (Fogg *i in.,* 2001). Te uwarunkowania zaufania internetowego charakteryzuje zazwyczaj łatwość nawigacji, reputacja dostawcy e-usług oraz różne aspekty związane z "wyglądem i odczuciem" doświadczenia użytkownika. Wspierające badania na małą skalę z wykorzystaniem zastępczych użytkowników wchodzących w interakcję z żywymi i symulowanymi witrynami oferują wsparcie dla koncepcji, że tworzenie zaufania on-line B2C może być postrzegane jako kluczowy antecedent użytkowania witryny (Egger, 2003). Wydaje się, że użytkownicy reagują na treść strony internetowej w sposób, który wspiera ich niematerialne tworzenie zaufania. Wykazano, że czynniki determinujące, takie jak ich wcześniejsze oczekiwania, przekonania i orientacja kulturowa, mają wpływ na kształtowanie się zaufania konsumentów w Internecie (Kim i Moon, 1997; Jarvenpaa, Tractinsky i Vitale, 2000). Inni woleli postrzegać zarówno zaufanie, jak i doświadczenie użytkownika jako wymiar jakości usług, a także przeprowadzili badania mające na celu wyraźne powiązanie zaufania ze standardowymi modelami i ramami zarządzania relacjami z klientami (Minocha *i in.*, 2003).

Badania te dowiodły, że niematerialne zaufanie konsumentów jest ważnym elementem i elementem doświadczeń użytkowników on-line B2C. Niewiele uwagi poświęcono jednak dotychczas dekonstrukcji tworzenia się zaufania na poziomie bardziej drobnoziarnistym, tak aby oddzielnie wyartykułować składnię, semantykę i pragmatykę zaufania. Rzeczywiście wydaje się, że tylko Karvonen (Karvonen i Parkkinen, 2001 r.) w ogóle zbadał ten obszar, a ich ustalenia wydają się nieco powierzchowne, że konsumenci B2C ufają stronom internetowym, które zawierają wiele opisów tekstowych, ale nie ufają stronom, które zawierają częste obrazy i grafiki. Z pewnością musi być możliwe uwzględnienie semiozy zaufania konsumentów jako części doświadczenia użytkownika na bardziej szczegółowym poziomie. Postulujemy, aby komputerowe znaki zaufania wbudowane w teksty stron były interpretowane w różny sposób w zależności od wielu złożonych uwarunkowań. Konkretne akty znaczenia przed zaangażowaniem użytkownika lub w trakcie zaangażowania użytkownika wzmacniają semiozę zaufania, pozytywnie lub negatywnie, w miarę jak użytkownicy przechodzą do stanów docelowych (Ibrahim, Noor i Mehad, 2007). Założenie to pojawia się naturalnie z semiotycznego punktu widzenia euforii (co zostanie szerzej omówione w rozdziale 3).

Dążąc do konceptualizacji kształtowania zaufania konsumentów poprzez semiotyczną soczewkę, powinniśmy być w stanie zidentyfikować różnice i podobieństwa między zakupami w Internecie a konwencjonalnymi formami zakupów jako akt komunikacji. To twierdzenie zostanie później szczegółowo przeanalizowane i omówione w rozdziale 3. Następnie pokażemy (w Rozdziałach 6 i 7) poprzez badania empiryczne w ramach semiotycznie zorientowanych ram zaufania do e-usług (EST), że możliwe jest badanie zaufania i częściowe oddzielenie semiozy zaufania od innych aspektów doświadczenia użytkownika konsumenta. Paradygmat zachowania Morrisa (Morris, 1938) "znaczenie jako działanie" oferuje definicję semiozy, która jest zdolna do obiektywnego pomiaru. Oznacza to, że obserwując zachowania konsumenckie B2C (działania, akty mowy itp.) można uzyskać wgląd w nieuchwytną semiozę zaufania konsumentów B2C.

Konkretnie, jak zostanie to pokazane w dalszej części (rozdział 6), tworzenie zaufania do bankowości elektronicznej B2C można mierzyć w kategoriach poziomu zaufania do strony internetowej. Model zaufania Gambetta (Gambetta i Hamill, 2005) oferuje użyteczny *obiektyw*, dzięki któremu kwestie zaufania konsumentów B2C mogą być badane na poziomie semiozy zaufania do poszczególnych znaków (np. widoczna kłódka umieszczona na stronie głównej serwisu bankowości elektronicznej). Drabina zaufania, wariant drabiny semiotycznej Stamper (Stamper, 1973), oferuje punkt widzenia na wysokim poziomie, dzięki któremu wyznaczniki zaufania mogą być odwzorowane na różnych poziomach systemu informacyjnego. Wszystkie te różne modele i twierdzenia semiotyczne (przedstawione później w rozdziale 3) są testowane zarówno w odniesieniu do badań empirycznych, jak i indukcyjnych metod i podejść badawczych (rozdziały 4, 6-8).

Istniejąca literatura badawcza B2C związana z e-trustem jest zarówno obszerna, jak i zróżnicowana. Wang, (Wang i Emurian, 2005) dokonał przeglądu najczęściej cytowanych badań. Z tego przeglądu jasno wynika, że poprzednie badania osiągnęły szeroki konsensus co do zestawu wymiarów (cechy wzbudzające zaufanie), które są z nimi związane. Tabela 2.1 określa cztery takie wymiary: *projektowanie graficzne, projektowanie struktury, projektowanie treści i projektowanie poradnictwa socjalnego* jako kluczowe dla tworzenia e-konsumentów B2C. Wang odwzorowuje te wymiary i cechy w szeregu najbardziej znanych badań przeprowadzonych od 1998 roku. W tabeli 2.1 przedstawiono rozszerzoną listę tych wymiarów i cech. Choć w żadnym razie nie jest ona wyczerpująca, stanowi przydatne podsumowanie najbardziej wpływowych badań przeprowadzonych do tej pory.

Tabela 2.1: B2C Wymiary zaufania i cechy wzbudzające zaufanie (adaptowane z Wang i Emurian, 2005).

Wymiar	***Objaśnienie***	***Cechy takie jak:***	***Źródło literatury***
Projekt graficzny	Cechy projektu graficznego, które tworzą pierwsze wrażenie. (atrakcyjność wizualna)	• Dobrze dobrane zdjęcia • Zastosowanie 3-D clipartów • Umiarkowane pastelowe kolory	Karvonen i Parkkinen (2001); Kim i Moon (1998); Sillence *et al.*, (2006).

Projektowanie konstrukcyjne	Określa ogólną organizację i dostępność informacji na stronie.	• Łatwy w użyciu model nawigacji • Wsparcie nawigacyjne (wskazówki dla użytkowników) • W ramach funkcji projektowania stron	Cheskin/Sapient (1999); Karvonen i Parkinnen (2001); Sillence *et al.*, (2006).
Projektowanie zawartości	Elementy strony informacyjnej (marki, reputacja, produkty, usługi, pieczęcie).	• Wyróżniająca się marka (markowe doświadczenie) • aspekty CRM • Plomby osób trzecich	Cheskin/Sapient (1999); Egger (2003); Li *et al.*, (2006); McNight *et al.*, (2002).
Projektowanie poradnictwa socjalnego	Osadzanie opieki społecznej.	• Obecność społeczna • Ludzki wideoklip/zdjęcie • Komunikacja synchroniczna (czat i komunikatory internetowe)	Riegelsberger (2005); Steinbruck *i in.*, (2002).

Badania te dostarczają dowodów na poparcie tezy, że zaufanie jest warunkiem koniecznym dla znaczącego zaangażowania konsumentów on-line typu B2C. Ponadto, niematerialne tworzenie zaufania ma "*cykl życia*", w którym zaufanie jest początkowo budowane z pewnej początkowej wartości poprzez kontakt ze stroną internetową. Zaufanie jest następnie budowane lub podważane poprzez kolejne doświadczenia jako próba osiągnięcia celów przez użytkownika, a następnie podlega wpływowi aspektów związanych z dostawami off-line (Cheskin, 1999).

Odpowiednie wymiary i czynniki można określić w sposób ogólny. Tylko poprzez analizę podróży klientów podczas spotkań e-usług B2C oraz poprzez analizę drobnoziarnistych aspektów tych podróży można ujawnić istotne informacje. Ten aspekt, czyli umożliwienie bezproblemowego i pod wieloma względami podświadomego zaufania wśród konsumentów internetowych, znany jest jako "przepływ". Jest to idealny stan, który być może rzadko jest osiągany w rzeczywistych spotkaniach e-usługowych B2C. Koncepcyjnie, "przepływ" może być powiązany z czterema wymiarami poznawczymi pokazanymi na rysunku 2.1.

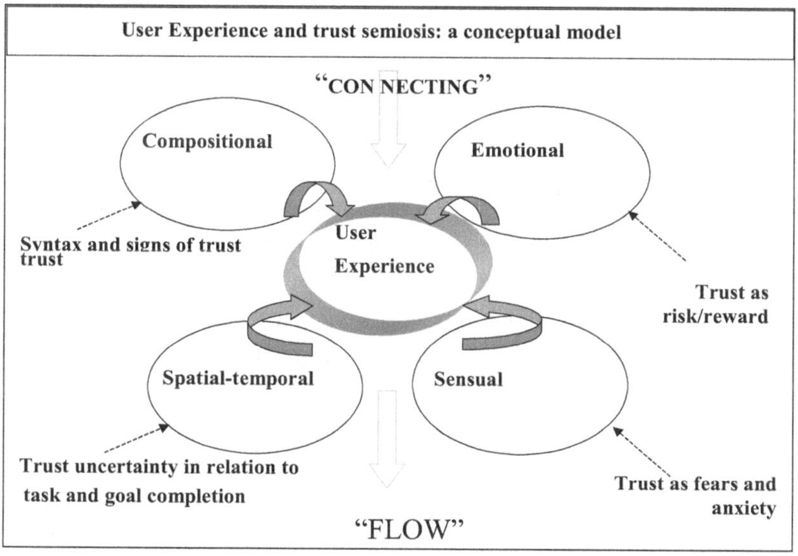

Rysunek 2.1: Doświadczenie użytkownika on-line: wymiary zaufania. (Zaadaptowane przez McCarthy'ego i Wrighta, 2004)

Szereg wcześniejszych badań dotyczyło kształtowania się zaufania konsumentów w różnych rzeczywistych lub symulowanych kontekstach e-usług. Jednym z najczęściej cytowanych jest praca Floriana Eggera (Egger, 2003), który skonstruował "MoTeC" (Model Zaufania w handlu elektronicznym) metapoziomowy koncepcyjny model zaufania i częściowo zatwierdził ten model poprzez wykorzystanie przedmiotów studenckich symulujących transakcje B2C. Jego praca, choć innowacyjna, jest typowa dla wielu innych badań, ponieważ przedstawiony model koncepcyjny MoTeC () ma zastosowanie jedynie w bardzo ogólnym sensie. Nie podejmuje się żadnych prób opracowania modelu drobnoziarnistego, który mógłby być przydatny dla przemysłowych projektantów stron B2C; raczej e-trust traktowany jest w dość ogólny sposób. Czynniki zaufania określone w modelu obejmują takie czynniki ogólne, jak: wcześniejsza reputacja biznesowa, "dobrze zorganizowany" element HCI oraz obecność promocji. W odniesieniu do czynników wpływających na zaufanie konsumentów B2C nie ujawniono wystarczającej ilości drobnych szczegółów, ani też szczegółowych aspektów doświadczenia użytkownika (UE), które mogłyby w inny sposób wpłynąć na tworzenie zaufania. Model zaufania MoTeC jest częściowo walidowany za pomocą badania opartego na użytkownikach, w którym zastępczy użytkownicy (przedmioty szkolne) próbowali nabywać towary i usługi.

Wyniki empiryczne zdają się wskazywać, że szeroko rozumiany projekt strony internetowej rzeczywiście wpływa na kształtowanie się e-trustu. Badanie nie jest jednak całkowicie przekonujące. Zastępcy nie byli rzeczywistymi użytkownikami, a wykorzystywane strony internetowe stanowią zróżnicowany zbiór przedsiębiorstw, a nie koncentrują się na jednym pionowym rynku elektronicznym (takim jak e-finansowanie, e-podróż itp.). Egger swobodnie uznaje ograniczenia tego modelu i wzywa do przeprowadzenia dalszych, bardziej szczegółowych badań. Wiele innych badań cytowanych na rysunku 2.1 powyżej również omawia w sposób ogólny czynniki warunkujące zaufanie. Modele te są często przedstawiane ze słabymi danymi anegdotycznymi lub bez poparcia empirycznego ze strony "prawdziwych" konsumentów B2C. Utrudnia to innym systematyczne korzystanie z tych badań lub ocenę ich potencjalnej wartości dla dostawców e-usług B2C.

Opierając się na pracy firmy Egger i dążąc do opracowania zestawu bardziej wiarygodnych technik i modeli, które przemysł może bardziej bezpośrednio dostosować i wdrożyć, Minocha *i in.*, (2003) przeanalizowali kwestie zaufania do e-usług, ponieważ są one osadzone w szerokich ramach jakości CRM usług elektronicznych. W zakończonym w 2004 r., finansowanym ze środków zewnętrznych, branżowym projekcie opartym na klientach, dwie przemysłowe strony internetowe dla klientów korporacyjnych i ich użytkowników zostały wykorzystane do stworzenia ram koncepcyjnych E-SEQUAL ("Jakość e-usług") obejmujących cały cykl życia CRM. Niektóre elementy tych ram odnoszą się konkretnie do elementów zaufania, takich jak stopień, w jakim lojalność klientów jest generowana poprzez branding on-line, oraz stopień, w jakim identyfikowalność towarów i usług jest wspierana przez dostawców e-usług. Inne części ram są bardziej zorientowane na usługi i koncentrują się na sposobie, w jaki obsługiwane są zapytania klientów oraz na tym, w jaki sposób lojalność klientów jest tworzona poprzez realizację.

Ramy E-SEQUAL zostały opracowane przy użyciu podstawowej metodyki dochodzeniowej, w której "prawdziwe" podmioty wchodziły w interakcję podczas obserwacji ze stronami internetowymi przedsiębiorstw na żywo w celu ujawnienia krytycznych incydentów (zazwyczaj punktów awarii). Punkty te były następnie wykorzystywane do identyfikowania ogólnych słabych punktów witryn CRM, w tym niektórych aspektów związanych z zaufaniem. Chociaż stanowią one użyteczny (i nieco rzadki przykład) empirycznie uzasadnionego badania, wynikające z niego ramy są specyficzne dla paradygmatu CRM. Oznacza to, że nacisk kładzie się na cechy jakościowe całego cyklu życia CRM, a nie na tworzenie drobnoziarnistego zaufania B2C. Wynikającym z tego ramom, głównie ze względu na potrzeby społeczności CRM w kontekście e-usług, może brakować spójności intelektualnej. Zwłaszcza że ramy E-SEQUAL wywodzą się z hybrydy źródeł (głównie metod HCI i CRM), a nie z jakiegokolwiek paradygmatu unifikującego.

W USA istnieje tradycja, zgodnie z którą kwestie zaufania B2C są badane pod ogólną nazwą "wiarygodność". W najbardziej znanym badaniu (Fogg *i in.* , 2001) wykorzystano zakrojone na szeroką skalę badanie konsumenckie w celu zbadania, w jaki sposób zestaw różnych czynników przyczynia się do tego, że konsument B2C uważa stronę za "wiarygodną". To i podobne badania, takie jak wspólne badania konsumenckie Cheskin/Sapient (Cheskin, 1999), koncentrują się na różnych drobnoziarnistych aspektach warstwy prezentacji strony internetowej, takich jak przerwane linki, rodzaj używanej nazwy domeny (.com lub .uk), obecność lub brak fizycznego adresu kontaktowego, obecność pieczęci zaufania, widoczność marki strony, aktualna zawartość i podobne cechy na poziomie powierzchni. Badania te potwierdzają założenie, że ogólnie rzecz biorąc, konsumenci rzeczywiście badają strony B2C na bardzo szczegółowym poziomie. Konsumenci nie dokonują jedynie całościowych lub przypadkowych ocen tego, na ile wiarygodna i godna zaufania może być konkretna strona B2C, a na ile nie. Ma to konsekwencje dla dostawców usług elektronicznych, którzy chcą zwiększyć zaufanie konsumentów poprzez optymalizację elementu HCI. Tworzenie niematerialnego zaufania jest częściowo racjonalne, częściowo estetyczne, emocjonalne i osądowe. Jeśli mamy zbudować wszechstronny i wiarygodny przemysłowo semiotyczny model zaufania, najlepiej byłoby, gdybyśmy starali się wziąć pod uwagę wszystkie te zróżnicowane czynniki. Badania konsumenckie na dużą skalę nie starają się uwzględniać wiarygodności jako zjawiska dynamicznego, ani też nie próbują rozróżnić między początkowym spotkaniem a powrotem do obiektu. Niemniej jednak ujawniają one niektóre z drobnoziarnistych sposobów, w jaki *prawdziwi* konsumenci przypisują witrynom oceny wiarygodności i jako takie są wartościowe.

W kilku poprzednich badaniach starano się zbadać szczególną rolę krzyżowania się kultur w kształtowaniu zaufania konsumentów B2C (Jarvenpaa,

Tractinsky i Vitale, 1999; Karvonen i Pakinnen, 2001; Preszynski i Thanasankit 2002; Kim *i in.* , 2003; Tan *i in.*, 2007). Badania te mają na celu porównanie kształtowania się zaufania wśród konsumentów B2C w odniesieniu do jednej lub kilku grup kulturowych. Na przykład, podczas gdy Jarvenpaa (*tamże*) oferuje oparte na użytkownikach porównania między amerykańskimi i izraelskimi studentami, Karvonen i Parkinnen (*tamże*) badają różnice w kształtowaniu się zaufania wśród nordyckich konsumentów e-usług B2C. Z ich pracy wynika, że konsumenci B2C z Norwegii i Szwecji różnią się pod względem oczekiwań co do marki strony, jej estetyki i wyglądu. Co więcej, te różne oczekiwania służą pośredniczeniu w budowaniu zaufania konsumentów.

Karvonen swobodnie postuluje, że czynniki kulturowe z góry determinują dany zestaw oczekiwań konsumenta (trust branding, text vs. graphics, pisemna narracja i gwarancje on-line). Oczekiwania te odpowiadają ogólnym postawom społecznym i społecznym oraz strukturom społecznym w obu krajach docelowych. Założenie jest takie, że zestaw danych znaków komputerowych połączonych w spójne doświadczenie użytkownika B2C wywołuje zróżnicowane reakcje konsumenckie w zależności od konkretnej orientacji kulturowej i systemu przekonań konsumenta. Najnowsze dowody wskazują, że te indywidualne różnice są trudne do sprecyzowania, z różnych powodów metodologicznych (związanych z uprzedzeniami kulturowymi) oraz dlatego, że nadal istnieje spór co do sposobu definiowania kultury w kontekstach internetowych (Oyugi, Dunckley i Smith, 2008; Smith *et. al.*, 2003).

Obszar międzykulturowych badań nad zaufaniem wydaje się być obecnie stosunkowo niedojrzały. Poza wyczerpującymi badaniami empirycznymi i porównawczymi nie wiadomo z całą pewnością, czym różni się kształtowanie zaufania między poszczególnymi docelowymi grupami kulturowymi. Większość dostępnych dowodów kulturowych odnosi się do "zachodnich" grup kulturowych lub do grup badanych przez Hofstede (Oyugi, *tamże*). Wykazano jednak, że pochodzenie kulturowe jest aktywnym wyznacznikiem tworzenia zaufania konsumentów w kontekście e-usług B2C, takich jak bankowość elektroniczna (Smith *i in.*, 2003). Z semiotycznego punktu widzenia nie jest to wcale zaskakujące, ale raczej powinno być postrzegane jako oczekiwane zjawisko.

2.2 Rzeczowe zaufanie między przedsiębiorstwami a klientami

Istnieje potrzeba zbudowania dyskursu pomiędzy użytkownikami internetowymi a użytkownikami na bezpiecznych i namacalnych platformach bezpieczeństwa, składających się z mediatorów technologicznych. Platformy te obejmują zazwyczaj: standardy bezpieczeństwa (np. BS7799 wdrożone przez www.smile.co.uk), bezpieczne i godne zaufania metody płatności on-line, takie jak Worldpay (http://www.worldpay.co.uk/), inicjatywa "trusted by Visa", a także wiele różnych zaufanych protokołów i standardów. Są one często oparte na infrastrukturze klucza publicznego (PKI), bezpiecznych protokołach klient-serwer, takich jak SSL/TLS, lub X. 509 certyfikatach cyfrowych i głównych organach wydających. Mediatorów zaufania technologicznego zbyt często charakteryzuje wąski paradygmat zapewnienia bezpieczeństwa, w którym zaufanie technologiczne jest często utożsamiane z bezpieczeństwem materialnym (zarządzanie, kontrola, niezawodność, solidność, zgodność mediatorów technologicznych z określonymi normami technologicznymi i behawioralnymi). Niedawno zaczęto podkreślać przekonanie, że zaufanie do wartości niematerialnych (tj. kultura zaufania dostawców i oczekiwania interesariuszy organizacyjnych dotyczące zaufania) jest nieodłącznie związane z mediatorami cyfrowymi (Nikander i Karvonen, 2000).

Rolą rzeczowych mediatorów zaufania jest przede wszystkim enkapsulacja zaufania dostawców i potrzeb w zakresie bezpieczeństwa w postaci standardów, metod, technik szyfrowania, zaufanych protokołów i architektur. Stworzenie paradygmatu zapewnienia bezpieczeństwa, który tylko naraża strony na wzajemny kontakt w ramach bezpiecznych, zaufanych i normatywnych ram zachowania bezpieczeństwa, jest bez wątpienia warunkiem wstępnym każdego "zaufanego" mediatora technologicznego. Ten ideał jest rzadko spotykany w praktyce. Wymierni mediatorzy e-usług uosabiają pojęcie przestrzegania określonych, zaufanych architektur informacyjnych, zbioru zasad, które wymagają agenta oprogramowania wspomagającego. Na przykład w kontekście usług internetowych i sieciowych zestaw rozszerzalnych standardów zaufania i bezpieczeństwa opartych na języku XML (Extensible Mark-up Language), skupionych wokół inicjatywy "Web Service trust" (WS-Trust), otrzymał zadanie ustanowienia namacalnego zaufania pomiędzy systemami autonomicznymi (głównie aspekty elektronicznej weryfikacji wiarygodności). Stosunkowo niewiele uwagi w ramach WS-Trust i związanych z nim standardów XML dla usług internetowych poświęcono niematerialnym aspektom tworzenia zaufania między ludźmi (Web-Services Trust Language, 2007). Podobnie niektóre badania, w których twierdzi się, że wnoszą nowy wkład w tworzenie zaufania w kontekście autonomicznym, wydają się oferować dość prymitywne próby naśladowania aspektów tworzenia zaufania międzyludzkiego z wyraźnie formalistycznego, a tym samym materialnego paradygmatu bezpieczeństwa. Takie badania często próbują ignorować lub w inny sposób upraszczać niematerialne i poznawcze aspekty tworzenia się ludzkiego zaufania (Platzer, 2004).

Niniejsze badania mają na celu skupienie się głównie na warstwie abstrakcji HCI i uwzględniają leżące u jej podstaw zaufane mediatory i protokoły, ponieważ są one istotne dla interpretacji przez użytkowników komunikatów systemowych i oznak zaufania wbudowanych w warstwę prezentacji. Jak zobaczymy później, ten aspekt "bezpieczeństwa użytkowego" jest główną słabością, jeśli chodzi o zaufanie konsumentów B2C. Luki na poziomie technicznym są również badane w celu stworzenia kompleksowej oceny ryzyka z wykorzystaniem semiotycznej drabiny zaufania i ujednolicenia semiotycznego paradygmatu (rozdział 8). Dla przykładu, ważne jest, aby semiotyka uwzględniała sposób, w jaki podstawowe protokoły SSL (lub cokolwiek innego) przywoływane przez użytkownika klikającego na pieczęć Verisign SSL osadzoną w warstwie wierzchniej strony robią lub nie pośredniczą w kontakcie z zaufaną e-usługą B2C. Również stopień, w jakim dostawcy e-usług wyjaśniają (na poziomie użytkownika) mediatorów bezpieczeństwa, może mieć wpływ na zaufanie użytkowników. Na głębszym poziomie wszyscy konkretni mediatorzy zawierają domyślne i wyraźne założenia dotyczące zaufania i zabezpieczeń. Są one podatne na niewłaściwą interpretację w odniesieniu do fałszywych założeń dotyczących ryzyka. Rzeczowi mediatorzy zazwyczaj ucieleśniają ukryte wartości, normy i przekonania dotyczące zaufania i odzwierciedlają wewnętrzną kulturę organizacyjną dostawcy usług elektronicznych. Z tego powodu istotne elementy bezpieczeństwa materialnego są włączone do proponowanych nowych ram EST.

2.3 Problemy z zaufaniem do usług organizacji wirtualnej

Przykładami usług współpracy VO są usługi internetowe i usługi gridowe. VO w kontekście e-usługi zazwyczaj składa się z tymczasowej wirtualnej grupy roboczej składającej się z jednej lub więcej organizacji "cegieł i zaprawy", które są połączone przez Internet, a ich wspólnym celem jest świadczenie e-usługi. W literaturze przedmiotu pojawiły się ostatnio różne modele obliczeniowe mechanizmów zaufania oparte na pojęciu zaufania wśród wirtualnych organizacji pracowniczych. Jednym z powodów jest fakt, że tradycyjne mechanizmy bezpieczeństwa są coraz częściej kwestionowane przez otwarte, szeroko zakrojone i zdecentralizowane środowiska potrzebne do wspierania współpracy VO (Wu i Periorellis, 2007). Współpracę między organizacjami zawodowymi ułatwiają mediatorzy technologiczni, podmioty autonomiczne i podmioty, które mają minimalne potrzeby interwencji człowieka. Współpraca VO w naturalny sposób prowadzi do wysoce zdecentralizowanego modelu bezpieczeństwa, ryzyka i zaufania pomiędzy partnerami VO w sposób zorganizowany, zdeterminowany potrzebami organizacji partnerskich i typowo dużymi projektami, które są podejmowane. Oba te rodzaje e-usług mają wspólne podobieństwa w odniesieniu do kwestii zaufania; zasadniczo usługi typu grid-services oparte są na architekturze usług internetowych z rozszerzeniami wspierającymi dynamiczne tworzenie i delegowanie VO.

Siatka i usługi internetowe charakteryzują się planowaną współpracą (współdzielenie zasobów obliczeniowych) pomiędzy geograficznie rozproszonymi VO. Zazwyczaj współpraca ta odbywa się pomiędzy "prawdziwymi" partnerami biznesowymi lub współpracownikami (Platzer, 2004). Typowe zastosowania obejmują obliczenia naukowe (znane jako e-nauka), w których jako preferowana metoda skoordynowanego współdzielenia zasobów VO i rozwiązywania problemów pojawiają się obliczenia gridowe. Zasoby VO mogą być rozpowszechniane na całym świecie i mają niejednorodny charakter. W ramach społeczności biznesowej, usługi internetowe obejmują również dzielenie się usługami pomiędzy wieloma partnerami biznesowymi przy użyciu protokołu znanego jako XML SOAP (Extensible Mark-up Language Standard Object Access Protocol).

Takie partnerstwa często wiążą się ze współpracą pomiędzy dostawcami podłączonymi do sieci łańcucha dostaw, w której zdalnie rozproszeni partnerzy wywołują zdalne wywołania procedur na wszystkich serwerach w celu zapytania o poziom zapasów. Wywołanie to jest możliwe dzięki wiadomościom SOAP XML. Charakter usług internetowych i powstających usług sieciowych można zgrabnie wyrazić w następujący sposób: usługi takie są "otwarte" zarówno w odniesieniu do procesu opracowywania standardów, jak i samych standardów. Są one "zorientowane na usługi", ponieważ taka współpraca między VO dostarcza funkcjonalności, która obejmuje luźno powiązane, wzajemnie oddziałujące usługi dostosowane do przyjętych w branży standardów usług internetowych XML. Istnieje potrzeba nie tylko zapewnienia wymiernego bezpieczeństwa wiadomości XML, ale także współpracy między klientem wirtualnym a dostawcą e-usług. Na wyższym poziomie abstrakcji VO konsumenci muszą mieć zaufanie do partnera VO e-usługi, w którym poziomy zaufania można wyrazić jako wymierny poziom zaufania. W dalszej części (rozdział 4) przedstawiono nowego agenta zaufania, którego zadaniem jest oferowanie wsparcia dla konsumenta wirtualnej e-usługi. Wsparcie to przybiera formę dowodów związanych z reputacją (wyrażonych w punktach zaufania) w odniesieniu do wiarygodności właściciela VO. Należy to odróżnić od istniejących standardów bezpieczeństwa wiadomości XML, które mają na celu rozwiązanie problemów związanych z tajemnicą i poufnością wiadomości. Nowy agent zaufania ma na celu rozwiązanie problemów związanych z reputacją i wiarygodnością VO (a tym samym z ryzykiem), które w naturalny sposób wynikają z otwartej architektury usług internetowych i sieciowych opartych na XML.

Wspólne e-usługi polegają na zdalnym wywoływaniu usług pomiędzy serwerami należącymi do różnych partnerów biznesowych, które są zaaranżowane do realizacji zadań. Partnerstwa mogą być wewnętrzne w organizacji lub bardziej zazwyczaj są zewnętrzne, w tym przypadku zdalne wywołania procedur są wywoływane i wykonywane za pomocą wiadomości wysyłanych do i z serwerów należących do różnych organizacji. Zarówno usługi gridowe, jak i internetowe wymagają współpracy (a więc zaufania) pomiędzy partnerami biznesowymi (*Secure*, 2001). Ponieważ takie usługi są odkrywane, publikowane i wykonywane za pomocą komunikatów maszynowych, nie jest konieczne, aby interfejs ludzkiego komputera pośredniczył w tych komunikatach w celu wykonania danego zadania. W niektórych przypadkach komponent HCI może być włączony, ale w wielu przypadkach usługi wyższego poziomu składają się z usług atomowych, które są przezroczyste dla użytkowników. W związku z tym, gdy rozważamy kwestie zaufania we współpracujących społecznościach VO, konieczne jest przesunięcie punktu ciężkości z rozważania samego komponentu HCI. W ramach takiej współpracy konieczne jest nie tylko zbadanie namacalnych problemów bezpieczeństwa (np. bezpieczna wymiana wiadomości), ale również rozważenie, w jakim stopniu partner biznesowy VO powinien lub nie powinien być godny zaufania jako niezawodny i godny zaufania dynamiczny wydawca usług elektronicznych, dostawca, konsument lub kompozytor. Potrzeba ta, wraz z propozycjami dotyczącymi nowego narzędzia opartego na agencie zaufania, jest następnie rozważana w rozdziale 4.

Literatura dotycząca zaufania niematerialnego (kwestie zaufania i reputacji partnerów VO) wydaje się być skąpa (Eymann, Konig i Matros, 2008). Dla większości pisarzy zaufanie zarówno do usług internetowych, jak i gridowych jest po prostu równoznaczne z "twardymi" technologiami bezpieczeństwa, które mają na celu zapewnienie bezpiecznego logowania się i wymiany informacji zgodnie z prawami i przywilejami w ramach wszystkich współpracujących architektur. W kontekście społeczności VO zasadnicze znaczenie ma wzajemne uwierzytelnianie między upoważnionymi osobami, które mają zaufanie do korzystania z usługi, a zaufanymi usługami (które nie są oszustami). Wiele obecnych wdrożeń opiera się na wykorzystaniu certyfikatów X. 509 lub innych form certyfikatów wydawanych przez urzędy certyfikacji (CA) w celu wspierania wzajemnego uwierzytelniania się partnerów VO. System ten opiera się na wiarygodności jednej lub większej liczby stron trzecich, ponieważ urząd certyfikacji jest wykorzystywany do zatwierdzania użytkowników ubiegających się o certyfikaty. Certyfikaty X.509 są w powszechnym użyciu od wielu lat. Często zaufanie oparte na certyfikatach jest zintegrowane z protokołem klient-serwer SSL/TLS, aby zapewnić, że komunikaty nie będą podlegały podsłuchowi.

Biorąc pod uwagę typowo dużą skalę i wysoce rozproszony charakter zarówno usług internetowych, jak i sieciowych, istnieje pilna potrzeba rozwinięcia nie tylko solidnego bezpieczeństwa, ale również podjęcia próby rozwiązania "miękkich" kwestii związanych z reputacją dostawców usług VO. Oznacza to, że należy dążyć do opracowania obiektywnych sposobów pomiaru wiarygodności VO w oparciu o wykorzystanie proxy zaufania. W odpowiedniej literaturze przedmiotu zidentyfikowano szereg potencjalnych środków tego rodzaju w odniesieniu do wyboru partnerów e-biznesu B2B (Keh i Xie, 2008). Zasadniczo dzielą się one na dwa rodzaje: mierniki ekonomiczne, które mają na celu ilościowe określenie reputacji przedsiębiorstwa za pomocą wymiernych mierników wyników finansowych, oraz mierniki instytucjonalne, które mają na celu powiązanie zaufania korporacyjnego z postrzeganiem różnych interesariuszy (takich jak klienci i inwestorzy).

Zgodnie z tym ostatnim podejściem, przedstawione rozwiązanie (w rozdziale 4) proponuje rozwiązanie oparte na agencie, które wykorzystuje wyniki uzyskane w ramach nadzoru korporacyjnego jako proxy zaufania do wysokiego poziomu zaufania jako reputacji. Jest ono połączone z dostępną wcześniej historią usług VO e-usług, tak aby wygenerować punkt zaufania VO, który wyraża zaufanie jako wymierny poziom zaufania. Wynik ten jest wykorzystywany przez konsumenta VO w celu określenia, czy dany VO e-usługodawca spełnia wymierne kryteria zaufania konsumenta, czy też nie. Swobodnie przyznaje się, że wybrane rozwiązanie, które jest zarysowane, wykazuje pewne problemy z uogólnieniem na poziomie VO's nie mających siedziby w Wielkiej Brytanii, ze względu na wykorzystanie punktów ładu korporacyjnego jako wybranego przykładu. To uznane ograniczenie zostało omówione później (rozdział 9), a proponowanego rozwiązania nie należy w żadnym wypadku traktować jako rozwiązania ostatecznego ani uniwersalnego. Intencją jest raczej opracowanie sposobów zarządzania i pomiaru "miękkich" kwestii zaufania VO z punktu widzenia konsumenta, obszaru zaniedbanego w porównaniu z "twardymi" konkretnymi kwestiami bezpieczeństwa zarówno w kontekście sieci, jak i usług sieciowych. Wszystkie te kwestie zostały szerzej omówione w rozdziale 4, w którym dokonano krytycznego przeglądu odpowiedniej literatury.

2.4 Jak Semiotyka może wypełnić lukę w zaufaniu?

Staje się coraz bardziej oczywiste, że wymagania dotyczące zaufania mogą wymagać ponownego zbadania. Namacalne problemy związane z zaufaniem (bezpieczne przesyłanie wiadomości i uwierzytelnianie) nie mogą być odpowiednio uwzględnione wyłącznie za pomocą tradycyjnych specyfikacji wymagań funkcjonalnych (Nikander i Karvonen, 2000). Na "miękkie", niematerialne wymagania dotyczące zaufania, takie jak zarządzanie reputacją marki cyfrowej on-line, mogą raczej wpływać "twardzi" rzeczowi mediatorzy technologiczni i być w nich osadzeni. W związku z tym rozważania na temat jedynie materialnych problemów związanych z bezpieczeństwem w kontekście współpracy w zakresie e-usług nie powinny być postrzegane jako pełna odpowiedź na problemy związane z zaufaniem. Zarówno aspekty "twarde", jak i "miękkie" muszą być raczej zamknięte i wspierane przez odpowiednich mediatorów technologicznych i agentów ds. oprogramowania. Aspekty te zostały dokładniej zbadane w rozdziale 4.

Semiotyka została nazwana "nauką o znakach". Mówiąc dokładniej, jest to dyscyplina, która łączy znaczenie, tworzenie znaczeń, komunikację i kulturę poprzez rozumienie aktów znaczeniowych. Istnieje ogromna różnorodność klasycznych dyskursów i tradycji semiotycznych, najbardziej zauważalne są te z Peirce (1960), Saussure (1976), Morris (1938) i Eco (1976). Podstawowym założeniem jest to, że interesariusze nadają znaczenia "znakom" poprzez akty znaczenia zwane semiozą i że ten (wysoce zmienny) proces nadawania znaczeń służy do pośredniczenia we wszystkich aktach ludzkiej komunikacji. W kontekście organizacyjnym na te akty komunikacji składają się zazwyczaj schematy komunikacyjne, rytuały i normy społeczne, akty mowy, różnego rodzaju konstrukty społeczne i na poziomie konkretnym ostatecznie wpływają na nasze postrzeganie znaków komputerowych wbudowanych w interfejs komputerowy (francuski, 2003).

Znaki zazwyczaj przybierają formę konkretnych, namacalnych bodźców wizualnych (takich jak ikony, obrazy, hipertekstowe wskazówki itp.*), jak* również są wyrażane jako konstrukty społeczne (wspólna wiedza) często nazywane afordancjami społecznymi. a także wyrażają się jako konstrukty społeczne (wspólna wiedza) często nazywane afordancjami społecznymi. Znaki mogą również przybierać formę bardziej abstrakcyjnych znaczeń, takich jak przekonania, kultura i zaufanie. Znaki są zazwyczaj postrzegane jako elementy składowe "tekstów", tzn. teksty są tworzone w celu czytania (lub raczej interpretowania) przez ludzi poprzez proces rozpoznawania znaków i zagregowanych znaków (wzorów). W klasycznej semiotyce teksty te zazwyczaj składają się z dzieł literackich, muzycznych lub plastycznych, podczas gdy w semiotyce komputerowej tekst może zazwyczaj składać się ze strony internetowej (Codognet, 2003) lub innego "tekstu" ludzkiego komputera, który jest "czytany" (tzn. różnie interpretowany za pomocą semiozy) przez zainteresowanych (Liu, Crum and Dines, 1998).

Podstawowym pojęciem semiotyki jest to, że użytkownik nadaje znaczenia "znakom" poprzez akty znaczenia (semiozy). Ten bardzo zmienny i subtelny proces służy do pośredniczenia we wszystkich aktach ludzkiej komunikacji wewnątrz organizacji poprzez schematy komunikacyjne, rytuały, akty mowy, różnego rodzaju konstrukcje społeczne i na konkretnym poziomie wpływa na nasze postrzeganie znaków komputerowych wbudowanych w interfejs. Semioza jest postrzegana jako potencjalnie nieskończony proces, często polegający na nadawaniu wielu znaczeń danym bodźcom. Okazało się, że proces ten jest zależny od kontekstu, w którym zachodzą akty nadawania znaczeń, od roli aktora, a także od pochodzenia kulturowego i indywidualnego poznania.

W semiotyce klasycznej istnieją dwie główne tradycje. Te, na które Peirce wywarł największy wpływ, uważają, że przypisywanie znaczeń do znaku nie jest procesem bezpośrednim, ale raczej triadą. Tak więc obiekt (pojęcie) jest zazwyczaj wcielony bezpośrednio lub pośrednio w *reprezentanta* (sam znak) i zapośredniczony przez *interpretatora* (odpowiedź jakiegoś rodzaju, udana lub nie) przez ludzkiego interpretatora. Natomiast ci, na których Saussure wywarł większy wpływ, wolą postrzegać semiozy jako bezpośredni proces, w którym różnica między znakiem a jego postrzeganym(-i) znaczeniem(-ami) jest bezpośrednim "dystansem" semantycznym, który przynajmniej w zasadzie może być bezpośrednio zmierzony. Poprzez ponowne rozważenie e-trust jako komunikacji, wymiany znaków i tworzenia znaczeń (semiozy), a dokładniej, poprzez odniesienie wymagań dotyczących zaufania do nowej drabiny zaufania, mamy nadzieję dodać wartość do poprzednich podejść poprzez opracowanie zestawu ogólnych wytycznych dotyczących wymagań zaufania, aby pomóc twórcom witryn. W istocie jest to główna motywacja stojąca za obecną pracą. Wielu autorów opracowało swoje własne formalizmy, które mają za zadanie modelować, wykorzystując dyskretną i czystą matematykę, tworzenie ludzkiego zaufania w kategoriach logiki matematycznej (Falcone i Castelfranchi, 2001). Jednak jak dotąd niewiele jest dowodów na to, że modele te zostały przekonująco urzeczywistnione (np. przez agentów oprogramowania), tak aby objąć nieracjonalne i emocjonalne składniki ludzkiego zaufania.

Wartość metod matematycznych i formalnych jest wyraźnie cenna w kształtowaniu ludzkiego zaufania. Jednak w kontekście niniejszej pracy formalizmy te nie kładą nacisku na tworzenie znaczenia na poziomie emocjonalnym i estetycznym. Takie aspekty nie są łatwo modelowane za pomocą metod formalistycznych w porównaniu z racjonalnym zaufaniem (Hassel, 2005b). Abstrakcyjne modele tworzenia społecznego i ludzkiego zaufania, wykorzystujące logikę, teoretyczne lub proste systemy oceniania, nie badają odpowiednio relacji między znakami komputerowymi (*bodźcami*) a statycznym i dynamicznym przypisywaniem wielu znaczeń do takich znaków, na przykład przez konsumenta bankowości elektronicznej B2C.

Postrzegane jako zjawisko semiotyczne, czyli przypisane do znaków w kontekście zaufania, może być badane tylko na głębszym poziomie poprzez rozważenie semiozy zaufania i jej poprzedników. Kultura jest tylko jednym z czynników pośredniczących w powstawaniu semiozy zaufania w środowisku e-kontroli B2C. Próba modelowania złożonego obszaru, jakim jest zaufanie, jako model matematyczny, niesie ze sobą niebezpieczeństwo nadmiernego uproszczenia procesu tworzenia się ludzkiego zaufania. W rzeczywistości tworzenie zaufania konsumentów B2C jest procesem bardziej subtelnym, czyli takim, który jest zasadniczo dynamicznym dialogiem pomiędzy ludzkim aktorem a maszyną, a zatem najlepiej postrzegać go jako proces komunikacji - zjawisko semiotyczne.

Podejmowano różne próby zastosowania paradygmatu semiotycznego do dziedziny zachowań organizacyjnych. Rzeczywiście, semotyka organizacyjna jest zróżnicowaną dziedziną badań, która rozwinęła własną bogatą tradycję, w tym przede wszystkim pionierskie prace Liu (Liu, 2000), Andersena (Andersen, 1997) i Ronalda Stampera (Stamper, 1973). Wiele z tych prac było dotychczas nakierowanych na uzyskanie wglądu w rozwój systemów społeczno-technicznych przy użyciu różnych "miękkich" metodologii, ram i narzędzi. Z organizacyjnego punktu widzenia, akty znaczeniowe ("*semiozy*") mogą być badane na różnych poziomach abstrakcji. Wynika z tego, że na poziomie indywidualnego interesariusza akty tworzenia znaczeń mogą być badane pod kątem zlokalizowanych działań, intencji i przekonań. Na poziomie grupy roboczej semioza charakteryzuje się zazwyczaj środowiskiem społecznym, które jest ucieleśnione w społecznych aktach mowy lub zamknięte w nieformalnych lub formalnych wzorcach zachowań. Na poziomie organizacyjnym abstrakcji, semioza jest często ucieleśniana w orientacji przedsiębiorstwa (na poziomie holistycznym) do takich wymiarów, jak wartości, ryzyko, zaufanie, troska o środowisko itp. W związku z tym "znaczenie" przedsiębiorstwa (takiego jak np. bank wysokiego szczebla) jest zazwyczaj wyraźnie odzwierciedlone w jego misjach, raportach rocznych, wewnętrznych standardach lub w inny sposób jest często ukryte w normach dotyczących strategii lub kultury organizacyjnej banku.

W związku z semiotyką komponentu HCI, najnowszy tekst de Souza oferuje szeroki zakres krytycznego ujęcia sposobów, w jakie semiotyczny punkt widzenia może wnieść wartość dodaną do naszego rozumienia interakcji między użytkownikiem a systemem, poprzez wykorzystanie analizy dyskursowej (de Souza, 2005). Jednak kwestie zaufania same w *sobie* nie są poruszane w jej pracach. de Souza wzywa jednak do prowadzenia dalszych prac w odniesieniu do e-usług (de Souza, 2005, s. 74.) Niniejsza praca stanowi częściową próbę odpowiedzi na to wezwanie.

Semiotyka dowiodła swojej wartości w badaniu zachowań organizacyjnych, komputerowych dialogów międzyludzkich i rozwijaniu bogatszego spojrzenia na systemy informatyczne jako teksty, które mogą być interpretowane na wiele sposobów zgodnie z punktem widzenia interesariuszy. Jak dotąd (i dość zaskakująco, biorąc pod uwagę rosnącą powszechność e-usług), teorie semiotyczne i pojęcia zaufania, zarówno niematerialne, jak i materialne, pozostają prawie całkowicie nierozwinięte. Jest to tym bardziej zaskakujące, że semotyka komunikacji hipertekstowej została wyartykułowana w komercyjnym internecie (Neumuller, 2001). W ramach tego wyartykułowania kwestie zaufania są poruszane tylko bardzo krótko w odniesieniu do uszkodzonych linków i nie są modelowane ani osobno badane w ramach semiozy hipertekstu: "*Pęknięte linki w WWW kwestionują status legislacji, stanowiąc tym samym poważny problem semiotyczny i użytkowy, który pozostawia użytkownika z nieufnością i frustracją wobec medium*" (Neumuller, 2001, s. 114).

Oczywiste jest, że warto rozwijać semiotykę e-trustu jako odrębną dziedzinę intelektualnego dociekania. Semotyka komputerowa w sposób dorozumiany lub wyraźny obejmuje badania nad tworzeniem ludzkiego zaufania komputerowego i jego poprzedników. Zasadniczo, semiotycznie rzecz biorąc, punkt widzenia umożliwia badanie kwestii e-trust za pomocą jednoczącego paradygmatu lub "obiektywu", w którym kwestie e-trust mogą być konceptualizowane za pomocą drabiny semiotycznej i badane empirycznie na różnych poziomach abstrakcji, w zależności od tego, czy skupiamy się na twardych, miękkich (lub obu) kwestiach zaufania. W rozdziale 3 przedstawiono dogłębnie semiotykę e zaufania, podczas gdy rozdział 5 wprowadza ramy EST, które mają na celu opracowanie nowej semiotyki e zaufania poprzez wykorzystanie zarówno metod badań empirycznych, jak i indukcyjnych. Niniejsza praca ma na celu przynajmniej częściową próbę wypełnienia luki w naszym rozumieniu zarówno "twardego", jak i "miękkiego" zaufania w społeczności OS w odniesieniu do e-usług B2C. Przedmiotem niniejszej pracy jest budowanie zaufania konsumentów do bankowości elektronicznej B2C. Rozdział 4 ma na celu pokazanie, że istnieje również wartość w rozszerzaniu zastosowania semotyki e-bankowości na kontekst e-usług typu VO we współpracy.

3 W KIERUNKU SEMIOTYKI ZAUFANIA

Istniejąca literatura badawcza związana z zaufaniem jest zróżnicowana. Zaufanie badano pod wieloma względami: z perspektywy filozoficznej, socjologicznej, psychologicznej, informatycznej, ekonomicznej i prawnej - by wymienić tylko kilka (Karvonen, 2007). Niewiele jest zgody co do definicji zaufania. Jedną z trudności jest to, że pojęcie zaufania jest ściśle związane z innymi pojęciami, takimi jak: *poleganie, kompetencja, wiarygodność i wiarygodność.* W tej różnorodnej literaturze poświęconej zaufaniu i zaufaniu internetowemu pojawia się integracyjne pojęcie zaufania jako *mierzalnego poziomu zaufania.* Niniejszy rozdział ma na celu wyjaśnienie wcześniejszych prac poprzez opracowanie nowatorskiej semiotyki e-trust, która stanowi nowatorski wkład w literaturę przedmiotu. Główny nacisk położono na tworzenie zaufania, a konkretnie na tworzenie zaufania jako wymiernego poziomu zaufania, wynikającego z wymiany znaków i sygnałów między *osobą odpowiedzialną za zaufanie (np.* konsumentem bankowości elektronicznej) a *osobą odpowiedzialną za zaufanie,* tj. właścicielem strony internetowej (np. strony bankowości elektronicznej B2C). Ta nowatorska semiotyka e-bankowości jest syntetyzowana za pomocą nowatorskiej drabiny zaufania wywodzącej się z klasycznej semiotycznej drabiny Stampera (Stamper, 1973); ogólnego modelu zaufania Gambetta, pierwotnie opracowanego w literaturze z zakresu nauk społecznych (Gambetta i Hamill, 2005), dostosowanego do kontekstu bankowości elektronicznej B2C.

3.1 Klasyczne modele i koncepcje

W ramach różnorodnej literatury publikowanej możliwe jest zidentyfikowanie szeregu kluczowych, wpływowych myślicieli "klasycznych", którzy próbowali sformalizować lub na wpół sformalizować pojęcie zaufania. Rozumiemy przez to tych pisarzy, którzy usiłowali skonstruować modele zaufania, określić antygeny tworzenia zaufania oraz tych, którzy proponują definicje zaufania, które mają szczególne potencjalne znaczenie dla świata e-trust on-line.

Deutsch (Deutsch, 1958) był jednym z pierwszych współczesnych pisarzy, którzy starali się zbudować formalny model zaufania. Zaufanie definiował w kategoriach jednostki skonfrontowanej z niejednoznaczną drogą. Ponadto ścieżka ta może prowadzić albo do zdarzenia prowadzącego do korzystnego dla tej jednostki wyniku (Va+), albo do zdarzenia postrzeganego jako szkodliwe (Va-). Osoba ta dostrzega, że wystąpienie Va+ lub Va- jest zależne od zachowania innego czynnika ludzkiego. Wreszcie, siła Va- jest większa niż siła Va+. Zasadniczo, jego pogląd na zaufanie jest oparty na relacji zaufania, w której wydarzenia są powiązane z innymi wydarzeniami, z których każde ma korzystne lub niekorzystne ścieżki. Aby relacja oparta na zaufaniu mogła zaistnieć, ścieżka szkodliwa ma większe znaczenie niż ścieżka korzystna. Deutsch wyjaśnia dalej, że *ryzyko* jest istotną właściwością środowiska, w którym występuje wybór ścieżek. Pojęcie, że budowanie zaufania między jednostkami ma miejsce w przestrzeniach informacyjnych, które są zarówno potencjalnie *ryzykowne* dla uczestników, jak i tam, gdzie *niekompletne informacje* są dostępne dla ludzkich aktorów, zostało powszechnie przyjęte i rozwinięte przez kolejnych badaczy (Corritore, Krasher i Wiedenbeck 2003; Mayer, Davis i Schoorman, 1995). W tej przestrzeni informacyjnej kluczowe znaczenie ma pojęcie *oczekiwania.* Na przykład, Gambetta (2000) dostarcza nam bogatej i potencjalnie obliczeniowo użytecznej definicji, która zawiera w sobie pojęcie zaufania jako *oczekiwania*:

Zaufanie (lub symetrycznie nieufność) to szczególny poziom subiektywnego prawdopodobieństwa, z jakim agent ocenia, że inny agent lub grupa agentów wykona określone działanie, zarówno zanim będzie mógł monitorować takie działanie (lub niezależnie od niego lub od jego zdolności do jego monitorowania), jak i w kontekście, w którym wpływa ono na jego własne działania".

[Gambetta, 2000.]

Ta koncepcja zaufania jako oczekiwania (racjonalnego, afektywnego lub mieszanego) jest koncepcją ściśle powiązaną z *poziomem zaufania.* Zaufanie może być zdefiniowane jako świadome lub nieświadome działanie lub stan psychiczny polegający na *zaufaniu* do czegoś lub kogoś. Koncepcja, że ten poziom zaufania może być sformalizowany, a więc mierzony, została rozwinięta przez Marsh'a w jego bardzo wpływowej pracy doktorskiej (Marsh, 1994).

Zaufanie jest silnie związane z jakąś rzeczą, niezależnie od tego, czy jest to osoba, której się ufa, środowisko, czy cokolwiek innego, od czego zależy pożądany rezultat. Do koncepcji zaufania dochodzimy, decydując się na oddanie się w cudze ręce, w tym sensie, że zachowanie drugiego decyduje o tym, co z tej sytuacji uzyskamy".

[Marsh (1994), PhD Thesis, s. 4.]

Pojęcie zaufania jako *wymiernego poziomu zaufania ma zasadnicze znaczenie* dla tej tezy. Ściślej rzecz biorąc, wykazano później, że konsumenci bankowości elektronicznej B2C (jako *trustors*) dekodują zróżnicowany zestaw bodźców w serwisie internetowym, tak aby stworzyć wymierny poziom zaufania do danego serwisu bankowości elektronicznej. Ponadto wydaje się, że ten złożony proces można z pożytkiem rozłożyć na ratingi konsumentów (poziomy zaufania), które odnoszą się do indywidualnych znaków zaufania wbudowanych w poziom powierzchni serwisu bankowości elektronicznej B2C.

Ściśle powiązana i niedawno opracowana ogólna definicja zaufania została zaproponowana przez Grandison i Sloman (2000). Definiują oni zaufanie jako "*silną wiarę w kompetencje podmiotu do działania w sposób niezawodny, bezpieczny i wiarygodny w określonym kontekście*". Istotne jest to, że przekonanie to zazwyczaj odnosi się do konkretnego *przedmiotu* lub artefaktu zaufania (np. serwisu bankowości elektronicznej). W ramach planowanego przez nas zakresu dochodzenia strona internetowa bankowości elektronicznej B2C działa jako centralny punkt centralny w przestrzeni informacyjnej (cyberprzestrzeni), w której podmioty formułują oceny kompetencji na podstawie swoich doświadczeń związanych ze stroną internetową. Następnie (sekcja 3.2.4) rozwijamy pojęcie określania podmiotów (stąd też artefakty tworzone przez podmioty takie jak strona internetowa) jako typu "złego" lub "dobrego", jako kwestii o kluczowym znaczeniu dla tworzenia zaufania konsumentów B2C on-line.

Mając na uwadze pojęcie *obiektu* zaufania, naukowcy starali się zbadać i rozwinąć pojęcie zaufania jako *wiarygodności*. Oczekuje się, że szczególnie pozytywny poziom wiarygodności będzie zasadniczo wspierał budowanie zaufania wśród konsumentów bankowości elektronicznej typu B2C, natomiast negatywny poziom wiarygodności strony internetowej będzie miał negatywny wpływ na budowanie zaufania konsumentów. Pisarze zidentyfikowali różne elementy składowe dotyczące wiarygodności przedmiotu zaufania (w naszym przypadku strony internetowej bankowości elektronicznej) jako obejmujące: *uczciwość, wiedzę fachową, przewidywalność i reputację* (Deutsch, 1958; Dasgupta, 1988; Fogg *i in.*, 2001; McNight i Chervany, 2001). Badania zdają się wskazywać, że *wiarygodność opiera się na* behawioralnej przewidywalności zaufanego obiektu, na przykład strony internetowej B2C (Tseng i Fogg, 1999), której pogląd popiera i rozwija Corritore (Corritore, Krascher i Wiedenbeck, 2003). Rzeczywiście, autorzy ci wybierają definicję zaufania jako obejmującą wymiary *wiarygodności* i *wiedzy fachowej*. Wymiary te są ściśle związane z pojęciem *wiarygodności*.

Podobnie koncepcja *reputacji* została opracowana przez pisarzy starających się określić ilościowo i zmierzyć wysoki poziom zaufania organizacyjnego w przedsiębiorstwach i organizacjach, (Kramer i Cook, 2004). Inni autorzy podkreślali znaczenie budowania zaufania na przestrzeni czasu (tj. czasowego wymiaru zaufania). Zaufanie nie tylko wyraźnie zależy od naszych doświadczeń z przeszłości, ale także oczekuje się wiarygodności i zaufania w przyszłych wydarzeniach. Te aspekty zostały włączone do różnych formalnych i nieformalnych modeli budowania zaufania (Dayal *i in.* , 1999; Nikander i Karvonen, 2000).

Ważnym aspektem budowania zaufania jest stopień, w jakim komponenty *afektywne i racjonalne* są zaangażowane. Z literatury jasno wynika, że komponent afektywny jest stosunkowo mało zbadany w porównaniu z wymiarem poznawczym (Castelfranchi i Falcone, 2000). Rozdziały 6 i 7 niniejszej pracy mają na celu zbadanie afektywnego i racjonalnego postrzegania zaufania przez podmioty w odniesieniu do sygnałów wbudowanych w strony internetowe bankowości elektronicznej B2C, tak aby częściowo wypełnić tę lukę.

Praca nad zaufaniem jest tradycyjnie podejmowana w różnych dziedzinach, takich jak filozofia, socjologia, psychologia, HCI, marketing, ergonomia i ostatnio e-commerce B2C. Doprowadziło to do powstania wielu różnych badań metodologicznych, teorii i modeli, z których każdy miał swoich zwolenników (Connolly, 2007).

W ramach tej pozornej różnorodności można z pożytkiem zidentyfikować kilka różnych rodzajów podejścia. Krytyczny przegląd większości z tych podejść oferuje Riegelsberger (Riegelsberger, Sasse i McCarthy, 2003a). W ramach tej pracy wyodrębniliśmy *trzy* główne nurty intelektualnych poszukiwań:

(i) Badania, które tworzą wymyślone i kontrolowane sytuacje społeczne, w których bada się czynniki ludzkie przy pomocy namacalnych natychmiastowych nagród. Mają one niewielkie bezpośrednie znaczenie dla spotkań e-usług B2C, ponieważ nacisk kładziony jest na natychmiastowe tzw. *endogeniczne nagrody.* W świecie realnym konsumenci często spotykają się z sprzecznymi egzogenicznymi korzyściami i muszą również uwzględniać pojęcie wartości użytkowej wybranego dostawcy.

(ii) Badania, które koncentrują się na szerszych kwestiach społecznych związanych z zaufaniem i społecznościami społecznymi, zarówno wirtualnymi, jak i rzeczywistymi. Mają one znaczenie, ponieważ podkreślają rolę zachowań kooperacyjnych w społeczeństwach ludzkich i często modelują zwielokrotniający się efekt egoistycznych lub dobroczynnych zachowań w sieci społecznej lub społeczeństwie.

(iii) Badania, które badają konkretne konteksty zaufania, w których użytkownicy wchodzą w interakcje z artefaktami w celu symulacji transakcji. Ponieważ ten ostatni obszar ma największe znaczenie dla spotkań e-usług B2C, obszar ten zostanie dokładniej zbadany później (zob. sekcja 3.2).

Tabela 3.1: Badania nad zaufaniem: podsumowanie klasycznych podejść.

Typologia badań nad zaufaniem	**Główna uwaga**	**Wybrany cytat(y)**
Gry oparte na dylemacie więźnia (społeczne)	Klasyczne "dylematy więźniów" oparte na grach opartych na zaufaniu, mające na celu zbadanie budowy zaufania pomiędzy osobami zaangażowanymi w różne sytuacje społeczne "zamkniętego świata". Integralną częścią gry są wynagrodzenia i nagrody.	Tucker (1950); Powódź (1952).
Badania terenowe artefaktów	Badania klientów i użytkowników w ramach kontrolowanych ustawień. Artefakty mogą być prawdziwe lub sztuczne.	Kim i Moon (1998); Jarvenpaa *i in.*, (2000); Egger (2003).
Studia nad kapitałem społecznym	Badania zaufania w dużych organizacjach, społeczeństwach i hierarchiach społecznych.	Putnam (1993); Putnam (2000); Hardin (2002); Pollitt (2002).
Badania nad propagowaniem zaufania na portalach społecznościowych	Propagowanie zaufania w różnego rodzaju sieciach społecznościowych (wirtualnych i rzeczywistych).	Fukuyama (1995); Golbek (2005); Ziegler (2005).
Międzykulturowe aspekty zaufania	Budowanie zaufania i postrzeganie ponad	Karvonen *et al.*, (2000); Jarvenpaa *et al.*, (1999).

	granicami narodowymi i kulturowymi.	
Typologie zaufania	Badanie literatury i eksperyment.	McNnight *et al.*, (2001 i 2002).

Biorąc pod uwagę szeroki zakres wcześniejszych prac, może dziwić, że istniejąca literatura na temat semiotyki e-trust jest tak skąpa. W następnej części podejmujemy próbę zbadania e-trust w ramach wyraźnych semiotycznych ram odniesienia i próbę skonstruowania semiotyki zaufania, czerpiąc inspirację zarówno z klasycznych studiów, jak i z nowszych prac.

3.2 Semiotyczna reinterpretacja zaufania

Dokładne przeszukanie odpowiedniej literatury ujawniło, że bardzo niewielu autorów wyraźnie poruszyło kwestie e-trustu za pomocą soczewki semiotycznej. Jest to nieco zaskakujące, biorąc pod uwagę znaczenie zaufania dla komunikacji międzyludzkiej i tworzenia znaczeń w środowiskach opartych na transakcjach, takich jak e-banking. Dwaj oksfordzcy socjologowie (Bacharch i Gambetta, 2001) opracowali szczegółowy model sygnalizacji zaufania, a ich model (który został dokładniej wyjaśniony w rozdziale 3.2.4) stanowi istotny wkład w tę dziedzinę. Model ten można uznać za mający w *sposób dorozumiany* charakter semiotyczny. Jednakże model w pierwotnej wersji nie zawiera żadnego wyraźnego odniesienia do teorii semiotycznej lub semiozy. Model Gambetty (Gambetta i Hamill, 2005) nie stara się również odnieść do kontekstu e-usług. Początki modelu można raczej wiązać z potrzebą badania emisji i interpretacji interpersonalnych sygnałów zaufania w różnych kontekstach badań socjologicznych (Bacharch i Gambetta, 2001). Riegelesberger (2005) zastosował później ten model do kontekstów B2C, potwierdzając jego znaczenie dla ustawień e-usług. Jednakże nieodłączny semiotyczny charakter tego modelu nie jest w pełni zbadany w jego pracach. Ten ukryty aspekt jest bardziej wyraźny w części 3.2.4.

Karvonen (Karvonen, i Parkinnen, 2001) opracowały krótki referat konferencyjny, który twierdzi, że oferuje naiwną semiotykę zaufania w kontekście e-usług B2C. Podejście to jest nieco uproszczone, ponieważ nie dąży ona do zaoferowania żadnego drobnoziarnistego modelu ani przekonywującego badania empirycznego. Twierdzi raczej, że użytkownicy ufają stronom B2C, które są głównie oparte na tekście i nie ufają stronom, które są zbyt bogate w obrazy. W przeciwnym razie, wydaje się, że istnieje luka w istniejącej literaturze badawczej, poza spekulacyjnym dokumentem roboczym (Wisse, 2006), który dotyczy namacalnego zarządzania zaufaną tożsamością przy pomocy proponowanego rozszerzenia znanego Peircian triady (obiekt, znak, interpretator) do tak zwanego enneadycznego modelu.

de Souza, w swojej najważniejszej pracy, wyrażającej semiotykę HCI (de Souza, 2005), wspomina tylko bardzo krótko o zaufaniu, a następnie proponuje jedynie sugestię, że kwestie zaufania są szczególnie istotne w kontekście e-usług: *"Potrzebne są nam teorie, które będą w stanie zgromadzić wszystkich mówców... a inżynieria semiotyczna jest pierwszym krokiem w tym kierunku"* (s. 93). Niestety, de Souza nie wspomina dalej o tym, jak kwestie zaufania mogą być wyjaśnione w pozostałej części swojej książki.

Biorąc pod uwagę, że zaufanie jest generalnie postrzegane jako czynnik pośredniczący w komunikacji międzyludzkiej i usytuowanych działaniach (wynika to z zakresu badań przedstawionych w tabeli 3.1), istnieje wyraźna potrzeba rozwinięcia wyraźnej semiotyki e zaufania. Poza pracami Karvonena i Wisse'a, niewiele zostało opublikowanych w tej dziedzinie z punktu widzenia semiotycznego. Poza nieco cytowanym artykułem Journal autorstwa Resnick and Montana (2003), który bada alternatywne schematy sytuacyjne B2C w ramach nieco holistycznego paradygmatu semiotycznego, dziedzina ta jest skąpa. Potrzeba semiotycznego ujęcia zaufania w kontekście e-usług B2C jest być może najlepiej zilustrowana poprzez odniesienie się do dwóch poniższych nieformalnych przykładów. Przykłady te zostały specjalnie zaprojektowane przez autora, aby pokazać, że transakcje on-line B2C z natury rzeczy wiążą się z bardziej pośrednim zestawem mediatorów zaufania i znaczeniem w porównaniu z bardziej tradycyjnymi formami dokonywania zakupów. Poniższe przykłady mają na celu pokazanie, że transakcje handlowe zarówno w świecie rzeczywistym jak i on-line mają z natury semiotyczny charakter.

- ***Przykład 1:Osobista transakcja gotówkowa przy sprzedaży bagażnika samochodowego***

To być może przedstawia nam najprostszą formę zaufanej transakcji handlowej. Zarówno kupujący, jak i sprzedający polegają na bezpośrednich, osobistych formach mediacji, jak również na rzeczach materialnych (tj. towarach i płatnościach) pomiędzy "podmiotem zaufanym" (sprzedawcą bagażnika samochodowego) a "powiernikiem" (klientem). Zakończenie transakcji nie musi być uzależnione od ustanowienia wzajemnego zaufania ani nawet od uwierzytelnienia agentów ludzkich. Zaufanie konsumenta do sprzedawcy jest raczej związane ze stopniem, w jakim oferowane towary odpowiadają lub nie odpowiadają wcześniejszym oczekiwaniom. Kupujący może, ale nie musi, stwarzać wrażenie, że sprzedawca jest godny zaufania, posługując się bezpośrednimi znakami, wizualnymi wskazówkami itp. I odwrotnie, sprzedawca nie musi ufać ani nawet weryfikować tożsamości kupującego, a jedynie ufać (tj. weryfikować wizualnie) autentyczności przedstawianej płatności pieniężnej. Aby transakcja zakończyła się sukcesem, wystarczy jedynie ustalić równowagę punktu zaufania (tj. zestaw minimalnych i wzajemnych oczekiwań co do ceny i jakości, które muszą być wzajemnie spełnione) pomiędzy sprzedawcą i kupującym, a następnie natychmiastowa wymiana towaru na płatność i natychmiastowa realizacja. Semiozy zaufania inwestuje się głównie w dwa konkretne wymiary: jakość i cenę towarów oferowanych do sprzedaży, a nie w budowanie wzajemnego zaufania między kupującym i sprzedającym. Jest to być może najprostsza i bezpośrednia forma zaufanej transakcji handlowej. Zarówno kupujący, jak i sprzedający polegają na bezpośrednich, osobistych formach mediacji, jak również na rzeczach materialnych (tj. towarach i płatnościach) pomiędzy "podmiotem zaufanym" (sprzedawcą bagażnika samochodowego) a klientem. Zakończenie transakcji nie musi być uzależnione od ustanowienia wzajemnego zaufania ani nawet od uwierzytelnienia agentów ludzkich. Zaufanie konsumenta do sprzedawcy jest raczej związane ze stopniem, w jakim oferowane towary odpowiadają lub nie odpowiadają wcześniejszym oczekiwaniom.

Jak wynika z tabeli 3.2, budowanie zaufania odbywa się pomiędzy sprzedawcą a kupującym poprzez bezpośrednią i natychmiastową wymianę znaków i sygnałów, wraz z aspektami materialnymi, takimi jak weryfikacja gotówki i wizualna kontrola dóbr materialnych. Gesty, mimika twarzy, wypowiedzi ustne i tym podobne zazwyczaj pośredniczą w takich transakcjach. Sygnalizacja tożsamości i weryfikacja tożsamości mogą nie być niezbędne do budowania zaufania. Najnowsze wyniki badań (University of Kent, *School of Physical Sciences Newsletter*, 2009) sugerują raczej, że ludzie dokonują oceny zaufania w stosunku do innych ludzi w związku z ich postrzeganymi cechami twarzy. Tak więc "uczciwe spojrzenie" może być obiektywnie policzalne i używane przez mimikę w celu wprowadzenia w błąd.

Tabela 3.2: Podsumowanie niektórych wymiarów zaufania między osobami.

Wymiary	Rzeczowe aktywa trwałe/kredytowe	Wartości niematerialne	Płatność / Realizacja	Znaki
Bezpośrednia mediacja między osobami.	Gotówka; Dobra materialne.	Person-to-person semafory i sygnały: Język ciała; postrzeganie rysów twarzy itp.	Bezpośrednie i natychmiastowe.	Wyrazy twarzy; Dyskurs słowny itp.
Wymiana materialów. (nie referencje)	Tożsamość ludzkich mediatorów nie musi być znana.	Role sprzedającego i kupującego wzmocnione przez zlokalizowane działania i wypowiedzi.	Zaufanie poprzez nieformalną weryfikację organu wydającego środki pieniężne.	Cechy poziomu powierzchni, znaki i symbole banknotów oraz monety.
Uproszczony proces regulowania norm.	Obowiązują zasady niepisane, np. dozwolone są dynamiczne negocjacje cenowe, oczekiwane między sprzedawcą a konsumentem.		Zakończone przez wymianę towaru w czasie rzeczywistym po uzgodnionej cenie.	Normatywne oznaki i sygnały nieuregulowanej transakcji.
Niewielki lub żaden kontekst prawny lub szerszy kontekst	Brak pisemnej umowy, minimalne gwarancje (standardy handlowe) itp.		Żadnego prawnego zadośćuczynienia?	

regulacyjny .				

- ***Przykład 2: Internetowa transakcja B2C dla towarów***

Zakupy B2C zazwyczaj opierają się na bardziej pośrednim modelu zaufania w komunikacji międzyludzkiej, w którym zarówno sprzedawca, jak i klient przyjmują tożsamość cyfrową proxy. Co więcej, model zaufania B2C on-line nie obejmuje jedynie ludzkich agentów i fizycznych przedmiotów. Zaufanie rozkłada się raczej na szereg agentów proxy i mediatorów technologicznych. Dostawca zakłada wirtualną tożsamość serwera proxy (strona internetowa znajdująca się pod określonym adresem URL, z tożsamością nazwy domeny i przypisaną do jednego lub więcej fizycznych serwerów internetowych). Podobnie, konsument przyjmuje tożsamość serwera proxy dzięki temu, że przeglądarka kliencka wyposażona jest w protokół SSL (Secure Socket Layer), a adres IP (Internet Protocol) jest przypisany do konkretnego urządzenia klienckiego. Dostawcy zewnętrzni, tacy jak Pay Pal, zapewniają alternatywę, dzięki której mapowanie adresów IP klientów jest trudne do wykorzystania przez przestępców, a dane karty kredytowej lub debetowej klienta nie są udostępniane sprzedawcy B2C. Niemniej jednak, w przeszłości hakerzy z powodzeniem uzyskali dostęp do danych kart klientów przechowywanych na centralnym serwerze Pay Pal. W związku z tym, niezależnie od stosowanego systemu płatności, konsument B2C może być narażony na pewne ryzyko. Ogólnie rzecz biorąc, zarówno dostawca, jak i konsument polegają na uwierzytelnianiu za pomocą protokołu bezpieczeństwa proxy; w związku z tym obaj polegają na zaufanej organizacji strony trzeciej, która ostatecznie zatwierdza transakcję B2C. Następnie zarówno usługodawca, jak i konsument angażują się we wzajemną wymianę znaków zaufania osadzoną w szeregu złożonych procesów technologicznych, z których nie wszystkie są bezpośrednio widoczne dla zaangażowanych podmiotów ludzkich. Rodzaj równowagi zaufania między dostawcą e-usług B2C a konsumentem jest z konieczności bardziej złożony niż w przykładowym przypadku.

Dostawca e-usług B2C jest potencjalnie narażony na ryzyko utraty reputacji, oferując swoje usługi on-line poprzez tworzenie tożsamości wirtualnej w związku z narażeniem na natychmiastowe lub długoterminowe negatywne skutki np. ataku typu denial of service (Ettredge i Richardson, 2001). W grę mogą również wchodzić bardziej subtelne aspekty zaufania. Wirtualna tożsamość biznesowa proxy projektuje wizerunek biznesowy i tożsamość marki korporacyjnej. W ten sposób niezamierzone komunikaty mogą być przekazywane konsumentom on-line za pośrednictwem strony e-finansowej (Vile, Polovina i French, 2000). W trakcie spotkania z e-usługą B2C konsument stopniowo zdobywa większą wiedzę na temat tej wirtualnej tożsamości. Podczas krytycznej fazy zakupu konsument B2C nieuchronnie pokłada zaufanie w zestawie niematerialnych postrzegań zaufania od swojego dostawcy proxy source. Rzeczywiście, istnieje asymetria zaufania na korzyść dostawcy (fałszywe lub autentyczne). Ponadto zaufanie rozkłada się obecnie na niejednorodny zbiór pośredniczących czynników technologicznych, z których niewiele podlega jakiejkolwiek bezpośredniej weryfikacji konsumenckiej.

Na każdym etapie procesu transakcji B2C (patrz: tabela 3.3) różne strony muszą zaangażować się w semizynę zaufania, wykorzystując różne bezpośrednie i pośrednie środki trwałe. Zazwyczaj są to: tożsamość marki (znaki towarowe i znaki firmowe), adresy URL, certyfikaty cyfrowe, pieczęcie cyfrowe, uwierzytelnianie kart kredytowych, promocje, różnego rodzaju gwarancje i atraktory wizualne. Znaki te służą jako niezbędne substytuty dla bezpośredniej wymiany osobistych znaków zaufania, które zazwyczaj charakteryzują tradycyjne transakcje handlowe.

Istnieją jednak nieodłączne zagrożenia, bariery (brak zaufania) i nagrody. Transakcje on-line narażają wszystkie strony na ryzyko, takie jak marka, nadużycie znaku towarowego, naruszenie reputacji, przestępcze nadużycie, tzw. ataki phishingowe, naruszenie zaufania i naruszenie praw autorskich (Grabosky, Smith i Demsey, 2001).

Tabela 3.3: Wzajemne zaufanie do ogólnej transakcji on-line B2C.

Wymiary	**Rzeczowe aktywa trwałe/kredytowe**	**Wartości niemateri alne**	**Płatność/ Realizacja**	**Znaki**
Pośrednie pośrednict wo człowieka do maszyny i maszyny do maszyny poprzez cyfrowe	Materiały materialne dostępne jako wejścia do pośrednictwa maszynowego; wymiana szyfrowanych, bezpiecznych certyfikatów cyfrowych.	Postrzegan ie strony internetow ej: Marka, styl, estetyka itp.	Pośrednio. Natychmia st.	Znaki komputerow e: marki; pieczęcie; narracja; hipertekstow e znaki nawigacyjne.

identyfikatory.				
Wymiana elektronicznych referencji, a nie materialnych.	Tożsamość wszystkich stron musi być zweryfikowana za pomocą cyfrowych danych uwierzytelniających on-line.	Role sprzedawcy i kupującego nie są wzmocnione poza cyberprzestrzenią.	Zaufanie poprzez formalną weryfikację.	Hasło i ukryta weryfikacja.
Proces formalnie regulowany (normy prawne, techniczne).	Obowiązują następujące zasady formalne: cyfrowa walidacja certyfikatów; niezaprzeczalność, łańcuch zaufania; protokół SSL.	Wykwalifikowana, odpowiednia treść w wyglądzie.	Zakończone przez wymianę przyrzeczenia usługi lub produktu.	Ukryta warstwa znaku i elektronicznej wymiany tokenów.
Pewne prawne środki odwoławcze i zabezpieczenia w zakresie zarządzania ryzykiem.	Mogą być dostępne gwarancje, sankcje prawne, odszkodowania.	Może być wbudowany w stronę jako narracja?	Ograniczone prawne środki odwoławcze (wysoce zmienna).	

3.2.1 Akcja Morrisa oznaczająca paradygmat

Klasyczna semiotyka stara się uwzględniać proces znaczeniowy jako złożony proces poznawczy, w którym znakom wbudowanym w tekst tłumacz przypisuje się znaczenia za pomocą nieskończonego procesu semiozy. Dla Peirce proces ten jest postrzegany jako proces o charakterze triadycznym, w którym bodziec znakowy jest powiązany z przedmiotem za pośrednictwem pośredniczącego interpretatora:

"Znak, lub przedstawicielstwo, to coś, co oznacza dla kogoś coś pod pewnym względem lub w pewnym charakterze. Zwraca się do kogoś, to znaczy tworzy w umyśle tej osoby równoważny znak... ten znak, który tworzy, nazywam interpretatorem pierwszego znaku. Znak oznacza coś, swój przedmiot... oznacza ten przedmiot, nie pod każdym względem, ale w odniesieniu do jakiejś idei, którą czasami nazywałem ziemią reprezentantów".

[*Zebrane dokumenty Charlesa Sandersa Peirce'a* (1960); Vol. II, p.228].

Zasadniczo, typ znaku (ikona, indeks obrazu, symbol) osadzony w kontekście znaczeniowym (tj. tekst) jest uważany za tworzący interpretację, która jest związana pośrednio lub bezpośrednio w jakiś sposób lub w inny sposób z podłożem (koncepcją lub ideą) w umyśle ludzkiego podmiotu. Charakter znaczeń przypisywanych reprezentantowi przez ludzkiego interpretatora, rodzaje nośników znaków oraz charakter ludzkich procesów poznawczych, które są zaangażowane lub sugerowane przez jego triadyczny opis semiozy, są obszernie omawiane w jego pismach.

Niejasne pozostaje jednak, w jaki sposób taki subtelny i nieskończony proces może być wiarygodnie sondowany przez zewnętrznego obserwatora, a nawet przez introspekcję osoby, w której umyśle pojawiają się te wielorakie znaczenia. W pewnym sensie, dla celów naszego obecnego zapytania (tj. kształtowania zaufania konsumentów do znaków wbudowanych w "tekst" strony internetowej B2C), kluczowym pytaniem jest nie tyle to, jak odpowiednio zbadać te wielorakie i nieskończone znaczenia. Celem jest raczej ustalenie powodów, dla których konsument B2C inicjuje i nadal angażuje się w treść strony internetowej, tak aby osiągnąć pożądane stany docelowe, z punktu widzenia semiozy e-trust. Konieczne jest zgłębianie semantyki, ale także próba zrozumienia przyczyn (antecedentów i wzmocnień) postrzegania zaufania konsumentów B2C i ich konsekwentnych działań.

Początkowe progi zaufania konsumentów B2C muszą być w jakiś sposób zmodyfikowane poprzez ich interpretację znaków komputerowych podczas nawigacji po przestrzeni hipertekstu samej strony. Użytkownicy uruchamiają pewne inicjatory zadań (np. linki hipertekstowe, osoby obsługujące zdarzenia obiektowe), a następnie kontynuują różnego rodzaju działania w celu utrzymania drogi do zakupu towarów lub usług (stany docelowe). Ogólnie rzecz biorąc, w miarę jak konsument B2C wchodzi na stronę bankowości elektronicznej, interpretuje estetykę strony internetowej i wyzwala osoby obsługujące zdarzenia. Mediatorzy technologiczni strony internetowej reagują następnie wewnętrznymi działaniami, które prowadzą konsumenta do osiągnięcia jego celów (stanów docelowych).

W tym "działaniu jako znaczeniu" wirtualnego środowiska hipertekstu może być użyteczne przyjęcie jawnej postawy behawioralnej. Obserwując więc, co dalej robi konsument B2C (np. konsument e-bankingu) i analizując, jakie konstrukcje osobiste (konsumenci e-bankingu) wywnioskować w trakcie poruszania się po państwowym modelu przestrzeni serwisu, możemy mieć nadzieję na badanie semiozy zaufania. Rzeczywiście, jest to teoretyczne podłoże, z którego wyłoniły się ramy EST.

Znaczenie behawioralnych rozszerzeń Morrisa dla peircjanowych pojęć wiedzy i charakteru tworzenia znaczeń jest potencjalnie użyteczne w odniesieniu do naszego o wiele bardziej szczegółowego rozważenia semiozy zaufania do zakupów on-line (Morris, 1938). Odmienianie przez Morrisa ogólnej semiozy oferowane jest w kategoriach pragmatycznej, operacyjnej analizy opartej na działaniu. Znaczenia przypisane wehikułowi znaku są scharakteryzowane pod względem ich wpływu na tłumacza poprzez badanie ich kolejnych działań. Podejście to oferuje nam potencjalnie użyteczną charakterystykę semiozy konsumenta B2C (stąd semiozy zaufania), ponieważ jego model zachowania może być poddany empirycznemu badaniu. Wyniki dwóch badań empirycznych (rozdz. 6 i 7) przedstawione są na poparcie wyraźnie dyadyjskiego paradygmatu semiozy morrisowskiej, ze szczególnym uwzględnieniem spotkań usług bankowości elektronicznej B2C.

Poprzednie badania w dziedzinie komputerowego znaczenia z perspektywy HCI wydają się być zgodne co do tego, że komputerowe znaki mają być postrzegane jako na ogół dyskretne jednostki o potencjalnie zróżnicowanym i nieskończonym tworzeniu znaczenia. Co więcej, znaki te stanowią i są wbudowane w komputerowe teksty na poziomie powierzchni, które są odczytywane i interpretowane w różny sposób przez użytkowników (Nadin, 1988; de Souza, 2005). Duża część tej pracy ma na celu zaoferowanie nowoczesnego, "postcyfrowego" ujęcia typów znaków Peirce poprzez zbadanie możliwości tworzenia znaczeń różnych znaków komputerowych. Powiązana praca Condona (Condon, 2000) postanawia przyjąć paradygmat Eco, a nie podążać za modelami Peirce'a. Andersen przyjmuje podejście, na które silny wpływ mają "ludzie jako kompulsywni mówcy i tłumacze" oraz usytuowane akty mowy (Andersen, 1997). Pomimo tych różnic, integracyjnym pojęciem jest to, że interakcja człowieka z komputerem ma być postrzegana jako *element meta-komunikacyjnego artefaktu.* Oznacza to, że projektanci tworzą interfejs, który zawiera komunikat o samej komunikacji. Jednak, co nieco zaskakujące, rola zaufania w tym meta-komunikacyjnym artefakcie nie jest wcale dobrze rozwinięta w tym zbiorze ogólnej literatury semiotycznej HCI. de Souza na przykład wspomina wyraźnie o zaufaniu tylko raz, a potem tylko anegdotycznie (de Souza, 2005).

To, czego zdaje się brakować w przedstawionej przez Peirce'a relacji o aktach znaczeniowych, to rozpatrywanie semiozy w kategoriach tzw. *perspektywy akcji*, a nie angażowanie się w coś, co można by nazwać bardziej abstrakcyjnym i filozoficznym, introspektywnym ujęciem ludzkiego poznania. Rozważania nad tym, w jaki sposób dany bodziec zmienia zachowanie ludzkiego interpretatora, powinny umożliwiać bezpośrednią obserwację wewnętrznych i wielokrotnych stanów semiozy tworzonych w umyśle. Stąd możliwa jest obserwacja podmiotu ludzkiego kontekstualizująca semiozy zaufania poprzez akty.

Morris większość swojego życia spędził na próbach reinterpretacji peirskich pojęć semiozy, badając sposób, w jaki znaki mogą być postrzegane jako action-mediators, a w związanych z tym badaniach pokazał, jak znaki odnoszą się do tworzenia wartości (Morris, 1938). W kontekście naszego obecnego badania jego zasady są zatem godne dalszego zbadania w następujący sposób:

(i) podpisać: Termin ten odnosi się do przedmiotu działającego jako bodziec do sygnalizowania zachowań;

(ii) Tłumacz ustny: Termin ten oznacza każdy organizm, na który działa pojazd sygnalizacyjny;

(iii) Tłumacz ustny: Dyspozycja do reagowania na określony rodzaj przedmiotu jako

w wyniku bodźca znakowego;

(iv) Znaczenie: Obiekt oznaczony, na który interpretujący odpowiada poprzez: (iv) Znaczenie: Obiekt oznaczony, na który interpretujący odpowiada poprzez

interpretantem;

(v) Kontekst: Okoliczności, w których dochodzi do semiozy;

(vi) Semiozy:

"nie chodzi o to, że powinniśmy starać się podać definicję znaku, lecz raczej ustalić sytuacje, w których coś jest rozpoznawane jako znak, tzn. semiozy nie dotyczą zasadniczo "znajomości", lecz raczej naszej zdolności do radzenia sobie ze znakami poprzez odpowiedzi behawioralne (poznawcze), które są powiązane kontekstowo".

[Morris, 1938.]

Wynika z tego, że przyjmując *znaczenie* Morrisa *jako* paradygmatu *działania, w celu* scharakteryzowania semiozy zaufania w kontekście B2C, należy podjąć próbę zdekonstruowania doświadczeń konsumenta w Internecie. Ta dekonstrukcja na fazy, cele i zadania potencjalnie pomaga nam zrozumieć, dostarczając pewnego rodzaju szablon, w ramach którego można przeprowadzić badania empiryczne. Ramy technik EST opisane w rozdziale 5, wraz ze wspierającymi metodami badań empirycznych i indukcyjnych, mają na celu zbadanie semiozy zaufania w ten sposób. Widziane w tym bardziej specyficznym kontekście działania, proponuje się, aby realizacja celów/niepowodzenie była wykorzystywana jako (częściowa) proxy dla semiozy zaufania. Niezbędna jest próba zdekonstruowania spotkania z zakupami online na kilka dyskretnych etapów. Brak zaufania w dowolnym punkcie krytycznym może zostać poddany badaniu empirycznemu i związanej z nim krytycznej ocenie. Przegląd krytyczny pozwala na identyfikację punktów krytycznych. Punkty niepowodzenia są punktami, które można bezpośrednio obserwować i w których użytkownicy nie są w stanie lub nie chcą realizować swoich celów. Użytkownicy mogą nie osiągnąć celów witryny z różnych powodów, z których nie wszystkie będą związane z zaufaniem. Punkt awarii, który może być częściowo lub w całości przypisany do aspektów zaufania, może być postrzegany jako ujawniający niedopasowanie wymagań (niepowodzenie wspólnych środków) między użytkownikiem serwisu, projektantem serwisu i technologiem.

W kontekście niniejszego badania, Ramy EST (stąd też empiryczne i indukcyjne wyniki badań, które są następnie artykułowane w ramach tej tezy) są silnie oparte na behawioralnym morrisowskim punkcie widzenia. Twierdzimy, że obserwując ludzkie działania i rozliczając się ze związanych z nimi konstrukcji mentalnych w ramach spotkań e-usług B2C (jednocześnie rozliczając się z wymiany sygnałów na poziomie maszyn, ponieważ są one następnie interpretowane przez konsumentów B2C) możliwe jest zbadanie złożoności semiozy e-trust. W celu systematycznego rozliczania semiozy oraz wymiany znaków i sygnałów konieczne jest oparcie się na ramach koncepcyjnych. Montujemy je jako *semiotyczną drabinę zaufania* i *wysokopoziomowy model mentalny zaufania* (HLTMM). Rola drabiny została przedstawiona w następnym rozdziale.

3.2.2 Semiotyczna drabina zaufania

Powszechnie uznaje się, że pojęcie zaufania obejmuje zarówno wartości niematerialne, jak i materialne mediatory zaufania technologicznego, takie jak bezpieczna infrastruktura informatyczna, szyfrowanie i protokoły komunikacyjne. Niejasna pozostaje jednak dokładna koncepcyjna granica między dobrami materialnymi i niematerialnymi. Czynniki decydujące o zaufaniu są również bardzo zmienne. Trzy główne obszary, które mają największe znaczenie dla naszego obecnego zapytania (zaufanie do e-usług), to między innymi

Warstwa kulturowa.

Różnorodne prace dotyczyły wcześniej zróżnicowanego postrzegania użyteczności i zaufania do elektronicznych serwisów bankowych B2C ponad granicami językowymi i kulturowymi (Smith, *i in.*, 2004). Powiązane badania wykazały, że postrzeganie zaufania i wiarygodności w Internecie przez konsumentów często zależy od irracjonalnej reakcji emocjonalnej użytkownika na estetykę witryny i znaki na poziomie powierzchni (Kim i Moon, 1998; Lohse, 2000).

Warstwa HCI (Human Computer Interface).

Poprzednie badania badały związek między projektem strony internetowej B2C na poziomie powierzchni a budowaniem zaufania wśród konsumentów internetowych. Na zaufanie on-line mają bezpośredni wpływ takie czynniki, jak model nawigacji, styl i estetyka strony oraz budowanie świadomości marki strony (Fang i Salvendy, 2003; Egger, 2003).

Warstwa mediatora technologicznego.

Istnieje potrzeba zbudowania dyskursu B2C e-usług dla użytkowników serwisu typu site-user w oparciu o bezpieczne i namacalne platformy bezpieczeństwa. Platformy te zazwyczaj obejmują: standardy bezpieczeństwa oraz godne zaufania metody płatności on-line (takie jak World pay). Pośrednicy ci często opierają się na PKI (Infrastruktura Klucza Publicznego), X. 509 certyfikatach cyfrowych lub w inny sposób wykorzystują bardziej konkretne formy pośrednictwa zaufanych agentów, takie jak model stosowany przez *Ebay.com* (Ba i Pavlou, 2002). Często tacy mediatorzy angażują się w ukrytą wymianę znaków i sygnałów, która nie jest natychmiastowo weryfikowalna przez użytkowników. Konsumenci B2C mogą niewłaściwie interpretować ich wykorzystanie; dlatego też takie protokoły były wykorzystywane przez przestępców do celów przestępczych.

Proponujemy mapę tych i innych problemów do *nowej semiotycznej drabiny zaufania*. Drabina ta pochodzi z klasycznej drabiny semiotycznej Stampera (Stamper, 1973). Nowa semiotyczna drabina zaufania oferuje sposób konceptualizacji i modelowania zaufania, czyli tworzenia na różnych poziomach abstrakcji poprzez identyfikację aktorów, znaków i sposobów artykulacji, w których normy i meta-normy pośredniczą w aktach komunikacji. Drabina jest wykorzystywana jako konceptualne ramy odniesienia w pozostałej części pracy dyplomowej. Wykorzystuje się ją do spójnego zestawienia wyników indukcji (rozdziały 4 i 8) oraz do interpretacji wyników badań empirycznych (rozdziały 6 i 7).

Próbując zidentyfikować i przyporządkować kwestie związane z zaufaniem do drabiny zaufania, można mieć nadzieję, że wcześniej ukryte lub słabo rozumiane kwestie związane z e-powiernictwem mogą zostać wyraźniej ujawnione. Drabina umożliwia analizę słabych punktów zaufania i wyraźne określenie roli semiozy zaufania na poszczególnych poziomach drabiny. Do tej pory kwestiom zaufania wykraczającym poza granice kulturowe, kulturowe i technologiczne brakowało spójnego, jednoczącego paradygmatu, który ułatwiałby ich prezentację. Obszary te zostaną wyjaśnione za pomocą jednego ujednolicającego paradygmatu: mianowicie paradygmatu semiotycznego. Rolą drabiny jest pomoc w wyrażaniu zaufania za pomocą obiektywu semiotycznego.

Klasyczna drabina semiotyczna wywodzi się z pionierskiej pracy Ronalda Stampera (Stamper, 1973), w której klasyczny podział semotyki na syntaktykę, semantykę i pragmatykę został rozszerzony o dodatkowe warstwy, które składają się na kompletną ramę semiotyczną (Liu, 2000). Dodane warstwy obejmują empirykę, fizykę i świat społeczny. Celem klasycznej struktury semiotycznej jest dostarczenie pełnego opisu procesów i wymiany znaków oraz tworzenia znaczeń na wszystkich tych poziomach, tak aby zapewnić pełny obraz semiotyczny ludzkiego, organizacyjnego i społecznego kontekstu, w którym zazwyczaj osadzone są platformy informatyczne i ich ludzcy aktorzy.

Wizja jest taka, że systemy i organizacje informacyjne oraz ich podmioty ludzkie tworzą integrującą się całość. W ramach tej całości, drabina stanowi *soczewkę*, w której poszczególne działania mogą być badane bardziej szczegółowo. Soczewka może być skierowana na jeden lub więcej poziomów drabiny, w zależności od charakteru przewidywanego badania. Na przykład, na poziomie semiotyki społecznej akty komunikacji mogą być badane z wykorzystaniem perspektywy działania języka (Andersen, 2001). Na płaszczyźnie człowiek-komputer można badać znaczenia i pragmatykę poprzez analizę dyskursu (de Souza, 2007); podczas gdy w obrębie samej platformy informatycznej na poziomie empirycznym przedmiotem zainteresowania jest przede wszystkim badanie wymiany znaków i sygnałów, entropii i hałasu.

Dla każdego poziomu możliwa i rzeczywiście konieczna jest identyfikacja zaangażowanych podmiotów i agentów oraz wybór odpowiedniej techniki dochodzeniowej, dostosowanej do rodzaju czynności komunikacyjnych, które zazwyczaj mają miejsce. Wybór techniki nie jest określony jako taki przez drabinę. Drabina określa raczej poziom abstrakcji systemu, w ramach którego opisywany jest system informacyjny i jego poszczególne elementy składowe. Jak ostatnio skomentował Ronald Stamper (Stamper, 2007), pierwotnym celem drabiny było dążenie do stworzenia pomostu między technicznymi i społecznymi elementami systemów informacyjnych.

"Ta drabina semiotyczna, która kierowała naszym programem badawczym, została pomyślana jako podstawowa lista kontrolna do analizy i projektowania. Każdy system informacyjny, dawny lub nowoczesny, funkcjonuje właściwie tylko wtedy, gdy prawidłowo obsługuje znaki na każdym poziomie... niepokojąco nieefektywne systemy, z którymi zetknąłem się w przemyśle, wszystkie ignorowały problemy na jednym lub kilku z tych poziomów...".

[p.1, Stamper, 2007.]

Mając to na uwadze, przeprojektowana klasyczna drabina, a mianowicie semiotyczna drabina *zaufania*, będzie wykorzystywana w trakcie tego badania jako środek sprawdzający, czy znaki i sygnały odnoszące się do zaufania są traktowane "prawidłowo". Ponadto drabina jest wykorzystywana w celu wyraźnego przedstawienia tych wymian. W szczególności, aby umożliwić nam określenie, w jaki sposób funkcjonują procesy komunikacyjne związane z zaufaniem za pośrednictwem znaków. Główny nacisk kładzie się na spotkania usług bankowości elektronicznej B2C.

W rzeczywistości drabina zaufania przyjmie wiele różnych form w zależności od dziedziny, którą interesuje: zaufanie na wysokim poziomie jako reputacja, zaufanie na poziomie interfejsu użytkownika lub zaufanie na niższych poziomach drabiny, takie jak wymiana znaków i sygnałów na poziomie systemu protokołów. Z tego powodu na każdym poziomie pokazanej semiotycznej drabiny zaufania (patrz rysunek 3.1) nie należy traktować jako stałej lub ostatecznej, ale raczej jako uniwersalną listę kontrolną lub szablon koncepcyjny, który jest zróżnicowany w zależności od charakteru i poziomu zaufania procesów komunikacyjnych, które są opisywane. Znaczenie drabiny polega na tym, że umożliwia ona integracyjny punkt widzenia, ale także umożliwia koncepcyjne rozdzielenie kwestii związanych z zaufaniem na różne powiązane ze sobą warstwy.

Nie każdy akt komunikacji obejmuje wszystkie warstwy. Zazwyczaj w ramach paradygmatu bezpieczeństwa, kryptograficzne prymitywy działają na poziomie empirycznym. Jednak zapewnienie zaufania do takich prymitywów po ich wbudowaniu w rzeczywiste produkty materialne i (ostatecznie) zinterpretowaniu przez użytkowników jako komunikaty systemowe będzie *de facto* obejmować wiele warstw drabiny. Stąd też akty ludzkiej mediacji.

Semiotyczna drabina zaufania
Świat społeczny, zaufanie organizacyjne: Wierzenia i reputacja Zaufanie jako oczekiwania *Zaufanie organizacyjne, kapitał społeczny*
Pragmatyka zaufania: Cele, zamiary, godne zaufania negocjacje, godne zaufania Komunikacja *zużycie i świadczenie e-usług*
Semantyka zaufania: Znaczenie, prawda/fałszywość, ważność *np. oszustwo i naśladownictwo na stronie domowej*
Syntaktyka zaufania: Formalizm, bezpieczeństwo materialne, zaufany dostęp do danych, plików, oprogramowania *np. świadectwa X.509*
Empiryczne zaufanie: Szyfr kryptograficzny, entropia, pojemność kanału *np. RSA*

Rysunek 3.1: Uniwersalna", semiotyczna drabina zaufania typu "e-service".

Jak widać na rysunku 3.1, dostawca e-usług B2C prawdopodobnie zajmuje się większością poziomów drabiny. Na przykład bankowość elektroniczna B2C jest uzależniona od jej akceptacji przez konsumentów ze względu na wysoką reputację banku, ale także od znaczeń (zarówno zamierzonych, jak i niezamierzonych) przekazywanych przez stronę internetową. Dostawcy e-usług, tacy jak e-banki, muszą również zająć się konkretnymi kwestiami bezpieczeństwa na niższych szczeblach drabiny, zapewnić bezpieczne protokoły, takie jak SSL/TLS, oraz w miarę możliwości zagwarantować, że ich usługi są niezawodne, dostępne i nie podlegają ingerencji. Produkty i usługi związane ze spotkaniem z e-usługą (np. konto internetowe w przypadku bankowości elektronicznej) wraz z wszelkimi gwarancjami prawnymi z natury rzeczy składają się na intencje dostawcy bankowości elektronicznej. Dlatego też konsument korzystający z bankowości elektronicznej zajmuje się przede wszystkim interpretacją, poprzez warstwy semantyczne i pragmatyczne, znaków i sygnałów zaufania umieszczonych tam przez bank internetowy. Podczas gdy konsument jest z konieczności zależny od niższych poziomów drabiny, semiozy są zbędne, podczas gdy zestaw ukrytych protokołów obsługuje płatności kartą kredytową i podobną komunikację klient-serwer, jak między przeglądarką klienta a serwerem bankowości elektronicznej.

3.2.3 Model mentalny wysokiego poziomu zaufania (HLTMM)

Jak wskazano wcześniej, brak jest jasności pojęciowej w odniesieniu do definicji zaufania. Doprowadziło to do zamieszania pojęciowego i braku jasności, gdzie często bardzo trudno jest bezpośrednio porównać wyniki prac badawczych i wspomagających badań empirycznych (Graber-Krauter i Kaluschia, 2003). Z ogromnej ilości podjętych badań jasno wynika, że zaufanie jest często uważane za wielowymiarowy zbiór cech, antydeputowanych i atrybutów. Ta wielowymiarowa postać odpowiada naszym własnym doświadczeniom ludzkim. Ukierunkowana sieć osób połączonych ocenami lub punktami zaufania, wraz z odpowiednim modelem propagacji, stała się fundamentalną częścią kilku bardzo udanych modeli biznesowych e-commerce. Stosowane metryki różnią się w zależności od zastosowanego paradygmatu i zastosowanych algorytmów. Powszechnie stosowane są jednak wskaźniki takie jak *zaufanie, pewność siebie, reputacja, doświadczenie* i *dowody*. W związku z tym propagowanie zaufania i nieufności w sieciach społecznych i agencyjnych stało się samo w sobie odrębną dziedziną badań (Golbek, 2005). Szereg nowych systemów oceny zaufania jest nadal w fazie pilotażowej. Poza modelami specjalistycznymi chodzi o stworzenie *sieci zaufania, aby* umożliwić przyznawanie ocen zaufania przez jedną osobę drugiej osobie, a przez osobę mediatorowi technicznemu (agentowi). W niektórych przypadkach systemy takie mają być wykorzystywane w kontaktach międzyludzkich, w innych przypadkach chodzi o to, aby umożliwić agentom autonomicznym ustalanie i weryfikację ratingów w celu przekazywania tożsamości ludzkich. Inne powiązane prace dotyczą oceny zaufania poprzez analizę relacji. W szczególności praca Ashri, (Ashri *et al.*, 2005) opiera się na analizie relacji opartych na zaufaniu. Pierwszym elementem tej analizy jest określenie możliwych relacji między agentami. Jest to z pewnością nietrywialne nawet w przypadku ograniczonego kontekstu. Drugi komponent polega na scharakteryzowaniu relacji. To znaczy, po zidentyfikowaniu możliwych relacji, odróżnia się te, które są najbardziej istotne dla zaufania, od innych. Ostatnim składnikiem jest interpretacja relacji, która obejmuje dodatkowe informacje dotyczące kontekstu, w którym można uzyskać wycenę zaufania.

Proponuje się nowatorski, lekki HLTMM (*High Level Trust Mental Model*), jest to wielowymiarowy model zaufania, który czerpie inspirację ze wspomnianych wyżej badań nad propagowaniem zaufania, a także z wcześniejszych prac mających na celu modelowanie zaufania w sieciach i agentach komputerowych (Conrad *et al.*, 2006). Proponujemy bardzo lekki model, który może być wykorzystany do przybliżenia poziomu zaufania jednego podmiotu w drugim bez szacowania dużej liczby parametrów. Wprowadzony tu model został zainspirowany wcześniejszymi pracami nad propagowaniem zaufania w wyżej wymienionych sieciach społecznych i agencyjnych, a także "realnym" doświadczeniem interakcji człowieka z człowiekiem. Interakcje te można uznać za z natury semiotyczne i w świecie off-line pośredniczą w nich Bacharach i Gambetta, którzy starają się modelować zaufanie jako grę naśladującą i podstępną.

Proponujemy tutaj model, w którym relacje oparte na zaufaniu w sieci, zarówno na poziomie interfejsu człowiek - komputer, jak i na poziomie protokołu, stanowią połączenie trzech głównych wartości, które nazywamy: *wiarą w siebie*, *doświadczeniem* i *słuchaniem*. Źródłem tego modelu jest potrzeba obliczenia relacji zaufania pomiędzy węzłami sieci komputerowej, (Conrad *i in.*, 2006). Model ten ma na celu dynamiczne obliczanie relacji zaufania pomiędzy węzłami obliczeniowymi, ale jest związany z określonym kontekstem. W obecnym kontekście (potrzeba opracowania integracyjnego semiotycznego widoku e-trust) pierwotny, drobnoziarnisty model usług sieciowych został przerobiony tak, aby obejmował zestaw wymiarów na znacznie wyższym poziomie abstrakcji. W ten sposób wymiary te mogą być postrzegane jako *cechy wysokiego poziomu*, które będą się różnić w swoim pośrednim wpływie na postrzeganie zaufania, w zależności od tego, czy kontekst jest wysokim poziomem zaufania, interfejsem człowiek-komputer, warstwą protokołu czy zaufaniem między agencjami. Przez *wiarę w siebie rozumiemy* stopień, w jakim na przykład powiernik może ocenić wiarygodność innego gracza w grze opartej na zaufaniu; przez *doświadczenie* rozumiemy wpływ zarówno przeszłego, jak i obecnego doświadczenia na stopień zaufania, jaki agent jest skłonny zainwestować w innego agenta. Ostatni wymiar *słyszenia ma na* celu odzwierciedlenie stopnia, w jakim na zachowanie lub działania agenta w zakresie zaufania wpływają bezpośrednio lub pośrednio informacje uzyskane na temat innego agenta, w inny sposób niż poprzez bezpośrednie doświadczenie. Przedstawione później badania empiryczne i indukcyjne mają na celu walidację modelu, a także zainicjowanie semiotycznej drabiny zaufania. W ten sposób HLTMM i semiotyczna drabina zaufania służą jako integracyjne punkty odniesienia, w ramach których artykułowany jest wyraźny semiotyczny punkt widzenia. Pokazano to schematycznie na rysunku 3.2.

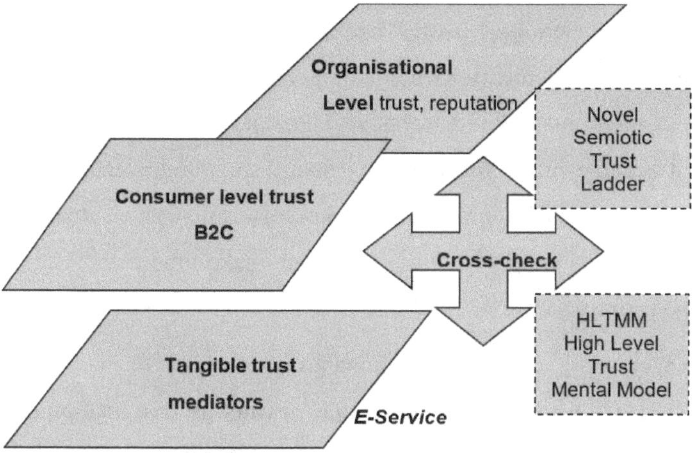

Rysunek 3.2: Planowane role HLTMM i semiotycznej drabiny zaufania.

3.2.4 Zaufanie jako naśladownictwo: Rewizja teorii Gambetty

Diego Gambetta (Gambetta i Hamill, 2005; Bacharach i Gambetta, 2001) zaproponował nowy, ważny wkład teoretyczny w nasze rozumienie kwestii związanych z zaufaniem w kontekście wymiany znaków i sygnałów między *powiernikiem* a *powiernikiem.* Wkład składa się z dwóch części: nowatorskiej relacji i teoretycznych ram zaufania w zakresie emisji i wymiany znaków i sygnałów między powiernikiem a powiernikiem w ramach ogólnego scenariusza gry o zaufanie oraz obszernego empirycznego badania socjologicznego. Kluczową innowacją jest konceptualizacja zaufania w kategoriach gry pomiędzy co najmniej dwoma graczami, w której cała komunikacja pomiędzy graczami odbywa się za pośrednictwem zestawu znaków i sygnałów na poziomie powierzchni emitowanych przez *zarządcę* i *powiernika.* Ponadto, gra w zaufaniu polega na tym, że każdy z uczestników jest w stanie prawidłowo odkodować te znaki poziomu powierzchni (znane jako *manifest*), tak aby prawidłowo wywnioskować ukryte zaufanie gwarantujące właściwości uczestników. Manifest jest uważany za pojedynczy lub zbiór wszystkich możliwych do zaobserwowania znaków, włącznie ze znakami zachowania, które są bezpośrednio obserwowane przez powiernika lub powiernika. Manifest bankowości elektronicznej B2C może zazwyczaj zawierać elementy wizualne na poziomie powierzchni (takie jak kłódka, znak marki lub link hipertekstowy). Później pokazano (rozdziały 6 i 7), że postrzeganie przez konsumentów manifestu wbudowanego w HCI serwisu bankowości elektronicznej, jest dekodowane przez konsumentów w odniesieniu do semiozy zaufania i wyrażane jako mierzalne poziomy zaufania do serwisu.

Ważnym typem gracza w grze zaufania jest oportunista: to znaczy osoba, która jest nie tylko niegodna zaufania, ale również jawnie manipulująca. Manipulując, Gambetta oznacza proaktywnie zwodniczą osobę, która może być w stanie emitować fałszywe oznaki zaufania przy wystarczająco niskich kosztach, aby uzyskać samolubną korzyść kosztem prawdziwego gracza. Ta sama osoba może być oportunistą w jednej grze opartej na zaufaniu, a w innej godna zaufania, lub może być globalnie niegodna zaufania. W tym kontekście ważne jest, aby przedstawić roboczą definicję tego, co oznacza osoba godna zaufania. W rzeczywistości Gambetta wyjaśnia dalej:

"Ogólnie rzecz biorąc, *mówimy, że osoba ufa komuś, że zrobi X, jeśli działa w oparciu o oczekiwanie, że zrobi X, kiedy oboje wiedzą, że spełnione są dwa warunki: jeśli nie zrobi X, lepiej by zrobiła, żeby postąpić inaczej, a jej postępowanie w sposób, w jaki robi to, daje mu egoistyczny powód, żeby nie robić X".*

[str.3, Gambetta i Hamill, 2005.]

W danej grze zaufania uczestniczy nie mniej niż dwóch uczestników - powiernik i powiernik. Jednym z rodzajów powiernika jest osoba kierująca się surowym interesem własnym, który prowadzi do tego, że nie robi X przy każdej okazji. Drugi typ to osoba, która posiada cechy tworzenia zaufania, które motywują ją do tego, by oprzeć się apelowi interesu własnego i zamiast tego robić X (Bacharach i Gambetta 2001). Stąd podstawowym dylematem osoby ufającej jest ustalenie z jakim typem osoby ma ona do czynienia, typem "złym" czy "dobrym".

Nowatorską cechą tej teorii jest dążenie do ustanowienia związku między pierwotnym dylematem zaufania a teorią sygnalizacji (gałęzią teorii racjonalnego wyboru). Główna idea polega na tym, że gracze zdobywają wiedzę o tym, jakie rodzaje zaufania gwarantujące właściwości są wymagane w danej grze na rzecz zaufania. Niektóre z tych właściwości są ogólne. Mogą to być: zasady moralne wspierające zachowania altruistyczne, indywidualne cechy charakteru, normy kulturowe lub organizacyjne, czy też cechy takie jak uczciwość. Inne cechy zasługujące na zaufanie, mają znacznie bardziej ograniczoną wartość, takie jak "miłość do psów, dzieci". Szczególne cechy gwarantujące zaufanie w każdej konkretnej grze opartej na zaufaniu są prawdopodobnie połączeniem cech ogólnych i cech gwarantujących zaufanie w konkretnej grze.

Głównym problemem związanym z zaufaniem jest zatem wnioskowanie o właściwościach uzasadniających zaufanie, które są istotne dla danej gry w zakresie zaufania, ponieważ wiele z tych właściwości uzasadniających zaufanie nie może być bezpośrednio zaobserwowanych. Drugim założeniem stojącym za teorią Gambetty jest to, że wiarygodność danej osoby można ocenić, oceniając dostrzegalne oznaki, które zdaniem osoby odpowiedzialnej za zaufanie mogą być wiarygodnie skorelowane z samymi, zasadniczo niewykrywalnymi cechami gwarantującymi zaufanie. Jest to złożone, wielowymiarowe zagadnienie.

"Powiernik rzadko zna cechy charakterystyczne dla zaufania powiernika bezpośrednio z obserwacji. To prawda, można powiedzieć, "Od razu widziałem, że był uczciwym człowiekiem". Ale jest to oznaką, że się to widzi. Obserwuje się na przykład cechy fizjonomiczne - zestaw oczu, twardy podbródek... i traktuje je jako dowód wewnętrznego usposobienia. Właściwości gwarantujące zaufanie....mogą być różnie zbliżone do obserwowalnych. Ale, poza ograniczeniem przypadków, są one niewyczuwalne i oznaki pośredniczą w ich poznaniu. "

[s. 8, Bacharach i Gambetta, 2001.]

Tak więc naśladownictwo (emisja fałszywych oznak zaufania) stanowi niezbędną broń w każdej danej grze o zaufanie. Jeśli koszt wyemitowania fałszywego znaku zaufania jest wystarczająco niski, albo powiernik, albo powiernik może z powodzeniem wyemitować fałszywe znaki (zaufania), aby fałszywie wzbudzić zaufanie drugiej strony. Użycie mimikry wykorzystuje fakt, że manifest powierzchniowy może być tylko słabo skorelowany z właściwościami gwarantującymi zaufanie. Negatywna mimika - czyli kamuflaż jest drugą stroną tej samej monety:

"Uważamy naśladownictwo, zarówno pozytywne, jak i negatywne, za kluczowy element większości epizodów zaufania, w których zaufanie jest źle ulokowane. W podstawowych grach zaufania, trustor powody, jak twierdzimy, że robi, że istnieje motyw dla oportunistycznego powiernika do naśladowania - to znaczy, aby emitować oznaki godnych zaufania cech, gdy brakuje mu ich. Prawie niezmiennie, gdy trust jest nadużywany, powiernik dokona pewnego aktu oszustwa w celu skłonienia powiernika do myślenia, że jest dobrym typem, gdy nie jest to prawdą. Powiernik jest graczem strategicznym, a nie bezwładnym, czekającym biernie na ocenę przez powiernika".

[str.8, Gambetta i Hamill, 2005.]

Koszty związane z emisją znaków są bardziej szczegółowo omówione w Gambetta i Bacharach (2001). Zasadniczo chodzi o to, że zbiór sygnałów i znaków emitowanych przez gracza w grze zaufania jest uważany za bezpieczny przed naśladownictwem tylko wtedy i tylko wtedy, gdy jest wystarczająco tani dla prawdziwego gracza, ale zbyt drogi dla oportunistycznego mimika. Niektóre oznaki zaufania są zasadniczo bezkosztowne i znane są jako "wskazówki". Przykładem może być "uczciwe spojrzenie". Takie oznaki są neutralne w grze o zaufanie, ponieważ są łatwo emitowane. Jednakże, są one notorycznie niewiarygodne jako oznaki ukrytego zaufania gwarantujące właściwości. W każdym razie, jednym z ważnych obowiązków prawdziwego gracza w grze w karty zaufania jest zarządzanie znakami zaufania, które zdecyduje się wyemitować. Ten proces zarządzania obejmuje obowiązek i zobowiązanie do przejrzenia zbioru znaków, tak aby naśladowanie znaków zaufania było droższe dla oportunisty. Ponieważ niektóre oznaki zaufania są narażone na szwank z powodu niskich kosztów emisji przez oportunistów, prawdziwy gracz (godny zaufania powiernik) musi zrewidować swoje oznaki i albo szukać bardziej kosztownych alternatyw, albo przyjąć środki, dzięki którym nie będzie mógł ich łatwo zdobyć.

Prowadzi to naturalnie do tego, co Gambetta nazywa drugorzędnym dylematem zaufania. Mianowicie krytyczne pytanie - czy wyświetlany znak (manifest) jest prawdziwym znakiem ukrytego zaufania gwarantującego własność, czy też jest to znak naśladujący? Odpowiedź na to pytanie według Gambetty może być rozwiązana jedynie poprzez odejście od standardowych modeli zaufania:

"*Nasze podejście oznacza odejście od aktualnych teorii zaufania. Odpowiedzi na to pytanie w literaturze są różne... nasza centralna hipoteza jest taka, że decyzje [trustora] są poparte logicznym rozumowaniem... nasze oczekiwanie jest takie, że u podstaw tych uczuć leży logika i że składa się ona z kilku kroków poznawczych, w tym z intuicyjnego zastosowania teorii sygnalizacji. ..w szczególności poszukują znaków, które przejawiają te właściwości. Przede wszystkim oczekujemy, że [trustorzy] będą poszukiwać wiarygodnych znaków.* "

[str.10, Gambetta i Hamill, *tamże*.]

Zarówno racjonalne, świadome, semi-tacitowe czynniki tworzące i afektywne, jak i doświadczenie decydują o tym, w jaki sposób znaki manifestowane przez graczy w danej grze zaufania wniosą (poprawnie lub nieprawidłowo) ukryte zaufanie gwarantujące właściwości nadawcy. Badanie walidacyjne obejmowało dwuletnie badania empiryczne kierowców taksówek i ich pasażerów w dwóch miastach: Nowym Jorku i Belfaście. Celem badania było określenie roli zaufania, a dokładniej zewnętrznych oznak zaufania (zarówno prawdziwych, jak i fałszywych), które pasażerowie okazują swoim kierowcom, tak aby wzbudzić zaufanie ich kierowców. Opisana dziedzina ma wyraźnie socjologiczny charakter, a wyniki mają raczej charakter jakościowy niż ilościowy, obejmując bogate opisy narracyjne i wywiady z zainteresowanymi kierowcami. Gambetta przedstawia w zarysie nowy, ogólny model zaufania, który może być zastosowany poza tą szczególną dziedziną zainteresowania, tj. w kontekście e-usług B2C.

- **B2C Trust Game: Manifest zaufania Gambetty**

Tylko jedno rozszerzone opracowanie w literaturze (Riegelsburger, 2005) miało na celu przyjęcie i zweryfikowanie modelu Gambetty w kontekście komunikacji za pośrednictwem komputera, a następnie tylko w sposób ogólny. Riegelsberger nie próbował na przykład rozróżniać między znakami i sygnałami ani łączyć pracy z głównymi modelami komunikacji semiotycznej. Riegelsberger wykorzystuje wcześniejsze prace Gambetty, ale nie najnowszą książkę Gambetty (Gambetta i Hamill, 2005), w celu skonstruowania własnych ogólnych ram dla komunikacji z komputerem. Powiernik działa jako konsument e-handlu, a powiernik jest uważany za stronę e-handlu na poziomie abstrakcji HCI. Te luźno powiązane, grubo wygenerowane ramy (powiernika i powiernika) są wykorzystywane do wyjaśnienia empirycznych badań nad konsumentami wchodzącymi w interakcję ze stronami handlu elektronicznego za pomocą urządzeń do śledzenia drogi wzroku. Główny wkład Riegelsbergera obejmuje szczegółową serię badań empirycznych z udziałem użytkowników oraz analizę danych eye-trackingowych w kontekście nowych mediów z perspektywy zaufania. Oznaki i sygnały zaufania są postrzegane jako działające na trzech poziomach: *instytucjonalnym, społecznym* i *czasowym*. Nie jest badana nieodłączna semiotyczna natura teorii Gambetty, a w szczególności możliwość poszerzenia jej o bardziej precyzyjne zjawiska semiotyczne poprzez eksplorację taksonomii znaków komputerowych. Ocenia się raczej alternatywy stylu projektowania nośników o gruboziarnistej powierzchni (na przykład porównuje się strony z tekstem, z obrazami i innymi bogatymi cechami za pomocą przedmiotów wyposażonych w sprzęt do śledzenia oczu). Riegelsberger pokazuje, że teoria ta ma znaczny potencjał ekspresji w objaśnianiu zaufania jako wymiany znaków poza pierwotnym obszarem zainteresowań (socjologia). Rzeczywiście, Gambetta uogólnia to w następujący sposób:

"Szukamy u naszych powierników oznak intencji bona-fida, które choć niekoniecznie są takie same, jak te, których szukają taksówkarze, to jednak przestrzegają tych samych zasad... zanim zaufamy komukolwiek, komu musimy zaufać ich znakom."

[s. 220 i s. 221, Gambetta i Hamill, *tamże*.]

Reinterpretując teorię Gambetty w kontekście usług B2C, można stwierdzić, że gra sygnalizacyjna ma następujące istotne cechy: konsument internetowy jest trustorem i przygląda się powierzchniowym oznakom zaufania lub braku zaufania widocznym na stronie internetowej e-commerce opublikowanej przez dostawcę usług. Te znaki na poziomie powierzchni są następnie skorelowane z ukrytym (nieobserwowalnym) zaufaniem gwarantującym właściwości dostawcy e-usługi. Ponadto, oznaki zaufania są interpretowane i stanowią część wieloetapowego procesu poznawczego, podczas którego zaufanie jest formowane, wzmacniane lub podkreślane w trakcie całego spotkania z usługą.

Podczas gdy w badaniu Gambetta gra zaufania jest postrzegana z perspektywy dostawcy usług (taksówkarza), w typowym spotkaniu B2C gra jest postrzegana w obecnym kontekście badawczym z perspektywy konsumenta. Mówiąc dokładniej, zarówno w przypadku spotkania B2C z e-usługą, jak i spotkania pasażera i taksówkarza, gra charakteryzuje się sygnałami działającymi w ramach tzw. równowagi "półsortowej". Jeżeli typ "dobry" emituje tylko jeden typ sygnału, a typ "zły" tylko inny, mówi się, że sygnalizacja wykazuje równowagę sortowniczą. Najwyraźniej nie ma to miejsca w przypadku pasażerów taksówek i ich kierowców, ani też w przypadku konsumentów B2C w kontekście e-usług świadczonych przez dostawców usług elektronicznych. W obu przypadkach łatwo zauważyć, że ponieważ fałszywy sygnalizator jest opłacalny dla fałszywego sygnalizatora, zarówno dla dostawcy usług, jak i dla konsumenta, fałszywy sygnał zaufania jest opłacalny. W istocie wzrost liczby ataków typu phishing i podobnych fałszywych oznak zaufania ze strony dostawcy usług na rzecz konsumenta sprawia, że konsumenci słusznie niechętnie inwestują swoje zaufanie w sposób naiwny w jakąkolwiek konkretną komercyjną stronę internetową. Straty Zjednoczonego Królestwa związane z oszustwami w dziedzinie bankowości elektronicznej zostały niedawno oszacowane jako kluczowy element zorganizowanej działalności przestępczej w Zjednoczonym Królestwie, a ich wysokość szacuje się na ponad 20 mln GBP rocznie (O'Neill, 2008).

W rozumieniu Gambetty gra zaufania B2C to gra "naśladująca mimikę". Tak więc dla dostawcy e-usług B2C "gra" ma na celu wyemitowanie wystarczającej ilości oznak zaufania, aby przezwyciężyć np. obawy konsumentów korzystających z bankowości elektronicznej. Dla konsumenta (np. w bankowości elektronicznej) "gra" oznacza zaangażowanie się w wiarygodną transakcję w bankowości elektronicznej B2C i właściwą interpretację znaków na poziomie powierzchni, nie padając jednocześnie ofiarą jednego z wielu oszustw, które stają się coraz bardziej powszechne w przypadku spotkań związanych z zakupami online. Na rysunku 3.3 przedstawiono schematyczny przegląd gry zaufania w bankowość elektroniczną B2C z semiotycznego punktu widzenia analitycznego. Główne parametry wydają się być następujące:

(i) Konsument korzystający z bankowości elektronicznej ma psychikę wewnętrzną, która nie jest werbalna i nie może być bezpośrednio sondowana. Na psychikę tę składają się intencje, motywacje, uprzedzenia (itp.) i ostatecznie jest ona unikalna dla danej osoby; niektóre z cech psychiki wewnętrznej są gwarancją zaufania (nieuczciwość, kłamstwo itp.), ale same nie są bezpośrednio dostrzegalne;

(ii) Psychika wewnętrzna angażuje się w świat za pośrednictwem mediów społecznych i kulturowych, aby zaangażować się na przykład w gry znakowe; akty komunikacji międzyludzkiej, które w tym przypadku mogą obejmować następujące formy: bezpośrednia interakcja człowiek-komputer; człowiek-człowiek (pogłoska); człowiek-usługodawca (bezpośredni lub pośredni kontakt z cegłami i bankiem zaprawy);

(iii) Konsument angażuje się w oznaki zaufania na poziomie powierzchni, które wypełniają stronę internetową bankowości elektronicznej B2C. Niektóre z nich mogą być prawdziwymi znakami, inne mogą być fałszywymi znakami zaufania; niektóre z nich zostaną wyraźnie umieszczone przez dostawcę usług w celu wzbudzenia zaufania (np. znak marki banku); inne mogą być przypadkowe lub przekazywać niezamierzone znaczenia. Dostawca usług bankowości elektronicznej B2C celowo umieszcza na stronie internetowej znaki, które w sposób wyraźny lub domyślny odzwierciedlają ukryte zaufanie gwarantujące właściwości "prawdziwego" banku cegieł i zaprawy. W ten sposób mogą one być zgodne z normami branżowymi, kulturowymi lub wewnętrznymi ukrytymi normami organizacyjnymi.

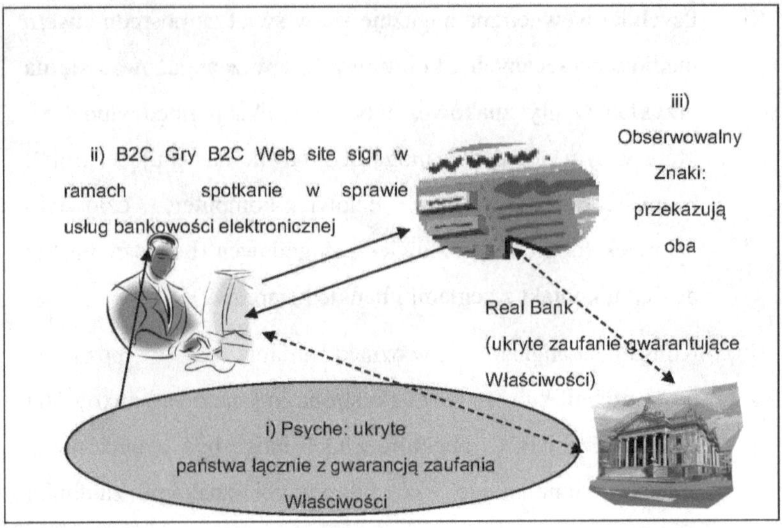

Rysunek 3.3: Gra powiernicza B2C jako wymiana znaków.

Charakter różnicy między grami znakowymi jako między bezpośrednim, osobistym kontaktem człowieka a grą B2C był wcześniej artykułowany gdzie indziej (francuski i Liu, 2005). W gruncie rzeczy, manifesty, które są wyświetlane przez graczy różnią się znacznie. W typowych kontaktach międzyludzkich manifesty są bezpośrednie i są tego samego rodzaju, co manifest Gambetta (mimika twarzy, wymiana werbalna itp.) w swoich badaniach nad taksówkarzami.

Gra B2C (np. bankowość elektroniczna) z konieczności obejmuje manifest z udziałem komputera (ukryty manifest w przypadku komputerowych protokołów bezpieczeństwa), od którego spotkanie jest uzależnione. Różnice te zasadniczo zmieniają charakter gry. Gra stała się wielowarstwowa, a gracze polegają na narzędziach i metodach proxy do odczytywania i interpretowania manifestów na poziomie powierzchni. Zakupy B2C on-line, takie jak bankowość elektroniczna, zazwyczaj opierają się na bardziej pośrednim modelu zaufania w komunikacji międzyludzkiej, w którym zarówno sprzedawca, jak i klient przyjmują tożsamość cyfrową proxy. Zaufanie jest rozłożone na szereg agentów i mediatorów technologicznych. Dostawca zakłada wirtualną tożsamość serwera proxy (strona internetowa znajdująca się pod określonym adresem URL, z tożsamością nazwy domeny i przypisaną do jednego lub więcej fizycznych serwerów internetowych). Podobnie, konsument przyjmuje tożsamość serwera proxy dzięki temu, że przeglądarka kliencka wyposażona jest w protokół SSL (Secure Socket Layer), a adres IP jest przypisany do konkretnego urządzenia klienckiego. W związku z tym zarówno dostawca, jak i konsument polegają na zaufanych organizacjach osób trzecich, które weryfikują ich transakcje on-line typu B2C. Następnie dostawca i konsument angażują się we wzajemną wymianę znaków zaufania wbudowaną w szereg złożonych procesów technologicznych. Zaufanie rozkłada się obecnie na niejednorodny zbiór pośredniczących podmiotów technologicznych, z których niewiele podlega jakiejkolwiek bezpośredniej weryfikacji konsumenckiej.

3.3 Podsumowanie

Wydaje się, że istnieje potrzeba rozwinięcia i sformułowania semotyki e-ufności, w szczególności w odniesieniu do kontekstu e-usług B2C, gdzie zaufanie i brak zaufania mają kluczowe znaczenie dla pomyślnego przyjęcia usługi przez konsumentów. Dotychczasowa literatura wydaje się być skąpa. Model zaufania Gambetta został wykazany przez Riegelsbergera (*ibidem*) jako potencjalnie istotny dla spotkań za pośrednictwem Internetu. Teoria ta wymaga jednak dalszej weryfikacji i opracowania. W tej pracy drabina zaufania i HLTMM zostaną wykorzystane jako narzędzia koncepcyjne, które pomogą objaśnić zaufanie w ramach jednego, jednoczącego paradygmatu i uwzględnić zaufanie na różnych poziomach systemu człowiek-komputer (warstwa HCI, zaufanie do reputacji na najwyższym poziomie oraz mediatorzy technologiczni). Podejście Morrission do semiozy zaufania (*zaufanie jako działanie*) jest obiecujące, a ramy EST mają na celu zbadanie semiozy zaufania z perspektywy zorientowanej na działanie poprzez gromadzenie dowodów empirycznych, jak również poprzez indukcyjne metody badawcze.

Uwzględnienie przez Gambettę manifestu zaufania jest bardzo pouczające, ale zbyt ogólne, aby mogło być bezpośrednio zastosowane do "gry" na rzecz zaufania B2C. W związku z tym intencją niniejszej pracy jest dążenie do wykorzystania tego teoretycznego modelu (odpowiednio dostosowanego), tak aby działać jako model referencyjny wysokiego poziomu, w ramach którego można rozliczać zaufanie w zupełnie innej dziedzinie, a mianowicie w przypadku spotkań dotyczących usług bankowości elektronicznej B2C. Teoria Gambetty zawiera silny, ale niedopowiedziany ukryty charakter semiotyczny, który nie jest przekonująco wyartykułowany przez Riegelsbergera. Na przykład nie opracowano systematycznej i szczegółowej taksonomii znaków.

Naszym zamiarem jest oparcie się na tych pracach, oferując bezpośrednie dowody empiryczne na poparcie modelu, jak również rozszerzenie go poprzez indukcyjne podejście, które ma na celu uwzględnienie wysokiego poziomu zaufania poprzez zastosowanie ram EST. Intencją jest zatem dodanie wartości zarówno teorii Gambetty, jak i ostatniej pracy Riegelsbergera dotyczącej zaufania poprzez próbę reinterpretacji ram teoretycznych w ramach zintegrowanego, wyraźnego semiotycznego systemu odniesienia.

Mówiąc dokładniej, staramy się później (rozdziały 4-8) przepracować teorię jako rodzime zjawisko semiotyczne; staramy się też dokładniej rozróżnić manifest znaków komputerowych od ich interpretacji przez podmioty ludzkie, stosując rygorystyczne podejście oparte na taksonomii znaków. Idea ta ma na celu uwzględnienie znaczenia, jakie ma zaangażowanie konsumentów B2C, poprzez rozważenie roli znaków komputerowych (manifestów - oznak zaufania) wyświetlanych na poziomie strony głównej prawdziwych brytyjskich stron bankowości internetowej. Badanie empiryczne opisane w dalszej części rozdziału 6 dostarcza dowodów na poparcie i zaszczepienie tego analitycznego podejścia za pomocą danych pochodzących od 42 podmiotów. W rozdziale 7 przedstawiono dalsze dowody empiryczne związane z nawigacją użytkowników. Główny nacisk położono na spotkania z serwisami bankowości elektronicznej. Ramy są opisane w rozdziale 5, który znajduje się poniżej.

Riegelsberger (*ibid.*) przedstawił wcześniej pewne rozróżnienie między różnymi rodzajami manifestów i ich składowymi znakami i sygnałami, ale jego leczenie jest bardzo ogólne. Podczas gdy teoretycznie możliwe jest ponowne przyjrzenie się taksonomii znaków Peirciana w kontekście elektronicznego świata znaków i ich znaczenia, być może bardziej przydatne byłoby zbadanie typowych znaków i sygnałów, które składają się na manifest na poziomie powierzchni za pośrednictwem typowego serwisu e-commerce B2C. Mogą to być typowe znaki takie jak "kłódka", znaki firmowe, linki hipertekstowe, jak również bardziej ogólne elementy estetyczne projektu strony. W ten sposób nie odrzucamy klasycznej pracy semiotycznej, ale raczej wykorzystujemy *de-facto* normatywną stronę internetową B2C e-banking jako inspirację do rozwoju szczegółowej taksonomii znaków, która odzwierciedla powszechną praktykę przemysłową.

Zestaw narzędzi EST Toolbox został opracowany w celu wsparcia semiotyki zaufania opartej na trzech filarach: jawnym morryjskim modelu semiozy dyady; podstawowym przekonaniu o skuteczności modelu zaufania Gambetta i jego potencjalnej rozszerzalności na e-usługi B2C, takie jak bankowość elektroniczna; i wreszcie potrzebie pracy w sposób integrujący, koncepcyjny z wykorzystaniem nowej semiotycznej drabiny zaufania i HLTMM.

4 WIRTUALNE ZAUFANIE ORGANIZACYJNE

Niniejszy rozdział ma na celu pokazanie, w jaki sposób wykorzystanie drabiny semiotycznej, wraz ze wspomagającym czynnikiem zaufania, może być wykorzystane do wspierania "miękkich" kwestii zaufania w kontekście partnerstw e-usług w ramach współpracy VO (Virtual Organisation), które zazwyczaj obejmują zarówno usługi internetowe, jak i gridowe. Intencją jest pomoc zarówno projektantom e-usług internetowych, jak i gridowych w celu lepszej konceptualizacji, a tym samym zarządzania "miękkimi" kwestiami zaufania. Korzyści płynące z lepszego zarządzania obejmują zmniejszenie ryzyka (awaria e-usług VO) i poprawę niezawodności e-usług VO. Zaufanie jako wymierny poziom zaufania pojawiło się jako pojęcie integrujące w przeglądzie literatury podanej w rozdziale trzecim. Drabina semiotyczna ma na celu wspieranie cyklu życia e-usług użyteczności publicznej poprzez wyartykułowanie semiozy e-trust na różnych poziomach abstrakcji systemowej, w tym zaufania jako mierzalnego poziomu zaufania. Tak więc na poziomie społecznym środki służące zapewnieniu reputacji i wiarygodności etrastu stanowią istotny wymiar w odniesieniu do wyboru partnera VO i mogą być również istotne w negocjacjach umów o poziomie usług pomiędzy partnerami VO. Natomiast na niższych szczeblach drabiny zaufania środki e-trust zazwyczaj odnoszą się do stopnia, w jakim bezpieczny podpis i bezpieczeństwo wiadomości są zgodne z różnymi wymiernymi technologicznymi protokołami bezpieczeństwa. Proponuje się również zaoferowanie konsumentowi VO szczególnego wsparcia podczas realizacji zlecenia. Celem niniejszego rozdziału jest poinformowanie o wyborze dostawcy usług VO, który ma zostać dokonany przez konsumenta usług VO e-usługi w czasie realizacji. Nowy agent zaufania zapewnia konsumentowi e-usługi obiektywną miarę wiarygodności e-usługi tuż przed jej rzeczywistym zużyciem. W szczególności poziom zaufania konsumenta usług internetowych świadczonych przez VO e-usług jest informowany poprzez wykorzystanie dowodów osób trzecich. Dowody te obejmują zestaw wyników w zakresie ładu korporacyjnego (Corporate Governance - CG). Wyniki te są wykorzystywane jako *wskaźnik zaufania* dla "prawdziwego" właściciela VO. Istnieją nieodłączne ograniczenia związane z wykorzystaniem wyników CG. W szczególności, wyniki CG są dostępne i wymagane przez prawo tylko dla ograniczonej grupy spółek brytyjskich. Ograniczenia te zostały należycie uwzględnione, a propozycje dotyczące uogólnienia modelu pełnomocnika zostały przedstawione w rozdziale dziewiątym, jako sugestie dotyczące przyszłych prac.

4.1 Cele badawcze i kontekst

Podczas gdy materialne ("twarde" aspekty bezpieczeństwa) usług VO e-services są stosunkowo dobrze rozumiane, niematerialne "miękkie" kwestie zaufania, szczególnie w odniesieniu do pomiaru zaufania wśród partnerów VO e-partnerów jest obszarem znacznie słabiej rozwiniętym. Istotnie, modele obliczeniowe zaufania oparte na objaśnianiu pojęcia zaufania w kontekście e-usług VO dopiero niedawno pojawiły się w literaturze naukowej (Song, Hwang i Kwok, 2005). Jednym z powodów jest to, że tradycyjne mechanizmy bezpieczeństwa są coraz częściej kwestionowane przez otwarte, wielkoskalowe i zdecentralizowane środowiska. W szczególności, zarówno partnerstwa internetowe, jak i gridowe VO charakteryzują się współpracą *ad hoc* (współdzielenie zasobów obliczeniowych) pomiędzy VO. Wyraźne zarządzanie zaufaniem powinno mieć na celu wyjście daleko poza "twarde" namacalne aspekty bezpieczeństwa takich usług (Matthews, Bicagregui i Dimitrakos, 2003). Na wyższym poziomie abstrakcji organizacyjnej należy raczej zbadać szerszy wymiar zaufania nieodłącznie związany z partnerstwem VO, taki jak reputacja partnera, kultura organizacyjna, wiarygodność, pochodzenie, wartości i kwestie etyczne. Ponadto problemy związane z zaufaniem muszą być wyraźnie uwzględnione w początkowych fazach planowania partnerstwa VO, w czasie budowy, a w idealnym przypadku muszą być również dynamicznie wspierane w czasie realizacji. Najnowsze prace badawcze dopiero zaczynają rozwiązywać "miękkie" problemy związane z zaufaniem i integrować je z bardziej drobnymi problemami dotyczącymi bezpieczeństwa usług sieciowych (Secure, 2001). Współpracę pomiędzy VO's ułatwiają mediatorzy technologiczni, agenci autonomiczni i podmioty przy minimalnej interwencji człowieka. Sytuacja ta w naturalny sposób prowadzi do wysoce zdecentralizowanego modelu bezpieczeństwa, ryzyka i zaufania pomiędzy partnerami VO w sposób z góry określony i zorganizowany, określony przez specyficzne potrzeby realizowanych projektów. Jednakże standardy i modele, które wspierają tworzenie zaufanego przepływu pracy pomiędzy partnerami VO w zdecentralizowanym środowisku polityki bezpieczeństwa i ryzyka, nie zostały jeszcze w pełni opracowane. W istocie kilka projektów finansowanych przez UE analizuje obecnie istotne kwestie zaufania na poziomie abstrakcji VO, w tym projekt TrustCOM (Wilson, Arenas i Schubert, 2007).

Zaufanie jest postrzegane przez wielu jako zwykłe rozszerzenie "twardych", namacalnych kwestii bezpieczeństwa w kontekście architektur opartych na usługach. Przykładem zwiększenia bezpieczeństwa i zaufania do usług internetowych, w kontekście usług internetowych, jest standard WS-Trust, opracowywany obecnie przez konsorcjum przemysłowe pod przewodnictwem

IBM. Standardy te dotyczą głównie weryfikacji i wymiany tokenów bezpieczeństwa (Platzer, 2004). Można by rozsądnie założyć, że WS-Trust i kilka innych, nadal opracowywanych standardów dotyczących usług internetowych stworzy razem w pełni kompleksowe ramy, w ramach których można będzie zająć się zarówno "twardymi", jak i "miękkimi" zagadnieniami związanymi z e-trustem. W rzeczywistości, staje się coraz bardziej oczywiste, że pomimo tych różnych inicjatyw, istnieje "luka" w naszym obecnym rozumieniu "miękkiego" aspektu zaufania w e-usługach współpracy VO.

Obecnie podejmowane są różne inicjatywy badawcze, których celem jest zapewnienie, aby powstające paradygmaty grid computingowe opierały się na w pełni sformułowanym zestawie protokołów i norm zaufania i bezpieczeństwa, wraz z powstającymi rozwiązaniami opartymi na agentach. Inicjatywy takie jak projekt *SECURE* (Cahill *i in.* , 2006) mają na celu opracowanie i umożliwienie agentom zaufania posiadającym uprawnienia do wymiany i weryfikacji elektronicznych danych uwierzytelniających, gromadzenia lokalnych dowodów oraz weryfikacji lokalnych praw dostępu do danych dotyczących bezpieczeństwa. Na podstawie tych dowodów rozproszony agent lub podmiot dąży następnie do częściowego naśladowania ludzkiego zaufania lub tworzenia się braku zaufania w odniesieniu do własnego wcześniej ustalonego ukierunkowania na zaufanie (zasadniczo nieufnego, godnego zaufania lub neutralnego), zbioru kryteriów zaufania oraz dowodów zebranych podczas wydarzenia dotyczącego zaufania.

Kwestie bezpieczeństwa materialnego VO są obecnie rozpatrywane głównie z perspektywy istniejących i dobrze przetestowanych mediatorów i metod bezpieczeństwa materialnego handlu elektronicznego: Certyfikaty SSL (Secure Sockets Layer) służące do uwierzytelniania użytkowników i/lub zestaw technologii oprogramowania pośredniczącego, które mają zapewnić, że usługi VO są przywoływane w bezpieczny sposób. Możliwe jest na przykład ustanowienie systemu, w którym autentyczność wniosku o określoną usługę VO (tzn. złożonego przez konsumenta) jest weryfikowana autonomicznie za pomocą wirtualnych danych uwierzytelniających certyfikatu cyfrowego X. 509. Systemy operacyjne dostarczają już środków do kontroli, kto ma dostęp do danych. Ponieważ wspólne usługi VO często wymagają dostępu do różnego rodzaju danych, istnieje również potrzeba ustalenia, kto ma prawo dostępu do danych. Prawa te muszą być sprawdzone przed zezwoleniem na przesyłanie danych.

Wydaje się, że stosunkowo mało uwagi poświęcono dotychchczas kwestiom zaufania na poziomie "reputacji" gruboziarnistych VO. Prace, które się pojawiły (Matthews, Bicagregui i Dimitrakos, 2003; Song *i in.* , 2005; TrustCOM, 2007) twierdzą, że zajmują się problemami związanymi z "reputacją" na wysokim poziomie. Jednakże duża część tych prac w rzeczywistości ma na celu zajęcie się wymiernymi aspektami bezpieczeństwa i wydajności (Song *et al.* , 2005). W ramach tych prac ustalono przynajmniej zasadność potrzeby zbadania kwestii "miękkiego" zaufania. Na przykład w "Song" (Song *et al.* , *2005) wskaźnik* zaufania jest obliczany z wykorzystaniem kombinacji danych wejściowych, w tym zdolności obronnych obiektu i jego reputacji, określonych jako osiągnięcia w zakresie wydajności. Oferowane rozwiązanie jest stosunkowo obliczeniowo "ciężkie". Duża liczba danych wejściowych jest wykorzystywana do obliczenia wskaźnika zaufania przy użyciu technik opartych na sieciach neuronowych.

Nasze podejście natomiast ma na celu wspieranie zarówno projektowania cyklu życia partnerstwa VO (na przykład aplikacji zarządzania łańcuchem dostaw VO) poprzez semiotyczną drabinę zaufania. Ponadto, podczas późniejszej realizacji cyklu życia stosuje się stosunkowo prosty i obliczeniowo lekki model oparty na agencie. Model ten został opracowany w celu ilościowego określenia "reputacji" VO przy użyciu tylko dwóch stosunkowo prostych miar: wyników w zakresie ładu korporacyjnego i historii wyników w przeszłości. Celem jest zapewnienie, że każde rozwiązanie jest na tyle lekkie, aby nie powodować opóźnień w końcowym partnerstwie VO pracy. Tabela 4.1 ilustruje bardzo zróżnicowany charakter otwartych standardów opartych głównie na XML (Extensible Mark-up Language), które do tej pory starały się rozwiązywać kwestie zaufania, bezpieczeństwa i pokrewne w kontekście architektur opartych na usługach VO e.

Tabela 4.1: Otwarte architektury wspierające bezpieczeństwo i zaufanie VO.

Obszar	**Przykładowe technologie otwartych standardów**
Kontrola dostępu	Rozszerzalny język znaczników kontroli dostępu
Przetwarzanie danych biznesowych	Język znaczników procesu biznesowego
Współpraca	ebXML (umowy z partnerami handlowymi, umowy o poziomie usług)
Handel kontrolowany	CTML (Controlled Trade Mark-up Language)
ontologia e-biznesu	Słownik e-Biznesu
E-usługi VO	Open Grid Services Infrastructure (OGSA)

Uczciwość i poufność	WS-Security (Web Services Security Language)
Prawne	Legalny format XML (użycie jest zależne od kraju)
Negocjacje	Web Services Secure Conversation Language (WS-Secure Conversation)
Polityka bezpieczeństwa	Polityka bezpieczeństwa WS-Security
Sieć semantyczna	RDF (Resource Description Format)
Orientacja na usługi	Rdzeń usług internetowych (tj. SOAP, WSDL, UDDI)
Zaufanie i komunikacja	WS-Trust i WS-Secure Conversation (rozszerzenie do WS-Security)
Uwierzytelnianie użytkowników, uprawnienia i atrybuty	SAML (Security Assertions Markup Language)
Komunikacja w sieci	Protokół XML (tj. podpis XML, szyfrowanie XML, zarządzanie kluczami XML)
Interoperacyjność WS	Profile interoperacyjności WS w zakresie bezpieczeństwa i zarządzania łańcuchem dostaw

Do tej pory brakowało jakiegokolwiek ogólnego punktu widzenia czy paradygmatu intelektualnego, który obejmowałby cały ten obszar. Jak wynika z tabeli 4.1, do "owijania" e-usługi VO używa się raczej wielu różnych pojawiających się i powstających standardów XML. Dokładna kombinacja zależy od potrzeb partnerów. Istnieją znaczne dowody na poparcie poglądu, że tworzenie ludzkiego zaufania jest z natury rzeczy procesem o wiele bardziej nieuchwytnym i subtelnym, niż wynikałoby to z istniejących modeli i inicjatyw lub architektur zorientowanych na bezpieczeństwo, takich jak WS-Trust (Web-Service Trust Language, 2007), a nawet jak wynika to z heterogenicznych standardów XML przedstawionych w tabeli 4.1.

Sugerujemy, że semiotyczny punkt widzenia e-trust oferuje jednolite ramy koncepcyjne, w których można modelować i konceptualizować zaufanie na wyższym poziomie abstrakcji. Celem jest uczynienie kwestii e-trust przejrzystymi w całym "cyklu życia" partnerskiej współpracy VO przy użyciu punktu widzenia, który sam w sobie nie jest powiązany z konkretną platformą lub standardem XML.

Współpracujący konsument e-usługi potrzebuje metody bezpiecznego uwierzytelniania pojedynczego logowania, a następnie dostępu do wielu zasobów VO. Konsument VO musi mieć pewność, że tylko autoryzowane osoby mogą uzyskać dostęp do danych wrażliwych. Oczywiście konieczne jest, aby lokalne środki i standardy bezpieczeństwa współpracowały bezproblemowo z globalnym poziomem zaufania i środków bezpieczeństwa VO. Konsument VO musi być również pewien, że reputacja dostawcy VO ("prawdziwego" właściciela korporacyjnego) jest odpowiednia, dlatego ryzyko awarii lub przerwania e-usługi jest zminimalizowane. Wymagane jest odpowiednie wsparcie dla delegowania e-usług VO (tzn. program zainicjowany w imieniu konsumenta może potrzebować możliwości delegowania zadania do innego programu), zlokalizowanego w innym miejscu wśród partnerów VO. Wykorzystanie drabiny zaufania (jak będzie widać) ma na celu zwiększenie przejrzystości niektórych z tych złożonych kwestii, wspomagając tym samym cykl życia VO e-trust.

Argumentujemy, że w ramach współpracy partnerskiej VO szersze czynniki organizacyjne i kulturowe wpływają na kształtowanie ludzkiego zaufania, a nie tylko na lokalne wskazówki kontekstowe. W szczególności, tworzenie zaufania międzyludzkiego obejmuje szersze konteksty zaufania: czynniki organizacyjne, społeczne i kulturowe determinują tworzenie zaufania międzyludzkiego oraz oczekiwania i przekonania (Komiac i Benbasat, 2005). Co więcej, zaufanie ludzkie nie jest ostatecznie jedynie racjonalnym konstruktem poznawczym, ale ma również silny komponent emocjonalny. Z tego powodu proponujemy, aby obecne modele i podejścia do tworzenia autonomicznego zaufania w ramach wyłaniającego się paradygmatu obliczeń VO nadawały agentom i podmiotom te szersze, bardziej subtelne, "miękkie" konteksty, starając się tym samym naśladować w większym stopniu kształtowanie się zaufania międzyludzkiego.

W "prawdziwym" świecie korporacyjnym wyniki uzyskane przez strony trzecie (takie jak agencje ratingowe) są wykorzystywane przez przedsiębiorstwa do oceny ryzyka związanego z angażowaniem się w działalność innych przedsiębiorstw poprzez różnego rodzaju partnerstwa. Chociaż takie systemy punktacji były ostatnio krytykowane w związku z tak zwanym "kryzysem kredytowym", ich stosowanie jest wszechobecne i często jest uzupełniane innymi środkami, na przykład w odniesieniu do banków brytyjskich, takimi jak wyniki w zakresie ładu korporacyjnego, mierniki wskaźników kapitałowych *i in.*, (Taylor, 2009). W związku z tym wykorzystanie wyników CG do wsparcia modelu agenta zaufania, który zostanie przedstawiony później, jest przynajmniej częściowo uzasadnione obecnym wykorzystaniem wskaźników zaufania korporacyjnego osób trzecich w ramach "prawdziwych" korporacyjnych spółek handlowych.

Poprzednio ogólnym założeniem było to, że samo umożliwienie korzystania z szeregu mediatorów technologicznych w zakresie bezpieczeństwa materialnego będzie warunkiem koniecznym i wystarczającym do powołania się na "zaufane" usługi VO. Nasza praca wyraźnie zmierza do zakwestionowania tego założenia.

4.2 Collaborative VO's: rola drabiny zaufania

Ludzkie zaufanie jest pojęciem nieuchwytnym i subtelnym, które obejmuje odniesienie do lokalnych, jak i szerszych organizacyjnych środowisk społecznych, w których dochodzi do transakcji e-usług (Gambetta, 2000). Istniejące podejścia do zaufanych e-usług VO być może nadmiernie podkreślają wartość nawiązywania bezpiecznej komunikacji pomiędzy jednostkami autonomicznymi, kosztem zajmowania się szerszym społecznym, kulturowym i organizacyjnym wymiarem. Liu (Liu, 2003) identyfikuje paradygmat semiotyczny jako potencjalnie użyteczny paradygmat w odniesieniu do tych szerszych zagadnień i wzywa do szerszego zbadania tzw. zagadnień "miękkich" w kontekście współpracy VO. Po Liu, (Liu, 2003) mapujemy "miękkie" i "twarde" problemy VO e-trust do nowej drabiny semiotycznej przedstawionej w Tabeli 4.2. Celem jest pomoc interesariuszom w lepszej konceptualizacji kwestii e-kontroli w kontekście VO. Drabina ta oferuje sposób konceptualizacji i modelowania semiozy działającej na kilku poziomach abstrakcji systemowej. W tabeli 4.2. dla każdego poziomu drabiny zaufania przedstawiono przykładowe problemy związane z e-powiernictwem i dostosowano je do etapów cyklu życia e-usług VO.

Tabela 4.2: Makro-wymiary cyklu życia VO i semiotycznej drabinki zaufania.

Przykładowe problemy z zaufaniem do usług sieciowych	***Drabina zaufania semiotycznego***	***Zastosowanie (Cykl życia VO)***	***Znaki***
Czy serwis jest zgodny z pożądanymi normami kulturowymi VO? Czy istnieją jakieś zabezpieczenia prawne?	***Świat społeczny***: przekonania i oczekiwania oparte na zaufaniu.	Etap planowania.	Zaufanie kulturowe/społeczne; Znaki polityczne.

Reputacja konsumenta lub dostawcy usług sieciowych? Jakieś konflikty etyczne?	***Pragmatyka***: cele, intencje, godne zaufania negocjacje, komunikacja.	Planowanie, budowa, czas trwania.	Znaki reputacji.
Na ile wiarygodne, ważne są usługi i czy będą one spełniać normy jakościowe?	***Semantyka***: znaczenia, prawda/fałszywość, ważność.	Zbudować i uruchomić czas.	Znaki uwierzytelnienia/ważności.
Bezpieczni agenci. Jak bardzo są zaufani?	***Syntaktyka***: formalizm, zaufany dostęp do danych.	Zbudować i uruchomić czas.	Zaufane znaki dostępu.
Czy włamanie wykrywanie/zapobieganie kontrole odpowiednie?	***Empiryka***: entropia, pojemność kanału.	Czas uciekać.	Znaki wysyłania wiadomości / zarządzania ruchem.

Drabina zaufania funkcjonuje obecnie jako *meta-model*, w ramach którego partnerzy VO mogą konceptualizować kwestie e-kontroli w ramach typowego partnerstwa, od jego najwcześniejszego założenia do projektowania i realizacji. Próbując zidentyfikować i przyporządkować kwestie zaufania do semiotycznej drabiny, można mieć nadzieję, że wcześniej ukryte lub słabo rozumiane lub artykułowane kwestie zaufania zostaną wyraźniej ujawnione partnerom VO na wczesnym etapie cyklu życia VO. Intencją jest, aby partnerzy VO wykorzystywali model wysokiego szczebla jako punkt odniesienia dla kwestii e-powodzeń na każdym etapie rozwoju partnerstwa VO, dzięki czemu kwestie te będą w pełni jednoznaczne. Oczekuje się, że w przypadku każdego partnerstwa VO e-usług, drabina zostanie dopracowana i dostosowana przez samych partnerów, tak aby jak najlepiej spełnić ich potrzeby.

Na przykład, na etapie planowania i budowania sieci, partnerzy muszą zająć się i zebrać różne źródła reputacji organizacyjnej najwyższego szczebla. Ponadto należy zawrzeć różnego rodzaju umowy prawne i być może zautomatyzować je za pomocą standardów takich jak WS-Agreement. Wszelkie rozbieżności pomiędzy partnerami (w zakresie progów zaufania, oczekiwań lub polityki na poziomie e-usług) będą musiały być rozwiązywane w drodze negocjacji. W trakcie realizacji partnerzy będą musieli stale sprawdzać, czy wcześniej zawarte umowy są realizowane w oczekiwany sposób. Zazwyczaj głównym problemem będzie walidacja aspektów bezpieczeństwa. Jedną z metod walidacji umów zawartych na wcześniejszych etapach drabiny może być użycie agentów zaufania. Agenci ci muszą dysponować odpowiednią wiedzą, aby móc sprawdzać normy i polityki na wysokim poziomie oraz prawa dostępu na niskim poziomie. W pewnym sensie zatem agenci ci będą działali jako autoryzaci umów i strategii politycznych określonych na wcześniejszych etapach samej drabiny.

Kwestią otwartą jest obecnie wykrywanie włamań poprzez różnego rodzaju luki. W chwili obecnej niewiele wiadomo na temat włamań. Aby zweryfikować tę część drabiny, partnerzy VO będą jednak musieli przewidzieć włamania (a więc podatności) i przeprowadzić analizę podatności, która jest istotna dla wybranego standardu bezpieczeństwa (np. SSL/TLS, certyfikaty proxy X. 509, Shibboleth). Chociaż jak dotąd niewiele informacji na ten temat zostało opublikowanych, wykrywanie włamań prawdopodobnie stanie się ważniejszym zagadnieniem, ponieważ VO coraz częściej tworzą partnerstwa między środowiskiem akademickim a biznesem (Francja, 2009 r.).

Podczas gdy warstwy drabiny są wyraźnie niezmienne, a stosowanie czynników zaufania jest również zakładane z góry, dokładne metody, narzędzia i techniki stosowane na każdym poziomie drabiny zaufania w celu weryfikacji znaków etrafności pozostają otwarte. Główną ideą jest wykorzystanie drabiny jako ogólnych ram, w których partnerzy mogą sami starać się zatwierdzać i negocjować porozumienia, a nie jako zestawu normatywnych narzędzi i technik.

4.3 Rola agentów powierniczych i semiotyki

Aby w pełni zasymulować tworzenie się ludzkiego zaufania, idealnie potrzebny jest środek umożliwiający agentowi o ludzkim rozumowaniu dotyczącym zaufania i irracjonalnych (emocjonalnych) ludzkich reakcji na zaufanie. Naukowcy prowadzili już pionierskie prace w zakresie opracowywania i stosowania różnych formalizmów matematycznych, które mogą być wykorzystywane do projektowania i wdrażania modeli zaufania w ramach systemów autonomicznych. Wiele z tych formalizmów (Marsh, 1994) polega na obliczaniu różnego rodzaju lokalnych progów zaufania i ich późniejszej propagacji w węzłach za pomocą modeli grafowo-teoretycznych (Bistarelli i Santini, 2008). Podejście to jest obecnie rozszerzane w celu umożliwienia MAS (Multi-agent Systems) z uprawnieniami do badania wiarygodności zaufania, pochodzenia i reputacji. Jak dotąd jednak postęp wydaje się być ograniczony do różnych modeli wysokiego szczebla i proponowanych rozwiązań prototypowych. Pełny przegląd odpowiedniej literatury na temat MAS oraz kilka nowych modeli zaufania, w tym wsparcie oparte na agencjach, można znaleźć na stronie internetowej szóstego projektu ramowego UE "*eRep*" (http://megatron.iiia.csic.es/eRep/?q=node/37). Ten finansowany przez UE projekt podkreślił znaczącą rolę zaufania jako reputacji w kontekście wszelkiego rodzaju e-usług. Różne modele i technologie są jednak niepewne, a obszar ten wciąż się rozwija. Zgodnie z opisanym wcześniej HLTMM (sekcja 3.2.3) model zaufania "*eRep*" obejmuje różne wymiary, w tym doświadczenie i dowody pochodzące od zaufanych stron trzecich (Sabater-Mir *i in.,* 2007).

Tradycyjna praca w badaniach nad sztuczną inteligencją umożliwia sondowanie stanów psychicznych agenta w odniesieniu do jego intencji, przekonań i celów. Ta i inne prace w dziedzinie czynników społecznie świadomych i semiotycznych (Joslyn i Rocha, 2000) być może w przyszłości umożliwią MAS pełną symulację tworzenia się ludzkiego zaufania w całym jego bogactwie, włączając w to aspekty emocjonalne i poznawcze. W międzyczasie uważamy, że potrzebne jest nieco mniej ambitne, aczkolwiek rygorystyczne podejście do oceny reputacji VO na wysokim poziomie, przy użyciu lekkiej metodologii obliczeniowej i analitycznej. W dłuższej perspektywie czasowej nieuchronnie potrzebny będzie bogatszy model i podejście, ale jak dotąd cały obszar "miękkiego" zaufania wciąż wyłania się w ramach e-systemów, z wieloma sprzecznymi modelami i rozwiązaniami. (Josang, Ismail i Boyd, 2007; Eymann, Konig i Matros, 2008). Opisany poniżej wkład należy zatem uznać za lekki, pragmatyczny model, który nie stara się być w pełni kompleksowy. Model ten, choć uproszczony, ma raczej na celu zaoferowanie wzorcowego, pragmatycznego sposobu wykorzystania obecnych technologii w celu rozwiązania problemu "miękkiego" zaufania VO przy użyciu jednej (wzorcowej) miary osoby trzeciej: mianowicie wyników w zakresie ładu korporacyjnego.

4.3.1 Semiotyczny model pośrednika zaufania wysokiego szczebla

W ślad za Olmedillą (Olmedilla *i in.,* 2006) kluczowe kwestie, które podejście oparte na pośrednictwie powinno starać się zaspokoić, są związane z zakresem, w jakim żądana e-usługa powinna (lub nie powinna) polegać na zdolności dostawcy usług do spełnienia konkretnego żądania na danym poziomie jakości. Z poprzedniej dyskusji jasno wynika, że potrzebny jest jakiś rodzaj dynamicznego procesu weryfikacji zaufania VO. Nasze podejście dostarcza informacji o "prawdziwej" reputacji organizacyjnej dostawcy usług dla konsumenta VO, jednocześnie wykorzystując wszelkie wcześniejsze dane dotyczące historii usług (wiarygodności), aby (przynajmniej częściowo) wypełnić "lukę" zaufania VO. Nasze podejście przybiera formę projektu (zestawu wymagań) dla rozwiązania opartego na agencie. Celem jest pokazanie z punktu widzenia najwyższego poziomu, że systemy pośredniczące VO z agentem do agenta (takie jak grid i web-services) mogą być wspierane za pomocą semiotycznie uzasadnionego modelu zaufania. Poniższa robocza definicja zaufania (z Olmedilli, *ibid.*) jest używana jako punkt wyjścia dla projektu agenta, gdzie mierzalne "przekonanie" oznacza w tym przypadku metrykę zaufania, która łączy i odzwierciedla zarówno reputację organizacyjną najwyższego szczebla, jak i każdą wcześniejszą historię e-usług:

"*Zaufanie strony A do strony B w odniesieniu do usługi X jest mierzalnym przekonaniem strony A, że strona B zachowuje się niezawodnie przez określony czas w określonym kontekście w odniesieniu do usługi X*".

[Olmedilla *i in.*, 2006, str. 5]

Poniżej przedstawiono kolejne etapy lokalnego i globalnego zarządzania zaufaniem w kontekście VO starającego się sprawdzić wiarygodność zaufania tuż przed zgłoszeniem zapotrzebowania na ogólną usługę elektroniczną. Do obsługi zadania przydzielono dwóch agentów współpracujących ze sobą: Agent-1 ["lokalny agent zaufania"] i Agent-2 ["globalny agent zaufania"]:

1.1 Wniosek o usługę składa się w ramach danej spółki akcyjnej (VO), zwanej osobą występującą z wnioskiem o usługę, która chce zamówić daną usługę i powołać się na nią spoza tej spółki. Wniosek jest wysyłany do agenta 1 w formie komunikatu.
2. Agent-1 odpowiada na zapytanie poprzez sprawdzenie usługi w "Żółtej Stronie" rejestru UDDI VO i ich usług, które są dostępne dla wszystkich istniejących VO w sieci.
3. Agent-1 wyszukuje usługę (jeśli nie została znaleziona lub nie jest dostępna odpowiedni komunikat o błędzie jest odsyłany do wnioskodawcy). Każda dostępna usługa jest mapowana do co najmniej jednego VO, nazwanego dostawcy usług.
4. Agent-1 przekazuje nazwę dostawcy usług Agentowi-2. Następnie Agent-2 szuka globalnej tabeli zaufania VO dla swoich danych ratingowych, obliczając globalny wynik zaufania dla tego VO. Globalna Tabela Zaufania VO zawiera szereg ratingów, które po połączeniu są wykorzystywane do

obliczenia ratingu zaufania w oparciu o różne wyniki w zakresie ładu korporacyjnego (CG).

5. Agent-2 oblicza sumę punktów i zwraca Agentowi-1 jedną wartość całkowitą.
6. Agent-1 porównuje otrzymany globalny rating zaufania, aby sprawdzić, czy mieści się on w *akceptowalnym* zakresie dla ubiegającego się o VO e-service. Ocena zaufania globalnego jest definiowana jako rzeczywista liczba znormalizowana w zakresie [0-1], gdzie niska wartość lub zakres wartości (np. 0- 0.1) oznacza bardzo niski poziom zaufania i gdzie wysokie wartości (np. 0.9 - 1) reprezentują wysoce zaufaną VO. Akceptowalny zakres oznacza minimalny wynik, który mieści się w ramach indywidualnego poziomu zaufania preferowanego przez danego konsumenta. Na przykład, konsument VO może zazwyczaj określić, że chce korzystać z konkretnej usługi VO e-usługi, jeżeli Agent-1 zwróci ocenę zaufania globalnego > 0,5. Jeżeli ocena zaufania globalnego znajduje się poniżej minimalnego poziomu (lub minimalnego zakresu wartości) uznanego przez konkretnego konsumenta VO e-usługi za akceptowalny, wówczas żądanie usługi zostaje zakończone odpowiednim komunikatem diagnostycznym wysłanym do zleceniodawcy usługi. Procedura może przejść do etapu 3 w celu sprawdzenia, czy żądana usługa może być dostępna dla innego VO. Jeśli nie, procedura zostaje zakończona. Jeśli ocena zaufania jest akceptowalna (w akceptowalnym zakresie żądania serwisowego), Agent-1 przechodzi do Etapu 7, wysyłając komunikat do Agenta-2.
7. Agent-2 wyszukuje tabelę VO Previous Performance, która pokazuje ostatnią wydajność w czasie rzeczywistym (Previous Performance Measure) dostawcy usług VO e i przekazuje tę wartość z powrotem do Agenta-1. Jeśli minimalne akceptowalne kryteria wydajności są spełnione (np. historia awarii węzła mieści się we wcześniej zdefiniowanej akceptowalnej wartości granicznej), wówczas flaga Agent-1 oznacza żądanie usługi jako "niskiego ryzyka", aby umożliwić kontynuację żądania usługi. Jeśli nie, żądanie serwisowe zostaje zakończone.

8.1 Na koniec Agent-1 sprawdza prawa i uprawnienia dostępu wnioskodawcy do usługi, aby sprawdzić, czy wnioskodawca posiada niezbędne uprawnienia (określone przez role, zabezpieczenia i ograniczenia czasowe) do dostępu do wymaganej usługi, a tym samym do lokalnych zbiorów danych znajdujących się poza aktualną VO.

4.3.2Rola tabeli globalnego zaufania

Marsh (1994) podjął wczesną próbę sformalizowania pojęcia zaufania do wykorzystania obliczeniowego w interakcjach między dwoma niezależnymi podmiotami. Podejście to uwzględnia wiele z powszechnie akceptowanych aspektów zaufania w odpowiedniej literaturze, tj. zdefiniowanie zaufania podstawowego lub dyspozycyjnego, ogólnego zaufania do innego podmiotu oraz zaufania sytuacyjnego do innego podmiotu, w połączeniu z pojęciami użyteczności, ryzyka i znaczenia. Na tej podstawie proste równania liniowe pozwalają na tworzenie wartości zaufania, które są reprezentowane w zakresie [-1, 1], aby umożliwić rozumowanie o braku zaufania. Informacje o zaufaniu (wartości reprezentujące opłacalność) z przeszłych interakcji agenta są przechowywane, co pozwala na ewolucję zaufania, aczkolwiek w sposób dość arbitralny.

Koncepcja progu zachowania opartego na zaufaniu, opartego na postrzeganym ryzyku i kompetencji w danej sytuacji, pokazuje nieodłączny związek między zaufaniem a ryzykiem. Jednym z podstawowych wymogów obliczeniowego modelu zaufania jest to, aby zapewniał on metrykę umożliwiającą porównanie względnej wiarygodności różnych podmiotów. Agent jest uznawany za godnego zaufania, jeżeli ma wysokie prawdopodobieństwo wykonania określonego działania, które w naszym kontekście ma na celu wypełnienie swoich zobowiązań podczas interakcji w ramach e-usługi. Prawdopodobieństwo to może być związane z wieloma różnymi czynnikami. Funkcją GTT (Global Trust Table) jest dostarczenie zestawu danych wejściowych, które służą do zwiększenia *poziomu zaufania* (prawdopodobieństwo subiektywnie lub obiektywnie ustalone), że VO wykona zadanie z powodzeniem i niezawodnie. Przyjęte tu podejście jest inspirowane pracami Marsha (Marsh, 1994), w których opowiadał się on za stosowaniem partytur zaufania, które choć uproszczone, są na tyle lekkie obliczeniowo, że można je stosować w realistycznych dynamicznych kontekstach VO, nie powodując niepotrzebnych opóźnień systemowych. Bardziej rozbudowane systemy punktacji dla MAS zostały niedawno zaproponowane (Secure, 2007). Zalecane tutaj lekkie podejście idealnie nadaje się do skrócenia czasu opóźnienia w wymagających wysokowydajnych środowiskach.

Głównym założeniem jest dostępność danych dla reputacji VO na wysokim poziomie. Organizacje takie jak Investors Shareholder Services (ISS) publikują obecnie dane dotyczące wyników CG (Corporate Governance) dla dużych korporacji, zatem uzasadnione wydaje się założenie, że takie dane są łatwo dostępne. Nasz lekki model punktacji czerpie inspirację z projektów finansowanych w ramach współpracy na dużą skalę, takich jak konsorcjum TrustCOM (http://www.eu-trustcom.com/), w swoim podejściu do kwestii zarządzania reputacją VO na wysokim szczeblu. Proponujemy system punktacji dostarczany przez zaufaną stronę trzecią, w którym zakłada się, że "reputacja" może być oceniana przy użyciu jednego lub więcej wskaźników CG. Kwantyfikacja reputacji (stąd też zaufanie przez pełnomocnika) i powiązanie jej z wycenami firm wydaje się być już powszechnie akceptowane w odpowiedniej literaturze (patrz: Brown i Caylor, 2006). Niektóre z bardziej oczywistych ograniczeń zostały pokrótce przedstawione w punktach (i) - (iv) poniżej, gdzie wyraźnie określono również zakres obecnego modelu:

i) Proponowana przez nas metoda ma zastosowanie wyłącznie do spółek VO utworzonych z organizacji macierzystych, które wchodzą w zakres brytyjskiego Combined Code on Corporate Governance. Uznaje się, że Combined Code jest obowiązkowy tylko dla niektórych klas podmiotów korporacyjnych i tylko w takim przypadku na terenie Wielkiej Brytanii. Jednym z przykładów współpracy w ramach VO, która wchodziłaby w zakres Combined Code i kompetencji regulacyjnych FRC (Rada ds. Sprawozdawczości Finansowej), jest współpraca w ramach VO e-usługi między kilkoma brytyjskimi bankami o dużym zasięgu. Podobnie partnerstwa w zakresie dobrowolnej oferty publicznej między brytyjskimi spółkami giełdowymi również wchodziłyby w bezpośredni zakres stosowania kodeksu scalonego.

ii) Prywatne przedsiębiorstwa w Zjednoczonym Królestwie oraz niektóre organy publiczne (takie jak np. fundusze powiernicze fundacji NHS) nie byłyby formalnie objęte kodeksem. Dlatego też wyniki CG mogą być albo zazwyczaj niedostępne, albo dostępne na zasadzie dobrowolności, a zatem nie podlegają audytowi (nierzetelne). Partnerstwa wynikające ze współpracy VO poza Zjednoczonym Królestwem całkowicie wykraczałyby poza określony zakres tej metody.

iii) W partnerstwach VO mogą często uczestniczyć spółki dominujące/organizacje, które mają siedzibę w dowolnym miejscu na świecie. Takie partnerstwa mogą również często obejmować partnerstwa między organami macierzystymi VO i organizacjami, które znajdują się całkowicie poza zakresem wskaźników CG. Jednym z istotnych przykładów jest tzw. inicjatywa e-nauki, w której organy akademickie (głównie uniwersytety na całym świecie) współpracują ze sobą za pośrednictwem VO oraz z dużymi PLC, takimi jak duże firmy farmaceutyczne, w celu zaangażowania się w badania nad nowymi lekami za pośrednictwem sieci. Wykorzystanie wyników CG w takiej sytuacji byłoby jedną z asymetrii zaufania pomiędzy różnymi współpracownikami VO.

iv) Prawie na pewno wyniki CG byłyby dostępne dla modelu agenta (przynajmniej w jakiejś formie użytkowej), w przypadku dużych firm farmaceutycznych PLC, niezależnie od tego, czy mają one siedzibę w Zjednoczonym Królestwie, czy też nie. Wyniki uzyskane przez CG nie byłyby jednak dostępne w przypadku ich partnerów uniwersyteckich lub innych instytucji publicznych, które były właścicielami VO's.

Z tych i innych powiązanych powodów, sposoby uogólnienia podanej metody oceny punktowej CG poprzez zastosowanie różnych alternatywnych wskaźników, które niekoniecznie są specyficzne dla danego kraju lub organizacji, są proponowane jako dalsze prace w rozdziale 9. W ramach ograniczeń wyrażonych powyżej i poddanych dalszej analizie w rozdziale 9, rolą GTT jest weryfikacja wiarygodności właściciela usługi VO e-service (wyrażonej jako zbiór punktów CG) jako *wskaźnika zastępczego zaufania* do samej usługi VO e-service. W świecie ludzkim powszechną obserwacją jest to, że nasze zaufanie inwestujemy w podmioty, które są nam znane poprzez tożsamość marki i reputację.

Rzeczywiście, wyniki badania dotyczącego sortowania kart, opisane później (w rozdziale 6 niniejszej tezy), potwierdziły przekonanie, że użytkownicy ufają bankom, które są znane i które mają "prawdziwe" namacalne sieci oddziałów na głównych ulicach, a jednocześnie wydają się nieufne wobec banków czysto cyfrowych. W celu zaprojektowania rozwiązania typu "agent-to-agent" konieczne jest użycie pełnomocnika zaufania, który odzwierciedlałby wysoką reputację organizacyjną, obiektywnie mierzalną (tak, aby spełniał on wcześniejszą definicję). Punktacja CG jest jednym z takich mierników. Indeksy ładu korporacyjnego i wyniki są dostępne publicznie i wykazano, że dobrze korelują z wynikami firm (Brown i Caylor, 2006). Podobne indeksy zostały wygenerowane dla e-administracji (Blakemore i Lloyd, 2007). Tym samym są one potencjalnie ważne jako wskaźnik zaufania, chociaż zostało już potwierdzone, że są one bardzo ograniczone w ich obecnym zastosowaniu do kontekstu e-usług VO.

Rozwiązanie przedstawione powyżej zakłada, że wnioskodawca przekazuje Agentowi-2 wartość progu zaufania. Można przyjąć, że wartość ta jest znormalizowana do wartości z zakresu od 0 do 1. Następnie Agent-2 sprawdza inicjatora usługodawcy (prawdziwą organizację, która jest właścicielem VO), aby sprawdzić, czy wpis istnieje w GTT. Jeżeli wpis istnieje, to zbiór indywidualnych wyników ($x1,x2...xn$) odnoszących się do wpisu konkretnej firmy jest sumowany i skalowany do wartości rzeczywistej w zakresie 0-1. Agent-1 następnie po prostu porównuje wartości, aby sprawdzić czy, według inicjatora usługi, wartość zaufania (reputacja) mieści się w dopuszczalnym zakresie.

Jeżeli wartość ta mieści się w dopuszczalnym zakresie, wówczas sprawdzana jest odpowiednia historia serwisu. Jeżeli ta kontrola wskazuje, że historia usługi mieści się w akceptowalnym zakresie tolerancji konsumenta e-usługi, wówczas usługa jest włączona. Poniżej przedstawiono przykład, aby pokazać, w jaki sposób lekki model może działać w praktyce. Proces ten jest zasadniczo modelem dwustopniowym: Zaufanie do reputacji VO jest mierzone i porównywane z wartością progową (*Trust Threshold Score*), po której następuje każda znana wcześniejsza historia wydajności usługi (*Previous Performance Measure*). Jeśli nie jest dostępna żadna historia, wówczas w czasie rzeczywistym generowany jest odpowiedni dziennik usług.

4.3.3 Model punktacji agenta

W poniższym przykładzie *Basepoint Bank (Zjednoczone Królestwo)* jest (fikcyjnym) właścicielem VO, która świadczy usługi elektroniczne przeznaczone do publikacji dla konsumentów VO. W tym przypadku konsumentem jest inny bank brytyjski (powiedzmy *Barclay's Capital PLC*). Ta konkretna e-usługa jest potrzebna dla Barclay's Capital na żądanie w celu określenia terminowej wyceny złożonego finansowego instrumentu pochodnego, znanego jako "*quant99*". Barclay potrzebuje wyniku w ciągu 20 ms, a zatem wymagane jest bardzo małe opóźnienie systemowe. Usługa ta jest świadczona przez więcej niż jednego VO. Dlatego też Barclay's Capital potencjalnie ma wybór dostawcy. Barclay's Capital zgodził się wcześniej na wykorzystanie wyników CG jako pełnomocnika zaufania, ponieważ różni alternatywni dostawcy e-usług typu VO w ramach cenowej e-usługi "quant99" należą do banków brytyjskich, a zatem wchodzą w zakres kodeksu połączonego. Let us further assume that Barclay's Capital has previously used the e-service owned and operated by Basepoint and provided by a VO, so there is (for simplicity) both an existing TTS *Trust Threshold Score* and PPM *Previous Performance Measure* for the "quant99" e-service as published by Basepoint Bank.

i) Zleceniodawca usługi (Barclay's Capital) przesyła Agentowi-1 dwie wartości: TTS (tzn. zaufanie jako mierzalną "reputację") oraz PPM, który określa zaufanie jako przeszłość (zaufanie jako mierzalną "wiarygodność"). Zarówno TTS jak i PPM są skalowane dla wygody do rzeczywistej liczby w zakresie [0...1]. TTS jest definiowany tam, gdzie niska wartość (np. 0,11) lub zakres wartości (np. 0-0,1) wskazuje stosunkowo "niski" próg zaufania konsumenta. Wysoka wartość (na przykład 0,99) lub wysoki zakres wartości (na przykład 0,97 - 1,0) oznacza stosunkowo "wysoki" próg zaufania konsumenta.

ii) "akceptowalny" zakres oznacza minimalny wynik TTS i/lub PPM, który mieści się w ramach preferowanego i uprzednio zdefiniowanego, mierzalnego poziomu zaufania danego konsumenta VO. W związku z tym kapitał Barclay będzie jedynie "trust", a zatem będzie powoływał się na e-usługę VO od dostawcy usług, jeżeli zarówno TTS, jak i PPM mieszczą się w uprzednio określonym przedziale zaufania uznanym za dopuszczalny dla tej konkretnej e-usługi.

(iii) W tym przypadku Barclay's Capital ustalił wcześniej minimalny TTS dla zużycia e-usługi "quant99" na poziomie > = 0,8(*); ustalił minimalny dopuszczalny PPM dla tej konkretnej e-usługi na poziomie >= 0,9;(*). Oczywiste jest, że każda e-usługa musi otrzymać od konsumenta e-usługi wynik progowy zaufania TTS i PPM, aby umożliwić działanie agenta.

(*) *Są to dwie arbitralne wartości używane do celów ilustracyjnych;*

iv) Barclay's Capital checks during run-time (just prior to e-service consumption) whether or not the "quant99" VO e-service owned by Basepoint Bank global trust score (GTS) lies within its previously defined acceptable range (>= . 8). Zakłada się, że następujących pięć odpowiednich wskaźników CG (przedstawionych w tabeli 4.3) jest udostępnianych Agentowi-2 w czasie rzeczywistym za pośrednictwem zewnętrznego wydawcy. (Jest to podzbiór pochodzący ze znacznie większego potencjalnego "wszechświata" wyników CG.)

W tabeli 4.3, która znajduje się poniżej, użyto następujących terminów:

S1...Sn = zestaw poszczególnych wskaźników CG zgodnie z Kodeksem połączonym. Na stronie W tym przypadku (tabela 4.3) dla uproszczenia wymieniono pięć przykładowych wyników CG. W praktyce, do obliczeń można wykorzystać do 60+ lub więcej dostępnych punktów CG.

a GTS.]

Sc1...Scn = zbiór punktów CG dostarczonych przez zaufaną osobę trzecią dla każdego z nich. dostępne CG Metrics w odniesieniu do właściciela VO... Te wyniki to znormalizowane w zakresie [0-1]. Wpis "1" w drugiej kolumnie z tabeli 4.3 wynika, że wymieniona metryka CG jest znana (tzn. jest dostępna). An wpis "0" wskazuje, że metryka, choć potencjalnie istotna dla obliczenie TTS nie jest dostępne, stąd nie jest znane agentowi. (Nie wszystkie istotne wyniki CG będą prawdopodobnie dostępne dla Agenta-2 w rzeczywistym działający system.)

W tabeli 4.3 przedstawiono pięć przykładowych wartości CG stosowanych przez agenta-2 do obliczenia GTS dla "*ilości99*" e-usługi będącej własnością i obsługiwanej przez *Basepoint Bank Ltd*, zgodnie z wnioskiem *Barclay's Capital* (konsumenta e-usługi), od VO.

Tabela 4.3: Wyniki agenta: przykładowy.

Kryteria ładu korporacyjnego/metria (1)	**CG Dostępność metryczna dla "Basepoint Bank Ltd" (S)** **(The owner of "quant99" VO e-service.)**	**Wynik [0... 1] - dostarczone przez zaufaną stronę trzecią (Sc)**
Wszyscy członkowie zarządu > 1 rok pracy posiadają udziały w Basepoint Ltd.	*S1 = 1*	$S_{c1} = 0,4$
> 1 członek Rady uczestniczył w akredytowanym programie edukacyjnym dla dyrektorów.	*S2 = 0*	$S_{c2} = 0$
Komitet audytu Basepoint składa się wyłącznie z niezależnych dyrektorów zewnętrznych.	*S3= 1*	$S_{c3} = 0,1$
Dyrektor generalny Basepoint zasiada w < 2 dodatkowych zarządach.	*S4 =1*	$S_{c4} = 0,1$
Wszyscy dyrektorzy uczestniczyli w >75 % posiedzeń zarządu.	*S5 =1*	$S_{c5} = 0,2$

[1] *Pochodzące z Brown i Caylor (2004)*

v) Agent-2 podsumowuje dostępne wartości, aby obliczyć GTS w następujący sposób:

$$GTS = \sum_{i=1}^{n} S_i \bullet Sc_i / \sum_{i=1}^{n} S_i$$

Agent-2 podsumowuje wartości dla wpisu "Basepoint Ltd" dla każdej wartości niezerowej. W tym przypadku, ponieważ wynikowa wartość GTS wynosi 0,8, ta konkretna e-usługa mieści się w zakresie Barclay's Capital stwierdził, że TTS jest akceptowalny. Agent-2 wysyła odpowiednią wiadomość z powrotem do Agenta-1 i przystępuje do obliczania PPM dla e-usługi "quant99".

Uwaga: jeżeli TTS leży poza podanym zakresem progowym, wówczas Agent-2 zakończy każdy z następujących przypadków dalszych obliczeń, wysyłając odpowiednią wiadomość do Agenta-1.

W tabeli 4.3 przedstawiono tylko pięć wartości dla celów ilustracyjnych. W praktyce agent może potencjalnie mieć dostęp do ponad 60 wartości CG, tak aby wygenerować dany GTS dla danej korporacji (Cremers i Nair, 2005). Brown i Caylor (ibid.) wykazali wcześniej, że wykorzystanie "szczupłych" (tj. 7-10 kluczowych miar ładu korporacyjnego) może być równie skuteczne, jak wykorzystanie pełnych zestawów danych w kontekście oceny reputacji ładu korporacyjnego. W związku z tym proponowany system nie jest zbytnio uzależniony od dostępności dużych lub kompletnych zbiorów danych, jeśli chodzi o jego wiarygodność. Potrzebne są raczej wartości dla kluczowych wskaźników. Jeżeli uznaje się, że pełne zbiory danych (60+) wartości dotyczące ładu korporacyjnego i związane z nimi wskaźniki są prawidłowe, są one coraz częściej udostępniane on-line w domenie publicznej, a zatem są dostępne zarówno dla ludzi, jak i dla agentów ds. oprogramowania. Organizacje takie jak IRRC (Centrum Badań nad Odpowiedzialnością Inwestorów) i ISS (Institutional Shareholder Services) regularnie aktualizują i publikują miary i wskaźniki ładu korporacyjnego (Brown i Caylor, 2006). W tym ilustrującym przykładzie (dość powszechnym) przypadek VO będącej w posiadaniu więcej niż jednej "prawdziwej" organizacji nie jest tutaj rozpatrywany dla jasności, ale następujący model wspiera ten przypadek w prosty sposób.

vi) Agent-2 próbuje teraz ustalić wszelkie wcześniejsze doświadczenia (historię wywołań usługi) dla żądanej e-usługi poprzez zbadanie dziennika historii wcześniejszego zużycia e-usługi "quant99" przez Barclay's Capital. Dziennik historii usługi zawiera historię usługi (analogicznie do "kontroli kredytowej" dla ludzkiego agenta), która rejestruje punkty awarii lub niedostępność usługi w jednostce czasu. Jest ona udostępniana agentowi-2 przez konsumenta e-usługi (tj. Barclays Capital), ponieważ dziennik jest uważany za specyficzny dla tego konsumenta, biorąc pod uwagę jego własną konfigurację platformy i własny wzorzec konsumpcji e-usługi. Jeżeli nie istnieje poprzedni log usługi (stąd nie można obliczyć wartości PPM), usługa jest wywoływana tylko wtedy, gdy GTS przekracza TTS określony przez konsumenta. Zasadniczo dziennik historii w naszym przykładzie musi być "wydobyty" przy użyciu dobrze ugruntowanych podejść do inteligentnej eksploracji danych dotyczących transakcji kredytowych z udziałem konsumentów, takich jak analiza regresji, analiza statystyczna i wykorzystanie metod sieci neuronowej (Hand and Crowther, 2005; Xioahua, 2005; Mohammadian, 2004). As a result of these mining activities the "quant99" e-service provided by Basepoint Bank may be regarded as being "low" or "high" risk and a variety of actions could be taken in response to this categorisation, depending on the expressed preferences of the service requestor. W tym przykładzie dla uproszczenia i zwięzłości zakładamy prosty przypadek, w którym działania te prowadzą do wyliczenia PPM, który jest wyższy od określonego TTS zdefiniowanego przez Barclays Capital (tj. >= 0,9). W związku z tym, że zarówno GTS, jak i PPM znajdują się powyżej minimalnych progów zaufania określonych przez Barclays w związku z konsumpcją e-usługi "quant99", Agent-2 wysyła komunikat do Agenta-1, aby wskazać, że konsumpcja może nastąpić.

4.4Summary i rola HLTMM

Aspekty zaufania we wspólnych architekturach e-usług VO zyskują na znaczeniu, ponieważ kwestie "miękkie" są postrzegane jako równie istotne dla rozwoju e-usług VO jak kwestie "twarde". Obecne podejście do zapewnienia bezpiecznych i godnych zaufania e-usług wirtualnych kładzie nieco większy nacisk na twarde aspekty bezpieczeństwa i związane z nimi standardy oparte na XML, takie jak WS-Trust. Paradygmat semiotyczny może okazać się przydatny w udowodnieniu jednolitego modelu koncepcyjnego, w ramach którego można przedstawić problemy związane z zaufaniem do usług wirtualnych. Wykazano, że "miękka" "luka" zaufania może zostać częściowo wypełniona poprzez zastosowanie semiotycznej drabiny zaufania, aby pomóc w lepszej konceptualizacji kwestii zaufania. Dzięki zastosowaniu jednego, ujednoliconego paradygmatu do opisania kwestii zaufania na poziomie VO, zaufanie na poziomie e-usług będzie znacznie lepiej wyjaśnione i wyraźnie sformułowane. Wcześniej kwestie zaufania zbyt często pozostawały niejednoznaczne, słabo artykułowane i oddzielone od namacalnych kwestii bezpieczeństwa. W odniesieniu do HLTMM, można zauważyć, że w kontekście współpracy VO e-usług, że zaufanie jako reputacja koniecznie wiąże się z połączeniem bezpośredniego doświadczenia (poprzednie osiągnięcia, jeśli w ogóle) wraz z silnym poleganiem na dowodach słuchowych od osób trzecich (lub stron). Na tym etapie rozwoju e-usług oferowanych w ramach współpracy VO w dużej mierze udało się rozwiązać problemy związane z bezpieczeństwem materialnym, ale mniej inwestowano w solidne, niematerialne aspekty zaufania do e-usług świadczonych w ramach współpracy, mimo ich oczywistego znaczenia.

Potrzebne są dalsze prace nad rozwojem tych podejść, tj. bogatszych modeli konceptualizacji zaufania na poziomie VO abstrakcji. Modele te w idealnym przypadku muszą prowadzić do zaprojektowania i wdrożenia "bogatszych" semiotycznych czynników zaufania, które mogą w pełni mierzyć tworzenie się zaufania na poziomie e-usług na poziomie ziarnistości, jednocześnie odwołując się do szerszych obszarów zaufania, a nie tylko sprawdzając i weryfikując lokalne, namacalne poświadczenia bezpieczeństwa. Jedną z oczywistych słabości proponowanego agenta jest to, że opiera się on na wysokim stopniu pewności siebie w takich ocenach stron trzecich. Innym poważnym ograniczeniem, które z czasem może zostać zmniejszone, jest ograniczony zakres formalnych regulacji i zakres stosowania GK. Przykładowo, zgodnie z ustawą o spółkach z 2006 r. przestrzeganie przepisów i kodeksów postępowania GK ogranicza się jedynie do "notowanych" spółek brytyjskich. W Wielkiej Brytanii nie ma jeszcze żadnego konkretnego regulatora, który nadzorowałby GK, podobnie jak Financial Services Authority w odniesieniu do regulacji finansowych. Combined Code opublikowany przez FRC (Financial Reporting Council) w Wielkiej Brytanii określa zasady ładu korporacyjnego, do których przestrzegania zobowiązane są brytyjskie spółki giełdowe. Nie istnieją żadne przepisy mające na celu egzekwowanie zasad CG, ale dyrektorzy, którzy nie przestrzegają tych zasad, napotykają na poważne trudności w życiu ze strony akcjonariuszy instytucjonalnych. Rzeczywiście, w ostatnim przeglądzie Turnera (Turner, 2009) wezwano do wzmocnienia uprawnień organów regulacyjnych i zwiększenia roli akcjonariuszy instytucjonalnych w zakresie ładu korporacyjnego i zarządzania przedsiębiorstwem w świetle niedawnego "kryzysu kredytowego". Jak dotąd jednak propozycje te nie zostały jeszcze zrealizowane za pośrednictwem ustawodawstwa parlamentarnego. Bez większych uprawnień prawnych i zarządzania ładem korporacyjnym przez zewnętrzne organy regulacyjne

wiarygodność publikowanych wyników CG musi pozostać kwestią otwartą. Niemniej jednak, w kontekście ograniczania ryzyka, być może każdy rating (jakkolwiek wadliwy) jest lepszy niż żaden, biorąc pod uwagę fakt, że takie ratingi mogą być automatycznie dostosowywane w ramach proponowanej metody w świetle bezpośrednich doświadczeń z e-usługami VO. Proponowany system powinien być zatem postrzegany jako próba zmniejszenia ryzyka całkowicie "ślepego zaufania" do partnera VO. Patrząc w tych ograniczonych ramach odniesienia, system raz opracowany i uogólniony poza zależnością od wyników CG, ma duże szanse na przyszłość. Propozycja uogólnienia modelu punktacji jest omawiana jako przyszłe prace w ramach rozdziału dziewiątego.
Jedną z trudności związanych z włączeniem semiotyki do szybko rozwijających się standardów sieci i usług internetowych jest określenie punktu, w którym istniejące standardy bezpieczeństwa i zaufania osiągnęły optymalny poziom dojrzałości. Oznacza to etap, na którym czynnik semiotyczny wnosi użyteczną wartość dodaną do istniejących technologii certyfikacyjnych X. 509 bez konieczności zmiany tego, co zostało uzgodnione (istniejące warstwy XML) lub bez konieczności ciągłego dostosowywania nowych metod do szybko zmieniających się architektur. Twierdzimy, że obecnie jest to optymalny etap do podniesienia takich kwestii zaufania VO i sugerujemy, że może istnieć "luka" w istniejących architekturach XML i systemach opartych na certyfikatach XML, które są obecnie wykorzystywane. Na tym etapie trudno jest dokładnie zobaczyć, jak w pełni wypełnić tę lukę; jedną z sugestii może być zintegrowanie podejścia opartego na agentach semiotycznych z realnymi systemami punktacji i przeprowadzenie tego na empirycznych, społecznych i pragmatycznych warstwach abstrakcji w sposób wyraźny, a nie ukryty. Krok w tym kierunku został przedstawiony w tym rozdziale.
W każdym razie, w przyszłości konieczne jest dalsze doskonalenie samej drabiny zaufania, dążenie do zbudowania, przetestowania i walidacji proponowanego agenta zaufania do oprogramowania, który został opisany oraz dążenie do dalszego rozwoju sposobów oceny wartości i wiarygodności punktów CG jako proxy zaufania organizacyjnego w "rzeczywistych" kontekstach użytkowania e-usług. W przyszłości konieczne będzie skonstruowanie symulacji z wykorzystaniem realistycznie dobranego zestawu danych oraz umożliwienie semiotycznego agenta zaufania z odpowiednim zestawem ograniczeń behawioralnych w odniesieniu do powoływania zaufanych VO e-usług i harmonogramowania zaufanych zasobów działających w różnych symulowanych heterogenicznych scenariuszach VO.

5 RAMY ZAUFANIA DO E-USŁUG(EST)

Kwestie związane z zaufaniem do e-usług były przedmiotem dochodzenia zarówno z perspektywy zaufania niematerialnego, jak i materialnego w odniesieniu do relacji między przedsiębiorstwami a konsumentami, usług internetowych i usług sieciowych. Duża część tego materiału została omówiona w Rozdziale 2, podczas gdy Rozdział 3 opracował nową semiotykę zaufania w oparciu o prace Gambetty, Ronalda Stampera i Morrisa. Ramy EST zostały opracowane w celu umożliwienia uchwycenia semiozy zaufania konsumentów w ramach spotkań usług bankowości elektronicznej B2C, choć jest to całkowicie wykonalne w przypadku szerokiego zakresu spotkań usług B2C. Głównym założeniem jest to, że poziom zaufania konsumentów jest mierzalny i bezpośrednio wynika z doświadczenia konsumenta w bezpośrednim serwisie bankowości elektronicznej. Zestaw technik mierzy zaufanie do bankowości elektronicznej B2C w punkcie pierwszego kontaktu, podczas płytkiej nawigacji w serwisie i obejmuje istotne aspekty użyteczności konkretnych mediatorów zaufania. Wcześniej postulowaliśmy, że semioza zaufania jest prawdopodobnie złożona, obejmująca bogatą mieszankę racjonalnych i afektywnych reakcji poznawczych konsumenta B2C. Wybrane techniki mają na celu uchwycenie tych odpowiedzi w sposób ułatwiający ich analizę z punktu widzenia dostawcy e-usług. Techniki, które składają się na te ramy, zostały wybrane w celu ujawnienia związku między projektem powierzchni serwisu bankowości elektronicznej (oznaki zaufania) a zaufaniem konsumentów do serwisu. Podmiot świadczący usługi bankowości elektronicznej mógłby na przykład potencjalnie wykorzystać wyniki uzyskane w wyniku zastosowania tych ram do zaprojektowania "najlepszej jakości" serwisu bankowości elektronicznej w odniesieniu do maksymalizacji zaufania konsumentów B2C. Byłby to wynik pożądany z handlowego punktu widzenia, z punktu widzenia dostawcy e-usług, ponieważ został on już ustalony), że istnieje silny pozytywny związek między zaufaniem konsumentów wyrażonym jako miara zaufania a korzystaniem ze strony internetowej (Fogg *i in.,* 2001). Celem niniejszego rozdziału jest nakreślenie pochodzenia i zawartości zestawu narzędzi przed ich wdrożeniem, jak opisano w kolejnych rozdziałach (rozdziały 6-8, które nastąpią później).

5.1Pochodzenie i zamierzony zakres stosowania

Ramy EST (E-Service Trust) obejmują zestaw narzędzi i technik analitycznych zaprojektowanych w celu wsparcia punktu widzenia zaufania dostawcy e-usług. W szczególności, ramy te mają na celu oferowanie wsparcia dla systematycznej analizy niematerialnego i związanego z nim materialnego zaufania jako miękkiego czynnika jakości w kontekście projektowania, budowania i korzystania z e-usług B2C. Obecny nacisk kładzie się na spotkania e-usług B2C w bankowości elektronicznej. Ramy EST są zaprojektowane koncepcyjnie jako model procesu na najwyższym poziomie. W ramach modelu procesowego, punkt widzenia dostawcy e-usług będzie kierowany poprzez szereg etapów, a na każdym etapie zostanie określona konkretna technika, notacja i metoda. Systematycznie przechodząc przez model procesowy i wybierając rekomendowane techniki, dostawca e-usług może w pełni rozliczyć się z aspektów zaufania do swojego serwisu z semiotycznej perspektywy. Wyniki poszczególnych etapów są zintegrowane, aby stworzyć kompletny obraz problemów związanych z zaufaniem (semiotyczny profil zaufania) w odniesieniu do punktu widzenia dostawcy e-usług. Główną ideą jest umożliwienie dostawcy e-usług B2C uzyskania kompleksowej oceny wszystkich swoich e-usług pod względem aspektów zaufania, tak aby umożliwić dostawcy e-usług zapewnienie spójności zgodności ze standardami jakości zaufania, zarówno wewnętrznymi, jak i zewnętrznymi. Zamierzonym odbiorcą ram EST jest zatem dostawca e-usług. Stopień zgodności z pożądanym poziomem zaufania ma być określony za pomocą odpowiednich branżowych analiz porównawczych (benchmarking), wynikających z udanych i bezpośrednio porównywalnych modeli e-biznesu. Ramy zasadniczo mogłyby być zaprojektowane w taki sposób, aby wspierać jeden lub więcej punktów widzenia (dostawca, konsument, ekspert oceniający, kompozytor usług internetowych itp.

Naszym obecnym celem jest umożliwienie oceny serwisu B2C (a dokładniej serwisu bankowości elektronicznej) w odniesieniu do trzech głównych komponentów:

a) Aspekty związane z zaufaniem i reputacją organizacji lub organizacji wirtualnej;

(b) Aspekty zaufania w warstwie prezentacji e-usług, a tym samym doświadczenia użytkownika;

c) Zaufanie i konkretne aspekty bezpieczeństwa związane z "ukrytymi" mediatorami technologicznymi, agentami i protokołami w dziedzinie bezpieczeństwa.

Ramy EST oferują wyraźne wsparcie dla paradygmatu semiotycznego zarówno pod względem jego pojawienia się i związku z istniejącymi badaniami, jak i pod względem generowania zestawu wyników jakościowych i ilościowych, które ujawniają aspekty zaufania na społecznych, pragmatycznych, empirycznych (itp.) warstwach abstrakcji. Wymiary miejsca pod względem niematerialnego i materialnego zaufania są oceniane poprzez zastosowanie zestawu technik wybranych z "zestawu narzędzi" zgodnie z modelem procesu najwyższego poziomu. Niektóre z tych technik generują wyniki jakościowe, a inne ilościowe w postaci metryki zaufania. Ramy EST mają na celu zintegrowanie tych wyników, tak aby wygenerować profil zaufania dla witryny, zgodnie z różnymi pożądanymi celami dostawcy e-usług. Zasadniczym warunkiem wstępnym dla ram EST jest określenie przez dostawcę e-usług zestawu celów najwyższego poziomu, które serwis ma wspierać. Biorąc pod uwagę te cele i zadania jako dane wejściowe, do oceny aspektów zaufania w odniesieniu do różnych punktów widzenia, które są wymagane, wykorzystywany jest specjalny zestaw technik.

5.2 Dekonstrukcja doświadczeń konsumentów on-line

Dążąc do zrozumienia procesu budowania zaufania konsumentów, warto spróbować podzielić doświadczenia konsumentów B2C na szereg odrębnych etapów, choć w praktyce granice między tymi nieco wyidealizowanymi etapami są często nieco zacierające się. Następujące trzy etapy wydają się być ogólnie uznawane za normatywne części doświadczenia użytkownika. Najlepiej byłoby, gdyby dla każdego etapu możliwe było określenie najbardziej odpowiednich technik, które mogą być wykorzystane do ujawnienia semiozy zaufania. Rysunek 5.1 pokazuje w formie schematu, w jaki sposób etapy te odzwierciedlają nie tylko punkt widzenia konsumenta, ale także punktu widzenia dostawcy usług elektronicznych. Wszelkie punkty niepowodzenia związane z zaufaniem prawdopodobnie spowodują, że konsument zakończy spotkanie z usługą.

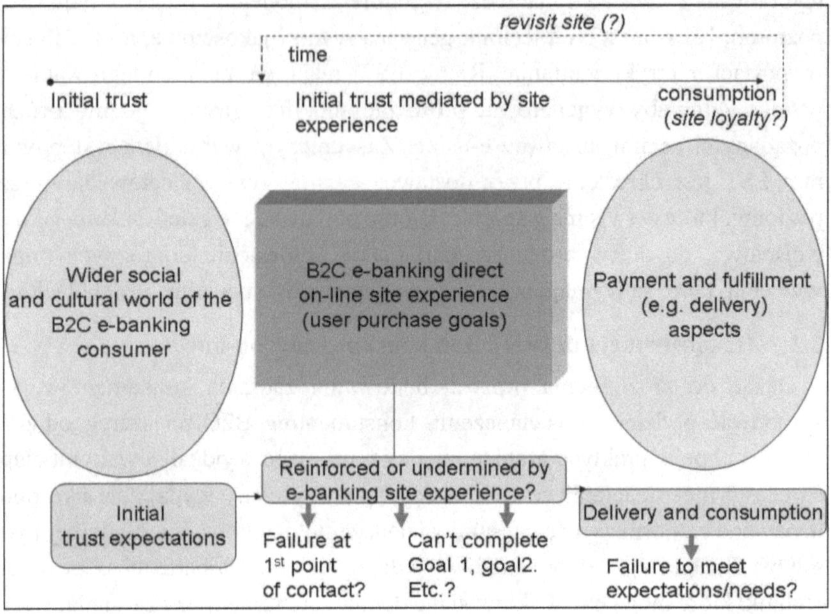

Rysunek 5.1: Linia czasowa zaufania koncepcyjnego (B2C).

Wstępne spotkanie na miejscu

Wstępne budowanie zaufania konsumentów ma miejsce od momentu zaprezentowania użytkownikowi strony głównej witryny. Na tym wczesnym etapie spotkania czynniki decydujące o zaufaniu konsumentów mogą zazwyczaj obejmować budowanie marki strony, inicjatorów zadań, ceny i promocje oraz całościowe spojrzenie na pozorną wielkość organizacji, jej reputację, partnerów biznesowych oraz deskryptory usług i produktów. Konkretne oznaki wiarygodności, takie jak numer telefonu witryny, jej adres fizyczny, mogą być również postrzegane jako oznaki zaufania. Zazwyczaj pojęcia "zaufanie" mają charakter przejściowy i mogą, ale nie muszą mieć charakteru holistycznego.

Zaangażowanie terenu

Ponieważ użytkownik faktycznie stara się zaangażować dynamicznie poprzez model przestrzeni państwowej witryny, ich początkowe oczekiwania co do zaufania i wiarygodności witryny będą zazwyczaj podważane lub wzmacniane w miarę przechodzenia od stanu początkowego do celu i celów cząstkowych. Krytyczny punkt zakupu stanowi jeden kluczowy cel państwa, które użytkownicy muszą osiągnąć, jeśli strona ma być finansowo opłacalne.

Realizacja

Dostawa towarów i usług musi odpowiadać oczekiwaniom użytkowników. Jeśli tego nie zrobią, może to podważyć zaufanie. Częste kwestie konsumenckie wymieniane anegdotycznie w prasie popularnej obejmują zastępowanie towarów oraz trudności w zorganizowaniu terminowej dostawy dóbr materialnych przez pośredników wysyłkowych. Oczywiste jest, że jeśli uda się zbudować zaufanie, wówczas lojalność wobec strony internetowej doprowadzi do ponownego wejścia konsumenta na stronę internetową, ale nie na pierwotny punkt wejścia zaufania (tj. poziom początkowego spotkania); lecz raczej na poziomie, w którym pośredniczyły poprzednie spotkania na stronie internetowej.

5.3 Zestaw narzędzi technicznych EST (E-Service Trust): przykład B2C

Zestaw narzędzi ma na celu uchwycenie i prześledzenie na koncepcyjnej osi czasu antecedentów zaufania i nieufności oraz początkowego tworzenia się zaufania, determinantów zaufania, a następnie prześledzenie wzmocnienia zaufania poprzez zaangażowanie i odniesienie ich wszystkich do zestawu celów. Model procesu na najwyższym poziomie wskazuje kolejność technik na osi czasu (a później również w bardziej rozwiniętej formie), pokazując, jak można je zintegrować. Zestaw narzędzi został zaprojektowany tak, aby wspierać konsumentów e-usług, którzy mają oczekiwania wobec e-usługi i dość przejrzysty zestaw zdefiniowanych celów (np. zakupów on-line). Przykładowo, klient korzystający z bankowości elektronicznej może mieć cel w postaci otwarcia nowego konta oszczędnościowego w banku internetowym, u nowego dostawcy usług bankowości elektronicznej lub może po prostu chcieć zarządzać swoim dotychczasowym kontem bankowym online.

Zestaw narzędzi EST jest pokazany schematycznie na rysunku 5.2, natomiast tabela 5.2 określa zestaw technik wybranych dla zestawu narzędzi. Mają one na celu wspieranie pomiaru semiozy zaufania konsumentów, wspierając tym samym punkt widzenia dostawcy usług bankowości elektronicznej. Model procesu na najwyższym poziomie (na Rysunku 5.2) pokazuje, że każdy etap modelu obejmuje konkretną technikę zestawu narzędzi. Istniejące techniki są odpowiednio zaadaptowane i dopasowane, tak aby ujawniać aspekty zaufania z semiotycznego punktu widzenia, co będzie widoczne później. Obecnie pełen zakres technik nie został jeszcze w pełni określony dla zestawu narzędzi EST. Nie twierdzi się również, że techniki te są optymalne, a jedynie, że posiadają one potencjał do uchwycenia zarówno afektywnej, jak i racjonalnej semiozy zaufania, wyrażonej jako poziom zaufania. W szczególności te poziomy zaufania odnoszą się zarówno do strony jako całości (oceny strony), jak i do treści drobnoziarnistych, takich jak obrazek kłódki (rozdziały 6 i 7). Skrzynka narzędziowa została wyposażona w zestaw *początkowych* technik zaprojektowanych w celu wsparcia semiotycznego punktu widzenia zaufania (jak przedstawiono w rozdziale 4). Tabela 5.1 pokazuje, jak powyższe techniki odnoszą się do nowej semiotycznej drabiny zaufania, zgodnie z wcześniejszymi ustaleniami w rozdziale 3. Mapowanie pokazuje, jak techniki te odnoszą się do podstawowego paradygmatu semiotycznego.

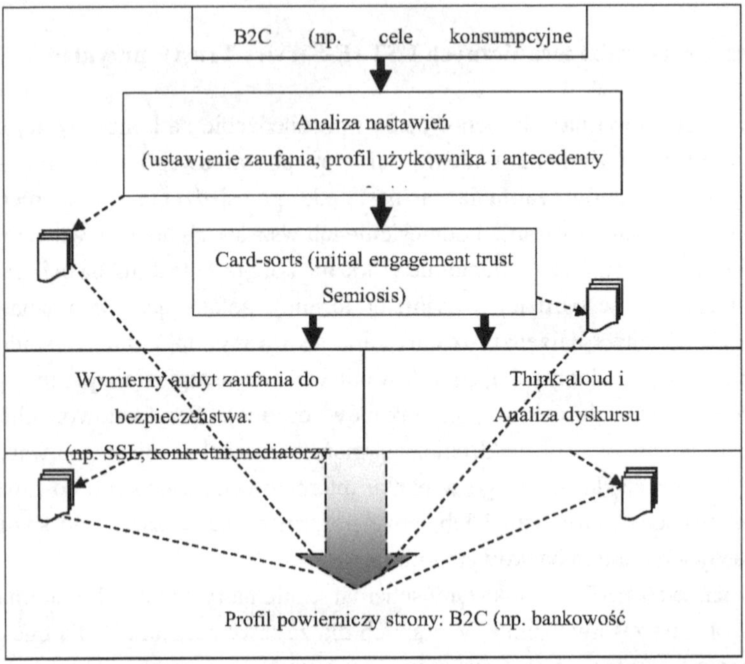

Rysunek 5.2: Zestaw narzędzi EST: schematyczny schemat.

Tabela 5.1: Wybór technik do wykorzystania z zestawu narzędzi EST.

Technika	**Jakościowy/ Ilościowy**	**Zaufanie Typ (*)**	**Drabina zaufania semiotycznego (warstwy)**
(i) Ustawienie Analiza	Jakościowy	A/C	Świat społeczny. (Fogg, *et al.*, 2001).

(ii) Sortowanie kart	Qual./Quan t.	A/C	Świat społeczny; Semantyka/pragm atyka (Chang, 2004).
(iii) Materialne Audyt bezpieczeńs twa	Jakościowy	C	Świat społeczny; semantyka Pragmatyka i empiryka. (francuski i Liu, 2009).
(iv) Analiza dyskursu	Jakościowy	A/C	Semantyka. (Andersen, 1997).

(*) Efektywne zaufanie / (racjonalne) zaufanie poznawcze

Użycie rodzajów kart do badania początkowego zaangażowania zaufania jest podyktowane sprawdzoną zdolnością tej metody do pośredniego badania ludzkiego poznania w odniesieniu do funkcji projektowania stron internetowych B2C (Upchurch i Rugg, 2001). Gatunki kart zostały również z powodzeniem wykorzystane do ujawnienia zróżnicowanych reakcji konsumentów B2C na zaufanie i użyteczność różnych alternatywnych projektów stron internetowych bankowości elektronicznej B2C działających w międzykulturowym kontekście projektowania (Chang, 2004).

Podobnie, wykorzystanie analizy dyskursowej do badania płytkiego zaangażowania ma na celu ujawnienie kształtowania się zaufania wśród konsumentów poprzez analizę elektronicznych wypowiedzi konsumenckich B2C, zgodnie z dobrze znaną i ugruntowaną techniką analityczną po raz pierwszy zalecaną przez Andersena (1997). Technika ta okazała się ostatnio przydatna w badaniu tworzenia znaczeń w kontekście e-usług poprzez wykorzystanie tzw. taksonomii wypowiedzi (Salamonson i Lind, 2006). Taksonomie te pozwalają na klasyfikowanie wypowiedzi zgodnie z wnioskowanymi znaczeniami, a tym samym przypisywanie ich mówcy. W specyficznym kontekście tego zestawu narzędzi, wykorzystanie analizy dyskursu będzie obejmowało nagrywanie wypowiedzi konsumenckich podczas spotkania z serwisem bankowości elektronicznej B2C i ich późniejsze przyporządkowanie do nowej taksonomii wypowiedzi zaufania. Celem jest zbadanie poza poziomem strony głównej, do którego odnosi się stosowanie sortowania kart, tak aby ujawnić w sposób drobnoziarnisty reakcje semiozy zaufania konsumentów na niewielki podzbiór znaków wbudowanych w dany obszar bankowości elektronicznej (patrz: rozdział 7).

Zastosowanie metody badań indukcyjnych i analitycznych ma na celu ujawnienie aspektów zaufania i bezpieczeństwa działających na poziomie protokołu e-usługi B2C. Celem jest mapowanie podatności oraz ocena ryzyka *i* nagrody poprzez mapowanie znanych podatności na poszczególne warstwy drabiny semiotycznej. Na przykład, aby zapewnić poufność wiadomości i płatności wysyłanych do dostawcy bankowości elektronicznej, konsument korzystający z usług bankowości elektronicznej musi koniecznie polegać na technologii SSL/TLS. Aspekt ten rodzi problemy związane z ewentualną błędną interpretacją przez konsumenta poziomu bezpieczeństwa, jaki stwarzają takie protokoły, w tym możliwość narażenia się na ataki typu phishing (rozdział 8).

Uznaje się, że można było wybrać inne techniki. Wybór technik zidentyfikowanych na rysunku 5.1 podyktowany był przede wszystkim pragmatyczną chęcią opracowania ram, które mogłyby być potencjalnie wykorzystywane przez wielu różnych dostawców e-usług, w tym takich jak MŚP, które mogą nie mieć dostępu do bardziej zaawansowanych narzędzi, takich jak eye trackery. Po drugie, pojawiła się chęć wykorzystania technik o sprawdzonych osiągnięciach w zakresie rejestrowania afektywnych i racjonalnych reakcji użytkowników, w szczególności B2C, stąd wybór rodzajów kart i analizy dyskursu. Po trzecie, istniało pragnienie wykorzystania zestawu technik, które mogłyby generować środki łatwo interpretowane bez konieczności przeprowadzania skomplikowanej analizy statystycznej. Ponownie, uzasadnieniem było uczynienie ram EST dostępnymi dla wszystkich typów dostawców e-usług B2C, nie tylko tych z dużymi zasobami, takich jak e-banki lub tych, których stać na usługi zewnętrznych konsultantów ds. użyteczności. Autor posiada dowody pochodzące ze współpracy z lokalnymi MŚP w regionie Bedfordshire, które sugerują, że na przykład korzystanie z kart jest zarówno opłacalne, jak i atrakcyjne dla MŚP, które chcą zwiększyć swoje doświadczenie w zakresie usług internetowych B2C. Obecnie przedstawiono krótkie wyjaśnienie dotyczące zestawu narzędzi, jak pokazano na rysunkach 5.2 i tabeli 5.1, jak pokazano wcześniej:

(i) Ustawienie analizy. W pierwszej kolejności należy ustalić za pomocą prostych technik dochodzeniowych charakter obiektu, określić cechy charakterystyczne i profil użytkowników (grupy wiekowe, pochodzenie etniczne *itp.*) oraz ustalić zestaw prawdopodobnych celów dla użytkowników. Należy również jasno zdefiniować charakter działalności gospodarczej, produktów i usług świadczonych na terenie obiektu. Czynniki te będą miały wpływ na doświadczenia użytkowników i poziom konkretnych środków kontroli bezpieczeństwa, które są stosowane i potrzebne do wspierania modelu

e-biznesu. Intencją jest opisanie w prostej narracyjnej formie głównych cech charakterystycznych spotkania B2C na wysokim poziomie abstrakcji, tak aby stworzyć warunki dla późniejszego wykorzystania tych technik. Potrzeba analizy otoczenia jest dobrze ugruntowana w ramach wcześniejszych badań nad zaufaniem użytkowników. Potrzeba ta jest często zaspokajana za pomocą prostych kwestionariuszy lub w inny sposób zbierania danych wbudowanych w protokoły eksperymentalne (Egger, 2003).

(ii) Sortowanie kart. Podejścia bezpośrednie, takie jak wywiady *post-hoc* i protokoły talkaloud, kładą duży nacisk i wiarę na zdolność podmiotu do samodzielnego zbadania swoich reakcji poznawczych na bodźce. Uważamy, że samo korzystanie z takich metod może okazać się niewiarygodne, a także odzwierciedlać nieco za bardzo ramy odniesienia eksperymentatora. Tak więc metody, które opierają się na szerokim zastosowaniu tradycyjnych badań z udziałem użytkowników, zostały zastąpione przez techniki *semiotycznie poprawne* - to znaczy takie, które w połączeniu z drabiną semiotyczną mogą potencjalnie ujawniać ukrytą semiozy. Techniki, które faworyzujemy, obejmują takie metody, jak sortowanie kart, które wykorzystują pośrednie podejście do badania niefunkcjonalnych aspektów jakości stron internetowych (Rugg i McGeorge, 1997). Te pośrednie sondy oparte są na centralnym pojęciu teorii konstruowania osobistego opracowanym przez Kelly'ego (1955). Sortowanie kart (znane nieformalnie jako "Card sorts") jest empiryczną techniką badawczą, pierwotnie opracowaną w dziedzinie psychologii konstruowania osobistego (Kelly, 1955). Teoria konstruowania jest charakterystyczną tradycją w psychologii i opiera się na przekonaniu, że człowiek może sam opisać swoje własne kategoryzacje otaczającego go świata z wysokim stopniem ważności i wiarygodności. Kategorie stanowią ważną część procesu poznawania i tworzenia znaczeń jednostki. Rodzaje kart oferują ogólne środki, za pomocą których badacze mogą próbować badać i ujawniać ludzkie poznanie i tworzenie znaczeń, w których zazwyczaj przyczyny i źródła tego osobistego znaczenia i kategoryzacji świata mogą być bardzo złożone i zróżnicowane. Rodzaje kart mają na celu wygenerowanie bogatego zbioru danych, który odzwierciedla wewnętrzne stany poznawcze podmiotu, przy zastosowaniu pośredniego podejścia dochodzeniowego. Ściślej rzecz biorąc, podejście to ma na celu ujawnienie tzw. wiedzy *ukrytej* i *pół ukrytej,* tj. wiedzy, której podmiot może nie być w stanie wyrazić za pomocą podejścia bezpośredniego kwestionowania słownego. Dodatkową zaletą karteczek jest łatwość ich opracowywania, przeprowadzania i analizy. Metoda ta stawia minimalne wymagania co do zdolności językowych uczestnika i dlatego jest

szczególnie przydatna do badania wiedzy milczącej i półtajnej. Odpowiedzi użytkowników nie muszą być gramatycznie lub nawet leksykalnie poprawne, a jedynie zrozumiałe. Karty mają ujawniać reakcje zaufania użytkownika na społecznych, semantycznych i pragmatycznych poziomach drabiny zaufania. Wykorzystanie rodzajów kart koncentruje się na początkowym etapie tworzenia zaufania na miejscu, wraz z oczekiwaniami przeniesionymi na etap zaangażowania w spotkanie serwisowe. Sortyment kart sprawdził się w odniesieniu do identyfikacji atrybutów jakościowych stron internetowych (Upchurch, Rugg i Kitchenham, 2001) oraz w zaprojektowaniu portalu internetowego przez użytkownika (Ahlstrom i Allendoerfer, 2004), ale nie był dotychczas wykorzystywany do wyjaśnienia kwestii zaufania w bankowości elektronicznej.

(iii) Audyt bezpieczeństwa rzeczowego. Protokół SSL/TLS (Secure Socket Layer/Transport Level Security) jest wszechobecny w przypadku bezpiecznych zakupów on-line (tj. szyfrowanej komunikacji) między konsumentem on-line a dostawcą usług elektronicznych. Ujawnienie wymiany znaków zaufania na poziomie maszyna-maszyna ma na celu pogłębienie i uczynienie bardziej przejrzystym naszego zrozumienia różnych nieodłącznych luk w zaufaniu, jakie napotyka usługa B2C. Paradygmat semiotycznej sygnalizacji Gambetta i semiotyczna drabina zaufania są stosowane razem, aby w bardziej przejrzysty sposób ujawnić zarówno *powiernikowi* (konsumentowi internetowemu), jak i *powiernikowi* (dostawcy e-usług) charakter luk w zabezpieczeniach w odniesieniu do jednego wybranego protokołu zabezpieczeń materialnych (SSL/TLS). Zasadniczo ta forma analizy mogłaby zostać rozszerzona na każdy odpowiedni alternatywny protokół bezpieczeństwa. Jako przykład wybrano protokół SSL/TLS, ze względu na jego wszechobecność w zastosowaniach B2C. Istotne jest to, że podczas kontaktu z usługą konsument często musi angażować się w bezpieczną (https) część strony internetowej, aby zapłacić za towary i usługi. W tym momencie konieczne jest, aby zarówno dostawca, jak i konsument zrozumieli prawdziwy charakter ryzyka ponoszonego za pośrednictwem różnych form pośrednich i bezpośrednich ataków i słabych punktów.

(iv) Analiza dyskursu. Gdy użytkownik wykracza poza poziom strony domowej, jego otrzymane znaczenia stają się dynamiczne, to znaczy w miarę jak użytkownicy poruszają się po państwowym modelu przestrzeni w witrynie w kierunku stanów podrzędnych i docelowych, angażują się w dynamiczny proces (podróż klienta). W celu zbadania semiozy zaufania konieczne jest zastosowanie techniki badawczej, która rejestruje i klasyfikuje wypowiedzi

użytkowników. Poprzez zastosowanie teorii aktów mowy (Tsoahatzis, 2007), a w szczególności koncepcji, że mowa może być traktowana jako działanie i może być kategoryzowana za pomocą odpowiednich taksonomii, możliwe jest dynamiczne badanie semiozy zaufania. Oznacza to zapisywanie aktów mowy w podziale na przedmioty i dopasowanie ich do działań i reakcji systemowych. LAP (Language Action Perspective) ma długą tradycję w dziedzinie semiotyki organizacyjnej, gdzie główny nacisk kładzie się na działania komunikacyjne i aktorów je wykonujących (Gazendam, Helmhout i Jorna, 2006). Co więcej, znaczenie nagrywania i klasyfikowania aktów mowy użytkownika polega na tym, że w ten sposób mogą one ujawniać poznanie w "skali czasowej" od 5 do 30 sekund. Kontrastuje to z aktami ludzkimi i związanymi z nimi kognitywnymi okresami czasu, które odnoszą się na przykład do aktów społecznych, takich jak tworzenie nowego prawa (co może trwać miesiące lub lata), transakcja ekonomiczna (kilka minut lub dni), a na drugim biegunie czasowym świadome, instynktowne działanie człowieka (które zazwyczaj ma miejsce w ciągu 100 ms). Ten tak zwany "gęsty" poziom analizy poznawczej i komunikacyjnej odzwierciedla szersze (mniej gęste i szersze) poziomy poznania, normy kulturowe i organizacyjne oraz społeczne, konstrukcje społeczne i wiedzę ontologiczną społeczności (Gazendam, 2001). Zasadniczo wypowiedzi są wykorzystywane jako "okno", które ujawnia intencje użytkownika i mają takie znaczenie, że należy je traktować jako działania same w sobie. Tak więc, w bardzo realnym sensie analiza dyskursu wspiera koncepcję semiozy Morrisa w ramach paradygmatu "działanie jako znaczenie".

5.4Summary

Korzystanie z ram EST ma na celu objęcie wstępnego spotkania oraz aspektów związanych z zaangażowaniem w miejscu zdarzenia w ramach bankowości elektronicznej B2C, ale nie dotyczy bezpośrednio aspektów związanych z realizacją. Wyniki zastosowania tego zestawu narzędzi tworzą wspólnie nieformalny profil zaufania do strony internetowej. Profil ten stanowi bogatą mieszankę wyników empirycznych i metod indukcyjnych, która ma na celu lepsze informowanie dostawców usług B2C o kwestiach związanych z zaufaniem. Ściślej rzecz biorąc, techniki te mają na celu wygenerowanie zestawu wymiernych reakcji na zaufanie, odzwierciedlających bezpośrednią interakcję konsumenta z jego witryną i jej postrzeganie. Wszystkie opisane wcześniej metody można uznać za semiotycznie poprawne - dostarczają one bowiem narzędzi do badania semiozy zaufania konsumentów B2C. Co więcej, wykazano, że techniki te można przyporządkować do określonych warstw semiotycznej drabiny zaufania i potencjalnie mogą one badać zarówno racjonalne, jak i afektywne poznawcze reakcje konsumentów. Ramy te składają się z lekkiego zestawu narzędzi i technik, których stosowanie jest stosunkowo proste i niedrogie. Celem było udostępnienie analizy kształtowania się zaufania B2C zarówno szerokiemu gronu dostawców e-usług (takich jak MŚP), a nie tylko większym organizacjom, takim jak e-banki.

Wygenerowane mierzalne reakcje zaufania B2C mają na celu umożliwienie wprowadzenia zmian projektowych, które mają na celu optymalizację doświadczeń on-line konsumenta B2C. W ten sposób możliwe jest lepsze ilościowe określenie ryzyka i korzyści związanych z udziałem w spotkaniach dotyczących usług on-line - zarówno z perspektywy konsumenta, jak i dostawcy usług on-line. W rozdziałach 6-8 przedstawiono wyniki zastosowania tego zestawu narzędzi w odniesieniu do spotkań dotyczących usług bankowości elektronicznej B2C, z wykorzystaniem obu "prawdziwych" stron internetowych, wiarygodnych zestawów użytkowników oraz metod indukcyjnych. Aspekty te zostały pełniej ujawnione w badaniach empirycznych (rozdziały 6 i 7) oraz w pracach analitycznych opisanych w rozdziałach 4 i 8.

STUDIUM 6-UŻYTKOWNIKOWE PIERWSZE: E-BANKING WSTĘPNA SEMIOZA ZAUFANIA

W szeregu poprzednich badań badano możliwość zastosowania teorii sygnalizacji do postrzegania zaufania konsumentów do handlu elektronicznego B2C. Ostatnie badania (Riegelsberger, Sasse i McCarthy, 2003a; Riegelsberger, Sasse i McCarthy 2005b) miały na celu zbadanie wpływu mediów prezentacyjnych na zaufanie konsumentów B2C. Te badania wykazały, że wykorzystanie prezentacji audio i wideo pozytywnie wpływa na postrzeganie zaufania konsumentów on-line. Ogólnie rzecz biorąc, wydaje się, że projektanci stron internetowych, którzy chcą zapewnić wysoki poziom zaufania konsumentów, powinni wybrać wideo (jako optymalny rodzaj prezentacji sygnalizacyjnej), a następnie audio. Co więcej, badania opisane przez tych samych autorów (Riegelsberger, Sasse i McCarthy, 2005a) dokonały ważnego przełomu w naszym rozumieniu sygnalizacji zaufania pomiędzy *powiernikiem* a *powiernikiem* poprzez objaśnienie i rozwinięcie pracy Gambetty (Bacharach i Gambetta, 2001). Związek ten został już omówiony w rozdziale 3. Intencją badania empirycznego, o którym tutaj mowa, jest zatwierdzenie tego modelu w ramach bardziej precyzyjnego podejścia wykorzystującego jawnie semiotyczne podejście oparte na paradygmacie, ze szczególnym odniesieniem do tworzenia poziomu zaufania konsumentów na stronach internetowych bankowości elektronicznej B2C.

6.1 Cele badawcze i hipotezy

Na przykładzie bankowości elektronicznej staramy się zaoferować bardziej szczegółową analizę wpływu niskopoziomowych funkcji projektowych (znaków) na postrzeganie zaufania przez użytkowników. Celem długoterminowym jest dostarczenie narzędzi, które mogą być pomocne przy projektowaniu i ocenie godnych zaufania stron B2C. Obecne ramy EST są krokiem w kierunku tego długoterminowego celu. W ten sposób dostosowujemy nasz pogląd na tworzenie zaufania do ogólnej gry Gambetta w zakresie zaufania, w której zarówno konsument, jak i dostawca e-usług wymieniają się znakami i sygnałami zaufania między powiernikiem (konsumentem internetowym) a powiernikiem (dostawcą e-usług). Wymieniane oznaki zaufania stanowią zazwyczaj mieszaninę zamierzonych i niezamierzonych znaczeń. Znaczenia mogą, ale nie muszą, okazać się wiarygodnymi wskaźnikami ukrytego zaufania gwarantującego właściwości (np. uczciwość, rzetelność).

Na przykład, badania taksówkarzy i ich klientów w Nowym Jorku i Belfaście wykazały, że kierowcy byli w stanie szybko zidentyfikować znaki zaufania na poziomie powierzchni i sygnały wysyłane przez pasażerów celowo lub nieumyślnie. Na tej podstawie byli w stanie wnioskować o ukrytym zaufaniu gwarantującym właściwości (Gambetta i Hamill, 2005). Stwierdzili oni na przykład, że pasażer wywołujący taksówkę w Nowym Jorku przy użyciu jednej z marek gazet kojarzył tę osobę jako godną zaufania, niezależnie od miejsca "pick-up".

De Souza (2005) wskazuje na potrzebę opracowania teorii, które pozwolą na zbliżenie konsumentów i dostawców e-usług za pomocą interfejsu, a także określa inżynierię semiotyczną jako kluczowy krok w projektowaniu i ocenie materialnego i niematerialnego zaufania. W kontekście e-usług systemy te obejmują zazwyczaj strony internetowe B2C (Business to Consumer), usługi internetowe i powstające platformy usług sieciowych wraz ze związanymi z nimi komponentami Human Computer Interface.

W prawdziwych spotkaniach B2C, klienci zazwyczaj angażują się w lokalizacje w kilku fazach. Każda z tych faz może być zakończona awarią sygnalizacji zaufania. W związku z tym przydatne jest określenie odrębnych etapów spotkania usług B2C, chociaż nie należy ich oczywiście traktować jako ściśle określonych. Etapy te łączą się raczej w jedną całość, tworząc kompletną podróż klienta. Awarie zaufania często oznaczają, że podróż klienta zostaje przedwcześnie zakończona. Oczywiście, dostawca usług musi zaprojektować stronę internetową w taki sposób, aby takie awarie zostały naprawione lub przynajmniej ich wpływ został znacznie ograniczony.

Celem badania empirycznego jest wykorzystanie techniki sortowania kart do zbadania czynników, które przyczyniają się do tworzenia zaufania konsumentów w momencie *pierwszego napotkania* placówek bankowości elektronicznej. Obejmuje to pierwsze spotkania w lustrze wcześniejszej ekspozycji marki, lub po prostu pierwsze spotkania z marką. Rozumowanie jest takie, że typowa populacja użytkowników będzie obejmowała zarówno tych, którzy posiadają wcześniejszą znajomość marki, jak i tych, którzy po prostu spotykają się ze stroną poprzez wyszukiwanie online i kontrolę konkurencji. Sortowanie kart zostało wybrane jako podejście badawcze, ponieważ konstrukcje, które zostały pozyskane, są na tyle bogate, że mogą być użyteczne w pozyskiwaniu informacji zwrotnych dla projektantów, a jednocześnie na tyle specyficzne, aby uchwycić zarówno reakcje zaufania do poszczególnych znaków, grup znaków, jak i cech całościowych. Lekki charakter techniki sprawia, że jest ona atrakcyjnym i uzupełniającym narzędziem do bardziej znanych badań nad użytkownikami (Chang, 2004). Przyjęte podejście jest ukierunkowane na postrzeganie zaufania, a nie na *samo zaufanie*, ponieważ uczestnicy nie są narażeni na bezpośrednie ryzyko

(Riegelsberger, Sasse i McCarthy, 2006). Wydaje się, że jest to norma w literaturze poświęconej e-trustowi, chociaż w niedawno przeprowadzonym badaniu zbadano rolę obrazów w kształtowaniu poziomu zaufania konsumentów za pomocą ustawień użytkownika strony internetowej wi-fi, w których uczestnicy byli narażeni na rzeczywiste ryzyko (Kindberg *i in.*, 2008).

Ogólna hipoteza jest taka, że projekt strony internetowej, w tym przypadku projekty stron internetowych kilku wiodących brytyjskich dostawców bankowości elektronicznej, będą miały wpływ na kształtowanie się zaufania konsumentów. Co więcej, użytkownicy ci wywnioskowali zaufanie gwarantujące właściwości na podstawie znaków na poziomie powierzchni i sygnałów wbudowanych w doświadczenie użytkownika. Zakłada się ponadto, że reakcje użytkowników na zaufanie, ujęte jako zbiór postrzegania i ocen zaufania, odzwierciedlają zaufanie konsumenta do strony internetowej i/lub poszczególnych elementów projektu. Ta ogólna hipoteza może być dalej podzielona na kilka następujących podhipotez:

H1: Indywidualne reakcje na zaufanie dokonywane są w odpowiedzi na szeroko zakrojone "projektowanie graficzne" stron;
H2: Indywidualne reakcje zaufania są dokonywane w odniesieniu do drobnoziarnistych elementów wizualnych, takich jak plomby, kłódki itp;
H3: Indywidualne reakcje na zaufanie są dokonywane w odniesieniu do brandingu i niezależnie od tego, czy ta tożsamość marki jest czysto wirtualna, czy też jest poparta konkretną obecnością na wysokim szczeblu;
H4: Osoby fizyczne wnioskują o zaufanie gwarantujące właściwości z manifestu znaku poziomu powierzchni.

6.2Metoda

W badaniu wzięły udział 42 osoby w wieku 25-40 lat różnych narodowości (17 osób płci żeńskiej). Dolna granica 25 lat została wykorzystana, ponieważ osoby poniżej tego wieku mają ograniczone zaangażowanie w produkty takie jak kredyty hipoteczne. Przedmioty odpowiadały na prośby wolontariuszy wysyłane pocztą elektroniczną. Najstarszy respondent miał czterdzieści lat. Dziesięć przedmiotów było studentami studiów podyplomowych, a pozostali pracownicy Bedfordshire University. Żaden z przedmiotów nie posiadał konta bankowego w żadnej z witryn wykorzystywanych w badaniu. Zostały one przedstawione za pomocą kart przedstawiających statyczne wizerunki siedmiu wybitnych stron internetowych bankowości elektronicznej z Wielkiej Brytanii, prezentowanych na numerowanych kartach: Abbey National, Egg, Nationwide, Intelligent Finance, MBNA, Royal Bank of Scotland, oraz Smile.

Zdjęcia kart wykorzystane w badaniu znajdują się w załączniku A. Wybrano bankowość elektroniczną, ponieważ jest to dziedzina stosunkowo dojrzała (Nationwide był pierwszym brytyjskim serwisem bankowości internetowej uruchomionym w 1997 r.), która w ostatnim czasie stała się przedmiotem zainteresowania prasy w kontekście braku zaufania (np. ataki phishingowe). Ponadto jest to dziedzina o wysokiej użyteczności (obecnie 18 mln obywateli Zjednoczonego Królestwa korzysta z bankowości internetowej). Podmioty te poproszono o wygenerowanie kryteriów (np. użycie koloru, obecność informacji o zabezpieczeniach), a następnie poproszono o posortowanie kart na grupy według samodzielnie wybranych kryteriów, podając krótki opis, dlaczego zgrupowane karty zostały uznane za podobne (np. generowanie konstrukcji). Każdy podmiot otrzymał od moderatora eksperymentalny protokół (patrz załącznik B). Protokół dostarczył znormalizowany szablon i zawierał jako swój główny element sortowanie kart przez uczestników, wraz z uzyskaniem oceny zaufania uczestników i związanych z nią informacji.

Uczestnicy wykonywali sortowanie kart wielokrotnie, aż nie byli w stanie wygenerować żadnych dalszych kryteriów. W tym momencie zostali poproszeni o podanie indywidualnego wyniku percepcji zaufania dla każdego miejsca za pomocą siedmiopunktowej skali Likerta (od -3 do +3). Zadawano im kolejne pytania mające na celu wywołanie u nich percepcji najważniejszych czynników wpływających na ich postrzeganie zaufania. Odpowiedzi zostały przeanalizowane w celu uzyskania dowodów na interpretację obrazów strony domowej przez uczestników, oczekiwanie na witrynę jako całość oraz ich postrzeganie organizacji.

6.3 Rezultaty

Łącznie uzyskano 228 kryteriów spośród 42 uczestników. Wiele z tych kryteriów uważa się za równoważne semantycznie. (Pełna lista kryteriów znajduje się w załączniku C). Zróżnicowany charakter kryteriów rodzajowych uzyskanych od uczestników można zobaczyć na rysunku 6.1 poniżej, który przedstawia niektóre z przytoczonych kryteriów. Kryteria obejmują aspekty wyglądu i wrażenia, brandingu, a także narrację i wsparcie dla nowych klientów.

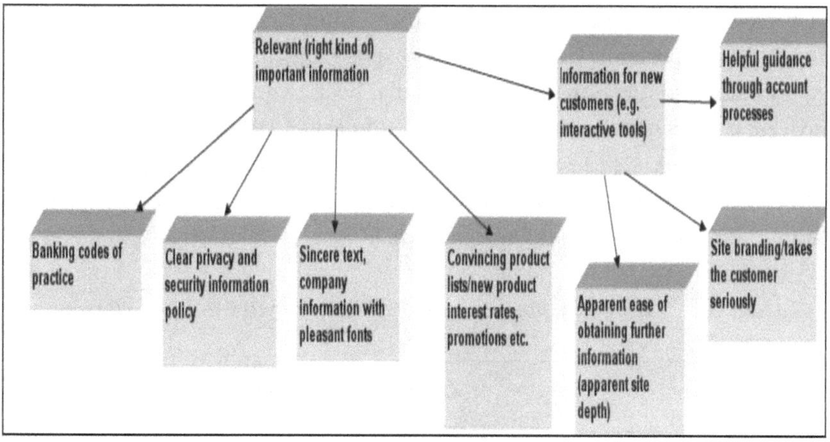

Rysunek 6.1: Wizualne podsumowanie niektórych z najczęściej cytowanych kryteriów rodzajowych.

Jak widać na rysunku 6.1 oraz na podstawie konstrukcji surowych wymienionych w Załączniku C, istniała duża zmienność generowanych konstrukcji, również pod względem liczby przytoczonych kryteriów (2-23 na każdy obiekt). Karty zostały wygenerowane na podstawie zrzutów ekranowych stron domowych siedmiu znanych brytyjskich banków internetowych w maju 2006 roku. Niektóre z tych kryteriów odnoszą się do obecności lub braku taksonomii znaków drobnoziarnistych: znaki komputerowe takie jak kłódki, Verisign, linki hipertekstowe, obrazy i promocje. Inne kryteria rodzajowe odnoszą się do aspektów projektowania stron internetowych, brandingu i promocji. W tabeli 6.1 wstępnie pogrupowaliśmy kryteria generowane przez użytkownika w pięciu sekcjach. Kryteria zostały pogrupowane w kategorie, aby połączyć te, które zostały uznane za semantycznie równoważne przy użyciu nieformalnej metody analizy opracowanej pierwotnie przez Rugga (Upchurch, Rugg i Kitchenheim, 2001), a później jako stosowane do analizy atrybutów projektu strony internetowej (Rugg i McGeorge, 1997). Równoważność semantyczna została ustanowiona, gdy eksperymentator stwierdził, że konstrukcje odnoszą się do tej samej "idei". Na przykład, w kontekście strony internetowej bankowości elektronicznej "kolory pasują do wizerunku firmy" byłyby uznane za semantycznie równoważne z "kolorami pasującymi do tożsamości marki banku". To nieformalne podejście zostało wykorzystane do ustalenia równoważności semantycznej pomiędzy konstrukcjami, które zostały zamówione. Te wstępne kategorie stanowią dogodne ramy odniesienia, w ramach których można badać bardziej szczegółowe informacje na temat zaufania i nieufności w odniesieniu do całościowego postrzegania zaufania do obiektu, oceny zaufania do obiektu oraz reakcji na poszczególne znaki. W ramach kategoryzacji określono podstawowy punkt odniesienia dla tych kryteriów. Tak więc na przykład "widoczność informacji dotyczących bezpieczeństwa" należałaby do kategorii "wewnętrzne pieczęcie regulacyjne", natomiast "jasność wariantów" do kategorii "aspekty projektowe".

Tabela 6.1: Wstępnie pogrupowane kategorie cytowanych kryteriów.

Kategorie cytowanych kryteriów	**Zjawiska, o których mowa**
Zewnętrzne pieczęcie zaufania/akredytacja strony trzeciej	Verisign, Padlocks, nagroda "najlepszy bank internetowy".
Wewnętrzne pieczęcie regulacyjne	Informacje bezpieczeństwa, polityka prywatności, polityka prawna, marka, kodeksy bankowe, gwarancje, polityka odpowiedzialności.
Treść związana z zadaniem	Stopy procentowe, oferty, produkty i promocje, reklamy, funkcje wsparcia dla zadań.
Aspekty projektowe	Styl graficzny, użycie koloru, obsługa nawigacji, układ strony, styl tekstu, ogólne wrażenie wyglądu.
Inne	Tylko online lub obecność na głównych ulicach, dane kontaktowe, wiarygodność, zaplecze obsługi klienta, informacje o planowanej konserwacji.

Zewnętrzne pieczęcie zaufania są wizualnymi wskazówkami (znakami), które często mają na celu wzbudzić zaufanie konsumentów: takie jak symbol Verisign i obraz kłódki, które są stosowane w celu budowania zaufania do obiektu jako związane z konkretnym bezpieczeństwem. Wewnętrzne pieczęcie regulacyjne obejmują deklaracje własne banków dotyczące ich polityki oraz wizerunek marki przedsiębiorstwa. Szeroki charakter zjawisk, do których się odwołują, świadczy o tym, że podmioty decydują się na różne sposoby interpretacji znaków zaufania zawartych na stronach internetowych bankowości elektronicznej.

Dwie główne cytowane pozycje, a mianowicie pieczęć Verisign, były widoczne tylko na jednej z siedmiu stron (*Uśmiech*), natomiast obraz na kłódkę był widoczny na trzech z siedmiu stron. Tylko dziesięć podmiotów odniosło się do tych cech, powołując się na obawy związane z ich nieobecnością na pozostałych czterech stronach. Nasze ustalenia wspierają poprzednie badania, takie jak (Huang, Farn i Yin, 2005), które zebrały dowody na to, że informacje od zaufanej osoby trzeciej nie będą skuteczne, jeśli konsumenci albo nie zauważą ich, albo źle zrozumieją ich znaczenia.

Sześć tematów bezpośrednio odnosiło się do pewnych aspektów polityki bezpieczeństwa, prywatności lub gwarancji. Dwa z tych sześciu tematów wyróżniały obecne informacje dotyczące bezpieczeństwa na podstawie ich prezentacji. Jeden z nich odrzucił trzy strony internetowe, na których umieszczono bezpieczeństwo i prywatność w istotnych tablicach menu. Temat wygenerował konstrukcję "standardowych znaczników - to kolejna cecha" opisująca sposób, w jaki były one prezentowane. Stanowiło to kontrast w stosunku do pozostałych czterech stron, na których znajdowały się bardziej widoczne znaki bezpieczeństwa. Strony te były oznaczone konstrukcją "poczucie, że to ma znaczenie". Kolejny temat dotyczył rozróżnienia między obiektami, na których widniały "bardzo widoczne" informacje dotyczące bezpieczeństwa, a obiektami, na których widniały "obecne, ale nie jasne" informacje.

W sumie dziewiętnaście kryteriów (spośród 12 podmiotów) zawierało wyraźne odniesienie do konkretnych usług bankowych. Dziewięć z nich odnosiło się po prostu do samej treści (np. dobrych lub złych stóp procentowych). Jeden z tematów odnosił się do stopnia dostarczonej informacji, jeden do stopnia ukierunkowania, a cztery do widoczności i nawigacji. Dwa podmioty chwaliły trzy strony za dostarczenie dodatkowych urządzeń wspomagających klientów w tym procesie (np. kalkulatory spłat odsetek, dema) i kontrastowały to korzystnie z "standardowymi informacjami" innych stron. Jeden z podmiotów dodał, że była to "oznaka zaangażowania na rzecz klienta". Inne deklarowane negatywne konstrukcje obejmowały stopień nieistotności reklamy lub cech. Oba zostały uznane przez jeden z podmiotów za nieufne, stwierdzając "chcą mnie oszukać".

W sumie czterdzieści trzy kryteria miały za główny punkt odniesienia aspekty projektowe. Zdecydowana większość z nich to kryteria odnoszące się bezpośrednio do estetyki/atrakcyjności, wykorzystania kolorów i obrazów, ogólnego układu ekranu, a także do poczucia powagi i profesjonalizmu. Istniała silna korelacja między podejściem do projektowania graficznego a postrzeganym stopniem profesjonalizmu. Tam, gdzie profesjonalizm był przytaczanym kryterium, lub był wymieniany pod innymi kryteriami jako konstrukt, często kontrastowano go z konstrukcjami takimi, jak "frywolne", "komiksowe" i "niewłaściwe". Natomiast konstruktorzy opisujący obiekty z mniejszą ilością grafik i zdjęć, rysowali konstrukcje takie jak "czyste", "komercyjne" i "odpowiednie".

6.3. 1Postrzeżenia dotyczące zaufania

Uczestnicy zostali poproszeni o ilościowe określenie swoich postrzegań zaufania wyrażonych w skali Likerta (od -3 do +3). Pozytywny wynik oznacza pozytywny poziom zaufania do terenu, ujemna wartość oznacza negatywny poziom zaufania do terenu, a zero - neutralny poziom zaufania do terenu. Dano im również możliwość wypowiedzenia się na temat głównej motywacji ich postrzegania. Wartości te zostały odniesione do członkostwa w grupach konstrukcyjnych zadeklarowanych w ćwiczeniu sortowania. Tabela 6.2, pokazuje średnie wyniki Likerta na stronie głównej. Widać, że strona szósta (należąca do Abbey Building Society) wygenerowała najwyższy poziom zaufania konsumentów do stron internetowych (+ 2,54) niż pozostałe strony bankowości elektronicznej, a następnie strona czwarta, należąca do Nationwide Building Society (+2,54). Jedynym obiektem, który wzbudził ogólnie negatywny poziom zaufania do stron internetowych, był obiekt prowadzony przez MBNA Bank.

Tabela 6.2: Średnie wyniki zaufania na stronę domową.

Strona nr:	**1**	**2**	**3**	**4**	**5**	**6**	**7**
Mean partytura zaufania	2.54	0.22	1.97	-0.18	2.65	0.83	1.28

Obrazy na stronie domowej, które wywołały te reakcje użytkownika, zostały przedstawione w załączniku A. Należy zauważyć, że oryginalne strony zostały oczywiście przedstawione w kolorze. Poniżej przedstawiono podsumowanie odpowiedzi (strona po stronie), aby wskazać całościowe postrzeganie zaufania przez podmioty. Stanowią one silne wsparcie dla koncepcji zawartej w pierwszym półroczu, że szeroka grafika pędzelkowa i projekt są tak samo ważne dla budowania zaufania jak drobnoziarniste postrzeganie znaków zaufania.

Strona 1:_(www.nationwide.co.uk) Ta strona uzyskała stosunkowo wysoką ocenę i została pochwalona za widoczność i nacisk na jej politykę prawną, ochrony prywatności i bezpieczeństwa. Jednak niższe oceny niektórych podmiotów (które wcześniej nie były świadome marki) były widoczne w odpowiedzi na "podejrzanie wyglądającą" postać w centrum ekranu. Niemniej jednak, strona została ogólnie opisana jako "czysta" i "profesjonalnie wyglądająca" w ramach sortowania.

Strona 2: (www.smile.co.uk) Ta strona była krytykowana za dostarczanie zbyt małej ilości informacji, aby wzbudzić zaufanie. Jako powód podano brak widocznych danych kontaktowych telefonu (bank jest tylko Internetem). Wzmacnia to ustalenia przedstawione w badaniu dotyczącym postrzegania przez konsumentów stron handlu elektronicznego (Fogg *i in.*, 2001). Dane dotyczące sortowania kart wywołały krytykę skąpego układu strony, nieistotnej reklamy i głosowania, a także wykorzystanie cytatów z "nieznanego" źródła w formie rekomendacji.

Strona 3: (www.rbs.co.uk) Ta strona została dobrze oceniona za "przejrzysty układ" i "profesjonalny" wizerunek, odzwierciedlający odpowiedzi w ćwiczeniach sortowania. Wystąpiła jednak ogólnie mieszana reakcja na jej prezentację informacji prawnych, dotyczących prywatności i bezpieczeństwa. Strona spotkała się również z pewną krytyką za posiadanie wysokiej klasy oferty kredytów hipotecznych, przy stosunkowo niskim poziomie ostrzeżenia o reposesji.

Strona 4: (www.mbna.com) Ta strona została oceniona jako szczególnie słabo postrzegana pod względem zaufania. Wizerunek strony otrzymywał komentarze takie jak "mieszanka powagi i dziwactwa", "bezosobowy" "wygląda jak pożyczkodawca pieniędzy" i "wygląda jak sklep internetowy". Ćwiczenie sortowania wywołało stosunkowo negatywne reakcje na układ formularza strony i wyświetlanych informacji.

Strona 5: (www.abbey.co.uk) Ta strona uzyskała dobre wyniki z prawie wszystkich tematów. Pozytywne komentarze odnosiły się na ogół do marki, pieczęci zaufania i polityki bezpieczeństwa. Niektóre negatywne komentarze dotyczyły nieistotnych grafik w obszarze głównego ekranu. Jeden z tematów stwierdził, że "czuł się nieco zmanipulowany" i że "podważył wizerunek", chociaż nie wydaje się, aby miało to znaczący negatywny wpływ na postrzeganie zaufania. Strona ta została na ogół zgrupowana pozytywnie dla "wyraźnego układu" i "widoczności opcji".

Strona 6: (www.if.com) Strona ta została słabo oceniona przez dwanaście podmiotów z powodu "komiksowego", "nie przypominającego banku" stylu prezentacji graficznej i została skrytykowana jako "trudna do poważnego potraktowania" i "jak strona dla dzieci". Strona ta otrzymała stosunkowo pozytywne oceny w ramach ćwiczenia z sortowania kart, a także mieszane oceny za widoczność i obecność informacji dotyczących bezpieczeństwa i prywatności. Jeden z tematów zwrócił uwagę na kontrast między "ciepłym" zaproszeniem do ubiegania się o kredyt hipoteczny a towarzyszącym mu "surowym" ostrzeżeniem o reposesji.

Strona 7: (www.egg.com) Ta strona była krytykowana za grafikę "gimmicky" i opisywana jako "podejrzana" przez jeden z podmiotów, który przyznał jej szczególnie niski wynik. Pojawiła się dalsza krytyka dotycząca używania przez nią brzęczących słów i nieznanych terminów. Ta strona została przywołana przez kilka podmiotów w ćwiczeniu sortowania jako grafika "ciężka", a także była przedmiotem kilku negatywnych konstrukcji, w tym "nieodpowiednia" i "gimmicky" w odniesieniu do jej grafiki, użycia kolorów i "stopnia profesjonalizmu". Niemniej jednak, tego typu konstrukcje dawały stosunkowo dobre opinie na temat przejrzystości strony pod względem menu i zawartości informacyjnej.

Uczestnicy zostali poproszeni o przypisanie punktów zaufania do każdego z osobnych manifestów zaufania, które postrzegali. Ocena zaufania została obliczona dla każdego indywidualnego znaku w danym zakresie: [+3,+2.+1,0,-1,-2,-3]. Wyniki uzyskane z trzech kontrastujących wizualnie stron (*ogólnopolska*, *If.com* i *Uśmiech*) przedstawiono w tabeli 6.3. Z tego (przykładowego) porównania wynika, że poszczególne znaki wywołały bardzo różne wyniki i reakcje uczestników. Oczywiste jest również, że uczestnicy byli w stanie ocenić poszczególne znaki wbudowane w witrynę i mogli odróżnić ocenę zaufania do witryny od oceny poszczególnych znaków. Wskazuje to na to, że uczestnicy nie reagowali po prostu na strony internetowe banków internetowych w sposób holistyczny.

Tabela 6.3: Indywidualne wyniki manifestu zaufania.

Znak zaufania (***manifest***)	**Osoby, które zauważyły znak (n=42)**	**Średnia ocena znaku zaufania** **[max: +3,...0..min: -3]**
Ogólnokrajowy znak kłódki	10	+ 1.8
Ogólnokrajowy znak firmowy	20	+ 2.12
W całym kraju Promocja "Gruby człowiek"	9	-1.44
Ogólnokrajowe sygnalizatory świetlne ("planowana konserwacja")	7	+0.42
Pieczęć Verisign (*smile.co.uk*)	12	+1.29
Ogólnokrajowe oświadczenie Reg.	11	+1.27
Znak marki *If.com*	22	-0.45
If.com "cartoon graphics"	22	-0.40

6.3.2Analiza rozprzestrzeniania się zaufania

Niektóre manifesty stron wydają się być znacznie bardziej skuteczne w tworzeniu semiozy zaufania niż inne. Rzeczywiście, niektóre znaki działają jako pozytywne oznaki zaufania (np. znak kłódki), podczas gdy inne wydają się działać jako wzmacniacze nieufności. Na przykład postać ludzka na ogólnokrajowej stronie internetowej była przez niektórych, ale nie wszystkich poddanych uważana za "niepokojącą" i "podejrzaną". Ogólnie rzecz biorąc, znaki firmowe wydają się działać jako skuteczny manifest zaufania dla tych banków, które posiadają sieci oddziałów. Dlatego też wyniki te dostarczają wielu bogatych dowodów na poparcie dla H1-H3.

Na przykład, znaki zaufania przedstawione w tabeli 6.3 spowodowały znaczne różnice w ocenach zaufania w porównaniu z podmiotami (H2). Co więcej, najbardziej zaufane były miejsca w badaniu, w których znajdowały się namacalne gałęzie handlowe. I odwrotnie, czyste cyfrowe e-banki nieposiadające żadnej konkretnej sieci oddziałów (*If.com* i *MBNA*) wygenerowały znacznie niższe (w przypadku *MBNA* ujemne) oceny zaufania, co potwierdza H3. Z badania kryteriów podanych w Załączniku B jasno wynika, że wiele podmiotów podawało "szerokie" cechy projektu, takie jak "nieformalny/formalny styl projektowania", a także podawało konkretne cechy projektu, takie jak ludzka forma pokazana na *ogólnokrajowej* stronie internetowej, wspierając w ten sposób H1.

Z tabel 6.2 i 6.3 wynika, że podmioty oceniły negatywnie bank internetowy *If.com w porównaniu z ogólnokrajowym.* Co więcej, poszczególne znaki zostały przywołane przez uczestników i ocenione, a nie tylko bardziej ogólne aspekty wyglądu i odczuć (choć mogą one być istotne jako kontekst wizualny). Jest to w pełni zgodne z wcześniejszym badaniem zaufania do bankowości elektronicznej (Kiefer, 2000). Znaki zaufania, takie jak kłódki, są tanie do włączenia do projektu i wydają się wywoływać pozytywne reakcje; nawet jeśli nie ma związku z jakąkolwiek konkretną formą protokołu bezpieczeństwa (po prostu obraz kłódki nie daje gwarancji bezpieczeństwa). Paradoksalnie, plomby osób trzecich, takie jak plomby zaufania Verisign, wydają się być tylko stosunkowo słabo związane z pozytywnym postrzeganiem zaufania. Są to wyższe koszty emisji, a dla dostawcy e-usług są one mniej korzystne. Przyczyny tego niepowodzenia w przekazywaniu zaufania pozostają niejasne, ale brak uznania został przytoczony przez kilka podmiotów. Tylko 24 osoby zauważyły pieczęć Verisign umieszczoną na stronie głównej *Uśmiechu.* Średnia ocena wyniosła +1,29, co wskazuje na stosunkowo słabą pozytywną semizynę zaufania w stosunku do kosztu samego znaku.

Jeśli chodzi o H3, samo oznaczenie marki nie jest skutecznym manifestem zaufania ani znakiem "super", ponieważ jest warunkiem koniecznym, ale niewystarczającym do wzbudzenia "ślepego" zaufania konsumentów. Konsumenci nie dają się "nabrać" na takie oznaczenia i nie wydają się one wzbudzać "ślepego" zaufania. Wydaje się raczej, że znaki firmowe działają tylko wtedy, gdy są poparte konkretnym wcieleniem i reputacją "cegieł i murów". W tabeli 6.3 przedstawiono pozytywne oceny postrzegania zaufania przez dostawców usług bankowości elektronicznej z konkretnymi oddziałami w dużych miastach (*Royal Bank of Scotland*, *Nationwide* i *Abbey*) z niższymi ocenami dla banków czysto internetowych, takich jak *egg.com* i *if.com*.

Poprzednie badania (Nillsson, Adams and Herd, 2005) popierają pogląd, że świadomość sytuacyjna może pozytywnie wpłynąć na zwiększenie zaufania konsumentów bankowości internetowej. W pilotażowym badaniu dotyczącym "skrzynki bezpieczeństwa" ustalono, że wykorzystanie "skrzynki" do bezpiecznego wprowadzania haseł przez szwedzkich klientów bankowości elektronicznej B2C również przyczyniło się do pozytywnego zwiększenia ich zaufania do banku macierzystego. Podobnie Adams oraz Sasse (2001 r.) stwierdzili, iż wielkość oraz lokalizacja oddziału banku wpływa na tworzenie się zaufania wśród klientów banku. Wyniki naszych badań dotyczące wyższego poziomu zaufania, jaki udało się osiągnąć tym bankom internetowym, które dysponują siecią oddziałów o dużej liczbie placówek, w porównaniu z bankami cyfrowymi, potwierdzają, że ludzie mają większe zaufanie do usługodawców, którzy wykazują się namacalnością.

Wcielenie jest ściśle powiązanym (ale bardziej abstrakcyjnym) pojęciem, które może stanowić wsparcie dla tworzenia modelu mentalnego użytkownika. Wyniki te są w dużej mierze zgodne z najnowszymi modelami zaufania w bankowości elektronicznej (Benamatti, Server and Fuller, 2006). Próby uczynienia witryn przyciągającymi wzrok za pomocą obrazów z kreskówek spotkały się na ogół ze spolaryzowanymi reakcjami zaufania, w porównaniu do witryn o bardziej formalnej strukturze. Tak więc na przykład obrazki komiksowe *if.com* wywoływały niepożądane reakcje u dziesięciu osób (średni wynik -2 punkty), podczas gdy silnie pozytywne reakcje u kolejnych dziesięciu osób (średni wynik +1,9 punktu) u 20 osób, które wymieniły tę cechę projektu.

Konsumenci zdają się kształtować swoje postrzeganie zaufania poprzez dekodowanie skupisk manifestów (tj. skupisk wielu różnych rodzajów znaków wizualnych), wspierając w ten sposób H4. Wyzwaniem dla projektantów obiektów jest określenie optymalnej mieszanki, która może wywołać ogólną pozytywną reakcję. Poprzednie badania (Riegelsberger, Sasse i McCarthy, 2003a) oraz (Steinbruck *i in.*, 2002) potwierdzają, że dość proste zmiany, takie jak umieszczenie zdjęcia przedstawiciela firmy w serwisie bankowości elektronicznej, mogą pozytywnie wzbudzić zaufanie. Konsumenci nie lubili promocji "grubego człowieka", ale nadal oceniali *ogólnokrajowy* serwis jako najbardziej godny zaufania. Konsumenci zarówno bardzo nie lubili, jak i lubili kreskówki jako styl graficzny dla bankowości elektronicznej. Ten "trywialny" styl wydawał się wzmacniać ich i tak już raczej negatywne reakcje na zaufanie do czystych banków internetowych. Oczywiście, semioza zaufania nie jest atomowa i pozostaje złożonym zjawiskiem. Mapowanie manifestu zaufania do (ukrytych) właściwości gwarantujących zaufanie na poparcie H4 pokazane jest w tabeli 6.4.

Tabela 6.4: Odwzorowanie manifestu poziomu powierzchni w celu uzyskania zaufania gwarantującego właściwości.

Poziom drabiny zaufania gwarantujący nieruchomość/drabina zaufania	**Manifest zaufania powiązanego**	**Indywidualne wzorce znaków**
Promocja produktu/usługi. **"HONESTY"** [poziom społeczny]	Styl graficzny oraz konkretne promocje produktów i opisy usług.	www.rbs.co.uk "500 funtów" oferta zwrotu gotówki. Zdjęcia kreskówek na stronie domowej www.if.com.
Bezpieczna strona i produkty (materialne). **"BEZPIECZEŃSTWO"** [poziom społeczny /semantyczny /pragmatyczny /empiryczny]	Kłódki, pieczęcie SSL Verisign, bezpieczne logowanie, hasło.	www.if.com Pieczęć bezpieczeństwa strony głównej Verisign SSL/TLS.
Polityka e-usług. **"NISKIE RYZYKO"** [poziom społeczny]	Pieniądze z powrotem, jeśli nie są spełnione, on-line polityka prywatności.	www.nationwide.co.uk gwarancja e-usługi.
Zgodność z brytyjskimi regulacjami bankowymi; kwestie związane z zarządzaniem marką/korporacją; nagrody wzajemnej oceny (peer rating). **"ZAUFANA MARKA/RZĄD"** [poziom społeczny i semantyczny]	Najlepsza nagroda banku internetowego roku; Etyczna bankowość.	www.smile.co.uk Głosowano na "Najlepszy Bank Internetowy" 2005. www.rbs.co.uk

Pod względem semiotycznej drabiny zaufania semioza funkcjonuje głównie na poziomie społecznym, semantycznym i pragmatycznym. Nawet namacalne pieczęcie bezpieczeństwa są na tym poziomie interpretowane jako antycypacja (do późniejszego urzeczywistnienia) ukrytych poziomów na poziomie protokołu. W ramach doświadczenia użytkownika takie namacalne znaki bezpieczeństwa są odpowiednio interpretowane w społecznym i doświadczalnym świecie intencji i przekonań użytkownika. Pozytywne i negatywne reakcje na poszczególne elementy projektu były analizowane pod kątem dowodów na to, jak prezentacja strony głównej wpłynęła na semiozy zaufania uczestników na poziomie strony głównej. W tabeli 6.5 podsumowano powiązania między cytowanymi aspektami projektowania, wygenerowanymi negatywnymi konstrukcjami oraz terminami opisującymi interpretacje użytkowników.

Tabela 6.5: Cechy i negatywne konstrukcje (brak zaufania).

Cytowana cecha	**Negatywne konstrukcje**	**Przykładowe uwagi**
Grafika	Gimmicky, kreskówkowy, nieistotny *[Skuteczne]*	Nieprofesjonalne, niestosowne, niepokojące, podejrzane.
Zawartość tekstu	Niespójne, brzęczące, nieistotne reklamy, nieistotne oferty *[Skuteczne]*	Podejrzane, protekcjonalne.
Informacje dotyczące bezpieczeństwa/prawnych/prywatności	Niewystarczająco podkreślony *[Skuteczne/racjonalne]*	"Nie wygląda na to, żeby cię to obchodziło".
Branding	Słaba reputacja *[Racjonalne]*	"surowy marketing".
Produkty i usługi	Niejasne listy/widoczność *[Skuteczne/racjonalne]*	"Nie wiadomo, co tu jest do zaoferowania".

Konstrukcje te zostały zidentyfikowane na podstawie uwag zgłoszonych dobrowolnie w trakcie ćwiczenia typu card-sort oraz jako przywołane stwierdzenia w dalszej percepcji zaufania. Przykłady wydają się wskazywać na związek pomiędzy czynnikami prezentacyjnymi, afektywnymi reakcjami na prezentację i rozprzestrzenianiem się negatywnego zaufania w kierunku miejsca. Jest to zgodne z twierdzeniem, że te czynniki projektowe reprezentują akty znaczenia, niezależnie od tego, czy są one zamierzone przez projektanta obiektu, czy też nie.

Oczywiste jest, że niektóre z przytoczonych cech, takich jak branding i wykorzystanie zdjęć, miały na celu odniesienie się do "wymiaru interpersonalnego". Jednak w innych przypadkach zauważalne było, że względy projektowe, które zazwyczaj nie są związane z tym wymiarem, wydawały się być wpływowe.

Z punktu widzenia projektanta dostępność takich elementów jak ochrona prywatności i bezpieczeństwo może być solidna, ale istniały dowody sugerujące, że to samo w sobie może nie wystarczyć. Niektóre z krytykowanych stron zawierały wyraźne linki do elementów bezpieczeństwa i ochrony prywatności, które w przeciwnym razie spełniałyby kryteria użyteczności. Jednakże niektóre z nich postrzegały te cechy jako przekazujące negatywny przekaz na temat organizacji, pozory symbolizmu lub braku zaangażowania. Sugeruje to, że czynniki zaufania wpływają na kluczowe decyzje dotyczące grupowania i eksponowania odstępów wizualnych, które historycznie były postrzegane jako bardziej związane z prostą ergonomią poznawczą. Zestawienie dużej, widocznej oferty kredytów hipotecznych z małym, ale teraźniejszym ostrzeżeniem repozytorium, przekazało sprzeczne informacje i było postrzegane jako wizualnie zbyt widoczne i stosunkowo niepoparte wyraźnymi stwierdzeniami, wskazówkami lub wskazówkami dotyczącymi zaufania i bezpieczeństwa. Strony z widocznymi linkami dotyczącymi bezpieczeństwa i prywatności w odpowiednio eksponowanych miejscach nadal wywoływały pewne negatywne reakcje. Strony, które wydawały się postrzegać bezpieczeństwo jako "kolejną cechę" (zazwyczaj strony, na których te linki były wyświetlane w menu spośród kilku opcji), zostały zdekonstruowane jako przekazujące względny brak zaangażowania w te kluczowe, instrumentalne czynniki zaufania. W tych przypadkach można argumentować, że naruszona została ustalona zasada projektowania, zgodnie z którą "najważniejsze elementy są najważniejsze", nie z powodu poznawczych czynników ergonomicznych, ale z powodu przekazywanej postawy. Dlatego też "znaczenie" i wynikająca z niego potrzeba wyeksponowania wydają się być zdeterminowane przez czynniki afektywne.

6.4 Podsumowanie i znaczenie dla HLTMM

Zarówno materialne, jak i niematerialne czynniki wpływają na postrzeganie zaufania konsumentów, a tym samym kształtują poziom zaufania do serwisu. Pojęcie to zostało poparte wygenerowanymi konstrukcjami, jak również wyraźniejszymi powiązaniami z postrzeganiem zaufania ujawnionymi w dalszej części projektu. Wymierne czynniki, takie jak zewnętrzne pieczęcie zaufania i bezpieczeństwo, mają wpływ i były mocno cytowane. Zawartość produktów i usług bankowości elektronicznej związana z zadaniami była często powiązana z kwestiami użyteczności, takimi jak wsparcie w zakresie nawigacji oraz widoczność informacji i opcji. Istniały również dowody na to, że właściwości projektu wpływają na postrzeganie zaufania konsumentów.

Na przykład, wiele podmiotów powiązało pozorny "profesjonalizm", jaki zapośredniczył w projekcie graficznym i stylu, z ich postrzeganiem organizacji. Sugeruje to, że próby przyciągnięcia uwagi projektantów do takich stron niosą ze sobą ryzyko podważenia powagi wizerunku korporacyjnego dostawcy e-usług. Co ciekawe, szereg przykładów sugeruje, że czynniki materialne i niematerialne nie zawsze się od siebie różnią. To rozmycie między postrzeganiem zaufania przez klientów bankowości elektronicznej przez czynniki niematerialne i materialne jest poparte wcześniejszymi badaniami (Nilsson, Adams, i Herd, 2005).

Wydaje się, że te aspekty projektowania, które pośredniczą wymiernym czynnikom, mogą zostać zdekonstruowane jako pozytywne lub negatywne oznaki zaufania. W wielu przykładach te wybory projektowe nie do końca naruszają zasady użyteczności, ale sposób, w jaki są one przedstawiane, wpływa na postawy użytkowników. Z przedstawionych dowodów jasno wynika, że H1-H4 są udowodnione. Ponadto, wykazano, że sortowanie metodą kartograficzną jest bardzo obiecującą techniką, która może badać półpoziom zaufania początkowego zarówno w odniesieniu do drobnoziarnistych, jak i gruboziarnistych elementów konstrukcyjnych obiektu. Jak widać, sortowanie kart jest w stanie uchwycić zarówno afektywne jak i racjonalne postrzeganie semiozy zaufania, a technika ta ujawnia duże zainteresowanie projektantów stron internetowych.

Inżynieria semiotyczna postrzega HCI jako szczególny przypadek interakcji człowieka z komputerem (de Souza, 2005). Twierdzi się, że semiotyka dodaje wgląd w interpretację *meta-komunikacyjnych* artefaktów. W naszych badaniach komputerowe znaki wbudowane w domową stronę bankowości elektronicznej były dekodowane przez badanych w formie osobistych konstrukcji. Ujawniły one z powodzeniem reakcje trustora na indywidualne znaki zaufania, jak również na związane z nimi cechy projektu strony. Badania wykazały, że proces dekodowania treści na poziomie powierzchni może prowadzić do dekodowania niezamierzonych znaczeń przez podmioty. Poprzez przyjęcie semiotycznego punktu widzenia możliwe jest, dzięki dalszym badaniom, dokładniejsze przewidywanie różnych sposobów dekodowania przez użytkowników znaków zaufania i braku zaufania. Celem długoterminowym jest umożliwienie projektantom optymalnego wykorzystania kanału komunikacji pomiędzy projektantem a użytkownikiem za pomocą meta-tekstu komunikacyjnego. Sygnalizacja zaufania jest dziedziną, która została w niewielkim stopniu zbadana w specyficznym kontekście bieżących serwisów bankowości elektronicznej w Wielkiej Brytanii. Te nieliczne badania, które istnieją, często opierają się na słabych i potencjalnie nierzetelnych metodach badawczych, takich jak wyniki kwestionariuszy dla użytkowników.

Obszar badawczy jest zatem bez wątpienia jednym z obszarów, który ma zarówno nieodłączną złożoność, jak i potencjał handlowy. Konieczna jest oczywiście sondaże wykraczające poza poziom strony głównej, aby zweryfikować i wykorzystać te badania (rozdział 7). Nie wiemy jednak jeszcze z całą pewnością, które znaki i sygnały (lub ich kombinacja) wzbudzają zaufanie wśród konsumentów bankowości elektronicznej, a tym samym pozytywnie wpływają na poziom zaufania na stronach internetowych. Potrzebne są badania uzupełniające, być może szczególnie te, które mają na celu prześledzenie, jak ewolucja poszczególnych projektów stron internetowych bankowości elektronicznej w czasie, bezpośrednio wpływa na zaufanie konsumentów i poziom zaufania do stron internetowych. Pojawienie się publicznie dostępnych archiwów bankowości elektronicznej (takich jak http://www.webarchive.org.uk/) może przyspieszyć badania użyteczności wzdłużnej. Dlatego też wyniki tych badań najlepiej uznać za wstępne i niepewne. Potrzebne są dalsze badania w celu potwierdzenia i rozszerzenia wyników, tak aby silniej określić związek między taksonomią znaków bankowości elektronicznej a budowaniem zaufania (wyrażonego jako środki zaufania). Biorąc pod uwagę dużą użyteczność bankowości elektronicznej i coraz częstsze przypadki nadużywania takich stron przez przestępców, wydaje się to użyteczne.

W odniesieniu do HLTMM jest oczywiste, że badanie potwierdziło przekonanie, że uczestnicy byli w stanie wywnioskować postrzeganie zaufania w wyniku ich pośrednich doświadczeń na poziomie strony głównej. Byli oni w stanie powiązać te doświadczenia z ich wcześniejszymi doświadczeniami związanymi z tożsamością marki macierzystej strony oraz z ich doświadczeniami związanymi z bankowością komercyjną. Różne reakcje na znaki zaufania, takie jak kłódki i pieczęcie Verisign, wskazują na to, że wcześniejsze doświadczenia internetowe uczestników wpływają na ich własną wiarę w wiarygodność tych znaków i pieczęci, a tym samym na poziom zaufania do witryny. Z tych wyników wynika jasno, że wcześniejsza reputacja organizacji (budowanie marki) również silnie wpłynęła na postrzeganie zaufania przez uczestników i poziom zaufania do witryn internetowych. Jednak równie ważnym czynnikiem budującym zaufanie wydaje się być ich bezpośrednie doświadczenie wizualne.

Dla projektantów serwisów bankowości elektronicznej przesłanie jest jasne: aby zbudować zaufanie do serwisu i zaufania on-line, konieczne jest wdrożenie godnej zaufania tożsamości marki, wdrożenie znaków i wskazówek wizualnych, które wzbudzają pozytywne zaufanie na początkowym poziomie strony domowej, a także idealnie wspierają reputację serwisu bankowości elektronicznej poprzez oferowanie namacalnej obecności na wysokim szczeblu. Nie ma czegoś takiego jak neutralna architektura projektu bankowości elektronicznej budząca zaufanie. Każdy projekt strony wywołuje inny zestaw reakcji na zaufanie (semiozy) ze strony konsumentów internetowych. Jeżeli przed uruchomieniem nie zostaną przeprowadzone odpowiednie badania użyteczności i zaufania, może okazać się, że nie da się przewidzieć z jakąkolwiek dokładnością reakcji konsumentów na zaufanie. Karty zapewniają dostawcom usług bankowości elektronicznej pragmatyczną i tanią technikę, która może częściowo ujawnić semiozynę zaufania przed uruchomieniem lub nawet wcześniej w cyklu rozwoju bankowości elektronicznej. Tak więc wady lub nieoptymalne reakcje na zaufanie mogą być korygowane na wczesnym etapie i nie mogą być pozostawione w fazie po uruchomieniu, kiedy koszt wszelkich pożądanych zmian projektowych prawdopodobnie gwałtownie wzrośnie.

7 BADANIE UŻYTKOWNIKA DWA: E-BANKING TRUST SEMIOSIS: POZA STRONĄ DOMOWĄ

Celem drugiego badania użytkowników jest zbadanie semiozy zaufania wykraczającej poza wstępny etap spotkania z usługą bankowości elektronicznej B2C (tj. poziom strony domowej), co zbadano w pierwszym badaniu użytkowników opisanym w rozdziale 6. W szczególności chodzi o zbadanie związku między kształtowaniem się poziomów zaufania konsumentów a zawartością strony internetowej (branding, pieczęcie Verisign itp.) w odniesieniu do jednego banku elektronicznego wykorzystywanego w pierwszym badaniu. Celem badania jest ustalenie, w jakim stopniu *stosunkowo* niska ocena wiarygodności *uśmiechu jest związana* z tożsamością "cyfrowej marki" strony internetowej i w jakim stopniu jest ona powiązana z interpretacją przez konsumentów indywidualnych *manifestów* zaufania. Wybrano stronę internetową "*Uśmiechniętej* bankowości elektronicznej", ponieważ strona ta przyciągnęła stosunkowo niski poziom zaufania konsumentów (tylko MBNA było jeszcze niższe). Wybrano *Uśmiech,* a nie MBNA, ponieważ oferuje on szerszą gamę produktów e-finansowych, która jest centralną kartą kredytową. Zrekrutowano cztery tematy, co rodzi potencjalne problemy z wiarygodnością. Intencją i uzasadnieniem było wygenerowanie niewielkiego zbioru danych, aby ułatwić analizę przez dostawcę e-usług, zgodnie ze stwierdzonym "lekkim" ukierunkowaniem ram EST. Niewielka liczba wykorzystanych tematów, choć niewielka, jest zgodna z niedawnymi badaniami nad e-usługami LAP (Language Action Perspective), w których sklasyfikowano wypowiedzi przy użyciu taksonomii. Larsson (Larsson *i in.,* 2006) na przykład rejestruje dwa dialogi, natomiast Salomonson i Lind (2006) informują o trzech rozmowach na sześć tematów. Klasyczne badania aktów mowy, zwykle również opisują raczej krótkie dialogi z wykorzystaniem niewielkiej liczby tematów (Cutting, 2002). Rezultaty mają być uzupełnieniem ustaleń protokołu sortowania kart, ale nacisk jest inny. Oczekuje się, że LAP będzie badał stany psychiczne użytkownika w odniesieniu do semiozy zaufania, a więc poziomy zaufania, ponieważ są one pośredniczone przez *dynamiczne* aspekty jego spotkania z e-bankiem, w miarę jak użytkownicy dążą do osiągnięcia zestawu celów e-bankowych. Omówiono uznane ograniczenia badania i przedstawiono propozycje potwierdzających badań następczych.

7.1 Cele badawcze i hipotezy

Poza poziomem strony głównej, użytkownicy poruszają się po modelu przestrzeni stanów witryny w kierunku osiągnięcia stanów docelowych. Pierwsze badanie użytkowników wykazało, że szeroki zakres znaków zaufania wpływa na kształtowanie się zaufania do serwisu bankowości elektronicznej B2C na poziomie strony głównej. Wyniki te ujawniły złożony obraz, w którym pozytywne i negatywne wyniki percepcji zaufania są związane z konkretnymi znakami. Uczestnicy pierwszego badania użytkowników przypisali witrynom różne oceny zaufania. Oceny zaufania do witryn internetowych były bardzo zróżnicowane, od najbardziej zaufanych (w skali kraju, +2,54) do najmniej zaufanych (MBNA, -0,18), na co wpływ miało wiele różnych manifestów zaufania do bankowości elektronicznej (takich jak kolory, znaki firmowe, pieczęcie zaufania itp.). Zróżnicowany zestaw 228 konstrukcji osobistych został wygenerowany przez dwa podmioty za pomocą protokołu sortowania kart (lista w całości znajduje się w Załączniku C). Podmioty te przedstawiły również różne anegdotyczne uwagi dotyczące ich postrzegania zaufania, które zostały uchwycone w sposób *doraźny* przez moderatorów eksperymentów, o czym mowa w rozdziale 6. Celem analizy dyskursu jest bardziej systematyczne rejestrowanie wypowiedzi, podczas spotkania z żywą służbą bankowości elektronicznej.

Korzystne świadczenie usług bankowości elektronicznej B2C nie jest jedynie kwestią promowania początkowego pozytywnego poziomu zaufania konsumentów. Korzystanie z serwisu poza poziomem strony domowej jest konieczne, gdy użytkownicy zbliżają się do swoich celów zakupowych. Zależy to od stopnia, w jakim *początkowe* zaufanie jest następnie podważane lub wzmacniane przez ich doświadczenie na stronie internetowej. Proponuje się zastosowanie techniki badawczej, która rejestruje i klasyfikuje wypowiedzi użytkowników poprzez zastosowanie teorii aktów mowy (Tsoahatzis, 2007). Metoda ta jest uzasadniona silnym teoretycznym związkiem z działaniem Morrisa jako paradygmatem znaczeniowym (sekcja 3.2.1) i aktami mowy. Akty mowy są uważane za działania Morrisa i jego współczesnych zwolenników (Searle, 1969). Służą one jako okno na inaczej "ukryte" (nieznane) stany psychiczne. Taksonomia oferuje sposób kategoryzacji wypowiedzi użytkowników, a więc systematyczne badanie semiozy zaufania przez konsumentów bankowości elektronicznej B2C. Następnie oferujemy analizę nagranych wypowiedzi osób zajmujących się e-bankowością i dopasowanie ich do działań systemowych. (punkt 7.3.3).

LAP ma długą tradycję, w której główny nacisk kładzie się na działania komunikacyjne i aktorów wykonujących te działania (Andersen, 1990). Co więcej, znaczenie nagrywania i klasyfikowania aktów mowy polega na tym, że analiza dziennika wypowiedzi może ujawnić poznanie w ramach ludzkiej "skali czasowej" od 5 do 30 sekund (patrz omówienie, sekcja 5.3). Zarówno z teorii LAP jak i współczesnej teorii aktów mowy (Searle, 1969) mamy post-Morris (Morris, 1938) pojęcie wypowiedzi jako spustu do działania lub jako samego działania. Powiązanie ze znaczeniem bankowości elektronicznej polega na tym, że komputerowe znaki zaufania wbudowane w stronę bankowości elektronicznej mogą wywołać działanie konsumenta w odpowiedzi na jego własną, indywidualną interpretację. Na przykład hipertekstowe łącze *"kliknij tutaj, aby powrócić do strony głównej"* ma (przypuszczalnie) na celu wywołanie odpowiedniej reakcji nawigacyjnej (akcji) użytkownika witryny. Bardziej ogólnie rzecz biorąc, interpretacja znaków, które odnoszą się do potencjałów działania (afordancji), może prowadzić do zaangażowania się podmiotów ludzkich w grupę możliwych działań (repertuary zachowań) i tworzenia modeli mentalnych. Na przykład, korzystanie z internetowego kalkulatora kredytów hipotecznych (jak podano w całym *kraju, na* przykład) może spowodować całą serię działań on-line / off-line prowadzących do ewentualnego zakupu kredytu hipotecznego.

Gazendam *i in.,* (2006) identyfikuje LAP jako technikę z wyboru dla sondowania rozpoznawania przypadków użytkowych. Następnie identyfikuje szereg różnych poziomów modelowania dla konstrukcji społecznych w postaci liczby sumarycznej, która jest przedstawiona w formie rozszerzonej na rysunku 7.1 poniżej. Badanie użytkownika dwa jest mocno osadzone w obrębie poziomu 3 (*skrypty interakcyjne*), choć poziomy te nie są od siebie niezależne. Raczej, jak w przypadku semiotycznej drabiny zaufania, są one wzajemnie powiązane i wzajemnie się uzupełniają. Na przykład meta-normy wysokiego poziomu odzwierciedlają szerszą kulturę organizacyjną. Tak więc "etyczna bankowość" *uśmiechu* (na poziomie 1) może następnie wpływać na rodzaje oferowanych produktów bankowości elektronicznej (np. bankowość "zielona"), co z kolei jest postrzegane jako odzwierciedlenie szerszych konstrukcji społecznych na poziomie 2. Ponieważ konsumenci angażują się, postrzegają i interpretują gamę produktów bankowości elektronicznej oferowanych przez *Smile,* ich wypowiedzi i działania są ujmowane jako interaktywne skrypty na poziomie 3. Normy etyczne są ostatecznie wspierane przez wymogi uchwycone na poziomie 4 i zawarte w funkcjonalności systemu na poziomie 5. Z punktu widzenia dostawcy usług bankowości elektronicznej ideałem jest świadczenie usług bankowości elektronicznej, które opierają się na zrozumieniu wpływu problemów na wszystkich poziomach. Odpowiednią strategią może być wczesne wychwycenie (np. zaufania) problemów, poprzez wzbogacenie szerszego modelu domeny (Ousssena i francuski, 2009).

Poziom	*Poziom modelowania, technika.*	*Studiowałem:*
1	Społeczności, aktorzy, konstrukty społeczne, role i wiedza ontologiczna; Strategia i polityka organizacyjna.	Semiotyka organizacyjna (OS) Meta-Normy, znaki firmowe. (Liu, *et al.*, 2001).
2	Państwa/etapy konstruktorów społecznych; Afordancje społeczne.	OS i perspektywa działania językowego (LAP). Stamper (1973; Andersen, 1990).
3	***Skrypty interakcji; akty mowy, taksonomia wypowiedzi.***	***LAP. (Searle, 1969); (Winograd i Flores, 1986).***
4	Specyfikacje normalne; wymagania.	(CS), (OS)(Andersen, 1990); Liu (2000)
5	Specyfikacje zadań biznesowych; oraz modelowanie systemów;	(CS) (Liu, 2000).

Rysunek 7.1: Poziomy koncepcyjne.
(odtworzone w zmienionej formie od (Gazendam, 2006), [str. 104]).

Skoncentrowanie się na poziomie trzecim jest niezbędne do uchwycenia i analizy interakcji z klientem na miejscu przez klientów bankowości elektronicznej B2C. W związku z tym, działania systemu użytkownika, wypowiedzi użytkowników oraz przypisanie znaczenia użytkownika do wizualnych wskazówek wbudowanych w stronę są potencjalnie istotne. Podsumowując, drugie badanie użytkowników ma na celu potwierdzenie modelu zaufania firmy Gambetta (Bacharach i Gambetta, 2001), ponieważ jego celem jest uchwycenie i sklasyfikowanie wypowiedzi użytkowników wypowiadanych w odpowiedzi na różne *manifesty* zaufania na poziomie powierzchni. Celem jest sklasyfikowanie ich jako zaufanych lub nieufnych, a także zatwierdzenie wszelkich aspektów budowania zaufania poprzez zastosowanie nowej *taksonomii wypowiedzi na temat zaufania* (TUT), która została przedstawiona w tabeli 7.1 i omówiona w sekcji 7.3 poniżej.

Kwestia kształtowania się zaufania konsumentów w Internecie była już wcześniej analizowana przy użyciu różnych podejść. Zostały one poddane przeglądowi w ramach rozdziału 2. Szeroko zakrojone badania konsumenckie (Sultan, 2002) pozwoliły zidentyfikować dużą liczbę czynników warunkujących zaufanie konsumentów B2C. Obejmują one łatwość nawigacji, reputację dostawcy usług elektronicznych oraz różne aspekty "wyglądu i odczuć" witryny, w tym jej estetykę. Wspierające badania na mniejszą skalę, wykorzystujące zastępczych użytkowników wchodzących w interakcję z żywymi i symulowanymi witrynami, zapewniły dalsze wsparcie dla koncepcji, że tworzenie zaufania online jest kluczowym antecedentem użytkowania witryny (Egger, 2003). Użytkownicy reagują na zawartość strony w sposób, który wspiera budowanie zaufania, co jest związane z ich wcześniejszymi oczekiwaniami, przekonaniami i orientacją kulturową (Kim i Moon, 1998). Takie badania wykazały, że niematerialne aspekty kształtowania poziomu zaufania wydają się być ważnym elementem i elementem doświadczeń konsumentów internetowych B2C. Niewiele uwagi poświęcono jednak drobnoziarnistym aspektom semiozy zaufania do poszczególnych znaków.

Badanie to stanowi pierwszą próbę zastosowania analizy dyskursowej do spotkań w bankowości elektronicznej B2C, a więc drobnoziarnistych reakcji konsumentów na zaufanie, osadzonych w wypowiedziach konsumentów. Poprzedni autorzy stosowali zasadniczo podobne podejścia do analizy rozmów, mające na celu ujawnienie społeczno-pragmatycznego podejścia do zakupów na odległość (Larsson, Johansson i Goldkuhl, 2006). Podobnie, w społeczności LAP istnieje szereg prac, które wspierają koncepcję, że analiza mowy działa w naturalistycznych środowiskach e-serwisu, wzbogacając nasze rozumienie intencji użytkownika, a więc wewnętrznych stanów poznawczych (Clarke, 2000; Andersen, 2001; de Souza, 2005; Hassell, 2005a).

Potencjalna wartość dodana wynikająca z przyjęcia podejścia inspirowanego LAP (analiza dyskursu) polega na tym, że można uzyskać bardziej szczegółowe zrozumienie semiozy zaufania konsumentów i powiązać je z nową taksonomią wypowiedzi na temat zaufania (TUT). Pochodzenie nowej taksonomii wypowiedzi i jej późniejsze wykorzystanie w niniejszym opracowaniu zostało w pełni opisane w sekcji 7.3. Swobodnie przyznaje się, że zakres niniejszego badania jest ograniczony, a co za tym idzie, zakres dyskursu prowadzonego przez użytkowników może również okazać się mieć ograniczoną wartość. Drugie badanie dotyczące użytkowników jest zatem być może najlepiej postrzegane jako wstępny *dowód na* małą skalę badania koncepcyjnego, w przeciwieństwie do skali badań przedstawionych wcześniej w rozdziale 6. Ograniczenia badania i ich wpływ na wiarygodność ustaleń zostały omówione w sekcjach 7.3 i 7.4.

Zostały sformułowane następujące hipotezy. Należy mieć nadzieję, że badanie to częściowo potwierdzi wyniki pierwszego badania użytkowników (H1), ale w kontekście dynamicznej nawigacji po stronie tylko w odniesieniu do jednego serwisu: *Uśmiech,* czysto cyfrowy bank detaliczny (tzn. bank, który nie posiada żadnej namacalnej sieci oddziałów o wysokiej częstotliwości). Badanie służy potwierdzeniu wykorzystania nowatorskiego TUT, oferując jednocześnie dowody (ponowne potwierdzenie lub obalenie) wyników pierwszego badania użytkowników. Mianowicie, że poziom zaufania konsumentów wynika z nieuchwytnego i namacalnego zaufania, które znajduje odzwierciedlenie w afektywnych i racjonalnych reakcjach ludzi na bodźce pochodzące ze strony internetowej.

- H1: Przedmioty będą odnosić się do konkretnych bodźców wizualnych (np. pieczęć Verisign) zgodne z pierwszym badaniem użytkownika, składającym się z mieszanki pozytywów, negatywów i neutrów afektywne i racjonalne reakcje na zaufanie;
- H2: Wypowiedzi przedmiotowe odnoszą się do większości zawartych w nich typów wypowiedzi. w powieści TUT (pochodzącej z wcześniejszych badań, z uzupełnieniami z LAP przez społeczność i przez autora);
- H3: Wypowiedzi na ten temat będą odnosić się do szerszych aspektów doświadczenia użytkownika strony (UE) a także do aspektów marki Smile's pure digital.

Badanie jest samoograniczone do badania strony internetowej *Uśmiechniętej bankowości* elektronicznej używanej wcześniej w protokole sortowania kart na poziomie strony głównej. *Uśmiech* uzyskał ogólnie niską ocenę pewności siebie (+ 0,22). Znacznie niższy rating w porównaniu z tymi bankami, które są w widoczny sposób obecne na wysokim szczeblu. Niniejsze badanie może ujawnić przyczyny niskiego, neutralnego początkowego poziomu zaufania przypisanego przez uczestników do strony startowej *uśmiechu w* ćwiczeniu sortowania kart, wcześniej opisanego w rozdziale szóstym.

7.2 Spacer użytkownika i analiza dyskursu: Metoda

Czterech studentów studiów licencjackich z zakresu informatyki zostało zatrudnionych jako studenci-wolontariusze, trzech kobiet i jeden mężczyzna (w wieku 18-25 lat). Wyniki badań zostały zebrane przez autora, przy pomocy pana Mohammeda Idrisa, który uprzejmie pełnił rolę moderatora eksperymentalnego. Przedmioty (świeżo zrekrutowane i nieczęsto spotykane w pierwszym badaniu użytkowników opisanym w rozdziale 6), zostały zaprezentowane na stronie internetowej bankowości elektronicznej z *uśmiechem. Na* stronie umieszczono pieczęć zaufania Verisign, która otrzymała pozytywną ocenę (+1,29) w ramach "statycznego" obrazu strony domowej. *Uśmiech* zawiera wyraźne odniesienie do namacalnych cech bezpieczeństwa i zaufania poniżej poziomu strony głównej, dostarczając tym samym wiele potencjalnych bodźców dla uczestników. Strona zawiera różne stwierdzenia dotyczące "etycznej" bankowości.

Wydaje się, że strona domowa wywołała szczególnie bogaty zestaw odpowiedzi od badanych w badaniu pierwszego użycia. Głównie w odpowiedzi na interpretacje zróżnicowanego zestawu cech wzornictwa: skąpy układ, wykorzystanie białej przestrzeni, wizualne rozpraszanie uwagi i konsekwentne stosowanie "różowej" marki. Cechy te są wykorzystywane w całym serwisie.

Ostatni raz strona została udostępniona dla celów niniejszego opracowania [31] lipca 2007 r. Strona domowa, a także zawartość strony wykraczająca poza ten poziom, nie zmieniły się znacząco od czasu wykorzystania tej samej strony w badaniu użytkowników w lipcu 2006 roku. Zrzut ekranu strony głównej znajduje się w załączniku A na dzień 31 lipca 2007 r. Żaden z czterech podmiotów zwerbowanych do drugiego badania użytkowników nie był dotychczasowym klientem banku *Uśmiech*. Wszystkie cztery przedmioty były studentami studiów licencjackich na Wydziale Informatyki i Systemów Informatycznych Uniwersytetu w Bedfordshire (18-25 lat). Dlatego też w porównaniu z pierwszym studium użytkowników przedmioty te są młodsze i prawdopodobnie nieco mniej zaawansowane/doświadczone w zakresie konsumpcji produktów e-finansowych. Najwyraźniej cztery przedmioty nie mogą być reprezentatywne dla szerszych konsumentów bankowości elektronicznej. Niemniej jednak, dla potrzeb badań nad *koncepcjami na* małą skalę, przedmioty te są wiarygodne i w pełni zdolne do podejmowania zadań w realistyczny sposób i w określonym kontekście: potencjalny "nowy" użytkownik *Uśmiechu* szukający informacji o produktach i usługach e-finansowych.

. Przedmioty zostały poproszone o wykonanie *trzech* zadań. Pierwsze dwa, A i B, mają naśladować realistyczne spotkania serwisów bankowości elektronicznej, natomiast trzecie (zadanie C), jest nieco sztucznie skonstruowane. Wypowiedzi zaangażowane w realizację tych zadań były rejestrowane przy użyciu znanego protokołu "think aloud", wcześniej przyjętego przez Eggera (Egger, 2003). Jednak w odróżnieniu od eksperymentalnej metody Eggera, w której facilitatorzy mogli interweniować i potencjalnie nadmiernie wpływać na podmioty, nasze podmioty nie były kwestionowane. Ryzyko wpływu moderatorów eksperymentalnych zostało uznane za zbyt duże. Jedną z zasad analizy dyskursu jest to, że wypowiedzi powinny być tak *naturalne, jak to tylko możliwe,* i powinny jak najwierniej odzwierciedlać rzeczywisty kontekst użycia (de Souza, 2005). Jedną z wad przyjęcia tego "naturalistycznego" podejścia jest to, że w rzeczywistości podmioty mogą nie mówić "wystarczająco", bez wyraźnego podpowiedzi ułatwiających. Wykorzystanie tak zwanego "naturalistycznego" przechwytywania interaktywnych skryptów jest oferowane przez kilka badań w ramach społeczności LAP, w których krótkie dialogi są rejestrowane *in situ*, a następnie kategoryzowane za pomocą analizy dyskursu (Salomonson i Lind, 2006; Andersen, 1990; de Souza, 2005), co oznacza minimalną, najlepiej żadną, eksperymentalną interwencję facylitatora w czasie trwania eksperymentu i żadne *post hoc* sondowanie wypowiedzi. Stosowany protokół eksperymentalny został przedstawiony w załączniku D.

7.3 Wyniki

Zapis każdego spotkania z serwisem został zapisany w postaci dwunastu dzienników wypowiedzi. Logi te pokazują, w jaki sposób wypowiedzi te odnoszą się do działań użytkownika i systemu (tzn. odnoszą się do realizacji celów i podcelów zawartych w trzech zadaniach powierzonych podmiotom). Pełny zestaw dwunastu logów wypowiedzi przedstawiono w dodatku E. Każde spotkanie serwisowe jest teraz prezentowane i omawiane szczegółowo, w formie podsumowania ułożonego w kolejności zadań, według stron. Główny nacisk położony jest na uchwycenie systemu i działań użytkowników oraz powiązanie wypowiedzi tematycznych z nowatorskim TUT. Następnie przedstawiono analizę podsumowującą (patrz tabele 7.2-7.4 poniżej), która identyfikuje zaufanie lub brak zaufania do napotkanych bodźców wizualnych. Każdy dziennik wypowiedzi rejestruje każdą wypowiedź, która ma znaczenie dla użytkownika. Wyraźnie widać, że w prawdziwym spotkaniu z serwisem bankowości elektronicznej byłoby mniej wypowiedzi (być *może żadnych!*) od klienta on-line. Tak więc, protokół jest koniecznie, sztuczny. Poprzez nagrywanie wypowiedzi i dopasowywanie ich do stanów systemu i działań użytkownika, można ujawnić rolę pośredniczącą znaków zaufania w ramach modelu państwowo-przestrzennego serwisu. Wypowiedzi użytkowników są przypisywane do typów wypowiedzi zgodnie z nową *taksonomią wypowiedzi zaufania* (TUT). Zostało to przedstawione w tabeli 7.1 poniżej. Wang pierwotnie podsumował i zsyntetyzował pracę poprzednich badań nad zaufaniem, ustanawiając w ten sposób zestaw ogólnych "czynników wzbudzających zaufanie". TUT pochodzi od Wanga (Wang i Emurian, 2004) z uzupełnieniami autorstwa. W ten sposób ogólna taksonomia zaufania Wanga jest dostosowana i rozszerzona do konkretnego celu klasyfikacji zaufania użytkowników. Oryginalna taksonomia Wanga odzwierciedla obecnie szerszą literaturę, w tym przede wszystkim najnowsze badania wywodzące się ze społeczności LAP. Rozszerzona wersja została dostosowana w następujący sposób:

a) UC1-4, UC6, UC9 i UC10 pochodzą z oryginalnej taksonomii Wang, zaczerpniętej z jej sondażu na temat mocno cytowanych studiów zaufania B2C. Te rodzaje wypowiedzi zostały uzupełnione przez autorkę o UC5 wywodzące się ze społeczności LAP, ponieważ oczekuje się, że wypowiedzi ekspresyjne (z naszej poprzedniej dyskusji w rozdziałach 2 i 3) będą zawierać afektywne odpowiedzi.

b) UC5 został dodany przez autora, ponieważ wypowiedzi ekspresyjne stanowią taki kluczowy kamień węgielny teorii mowy (Searle, 1969; Cięcie, 2007).

c) UC7 i UC8 zostały również dodane przez autora, ponieważ oczekuje się, że wypowiedzi związane z reputacją dostawcy będą również informować o budowaniu zaufania konsumentów. Rzeczywiście, reputacja e-usługi, wraz z wcześniejszym doświadczeniem w zakresie usług, została już uznana za istotną zarówno w odniesieniu do modelu MoTeC firmy Egger, jak i w przynajmniej jednym poprzednim badaniu LAP dotyczącym zakupów na odległość (Larsson, 2006). Reputacja pojawiła się już także jako znacząco cytowany element z zestawu konstruktów powstałych w ramach protokołu sortowania kart (rozdział 6).

Nowy TUT (pokazany na rysunku 7.1) stanowi kompleksową i nowatorską syntezę różnych elementów: Model Wanga, typy wypowiedzi LAP i jest wzbogacony o typy wypowiedzi, które są poparte szerszą literaturą. Drugie studium użytkowników ma na celu walidację TUT, a więc poprzez odwołanie się do dużej części wcześniejszych empirycznych i teoretycznych badań nad zaufaniem przeprowadzonych w latach 1998-2006.

Tabela 7.1: TUT- pokazujący wyprowadzenie z ram koncepcyjnych Wanga i innych źródeł

Kodeks Wypowiadania się	***Definicja***	***Pochodna: [W] = Wang; LAP= Język działania Wspólnoty; TF = dodane przez autora.***
UC1	Odnosi się do funkcji graficznych i projektowania stron, które zapewniają użytkownikowi pierwsze wrażenie.	Karvonen i Parkkinen (2001); Kim i Moon (1998). **[W]**
UC2	Odnosi się do aspektów konstrukcyjnych, wsparcia nawigacji, instrukcji i projektowania stron.	Cheskin/Sapient (1999); Karvonen i Parkinnen (2001); Nielsen, (1998). **[W]**
UC3	Odnosi się do wpływowych treści, marki i pieczęci zaufania.	Egger (2003); Schneiderman (2000). **[W]**
UC4	Odnosi się do wskazówek społecznych, zdjęć, klipów medialnych.	Riegelsberger, Sasse i McCarthy (2005b); Steinbruck *i in.,* (2002). **[W]**
UC5	Ekspresyjny - jest wyrazem podmiotowości lokatora (intencje, pragnienia, umiejętności, emocje, wartości, zrozumienie).	Larsson, *et al.,* (2006). **[LAP] [TF]**
UC6	Odnosi się do materiału dowodowego (lub innej osoby trzeciej/osoby trzeciej) związanego ze spotkaniem.	Egger, (2003). **[W]**
UC7	Odnosi się do reputacji organizacyjnej (jakiś obiekt w świecie rzeczywistym).	Larsson *et al.,* (2006); Egger (2003). **[LAP] [TF]**

UC8	Odnosi się do wcześniejszych doświadczeń podmiotu.	Salomonson i Lind (2006). **[LAP] [TF]**
UC9	Odnosi się do konkretnych aspektów CRM, produktów, punktów kontaktowych, opisu gwarancji i aspektów prawnych. Narracja strony.	Fogg *et al.*, (2001). **[W]**
UC10	Wydajność serwisu - częstotliwość odświeżania strony, postrzegana prędkość, dostępność.	Fogg *et al., (2001).* **[W]**

Poniższe tabele (tabele 7.2-7.4) zawierają skrócone opisy doświadczeń (przedstawione w całości w dodatku E). Tabele mają na celu podkreślenie aspektów trzech zadań: pokazanie graficznych lub innych cech witryny, do których się odniesiono, oraz powiązanie ich z typami wypowiedzi merytorycznych. Dla każdego tematu zamieszczono krótki komentarz analityczny. Dla każdego zidentyfikowanego typu wypowiedzi, pozytywna odpowiedź na pytanie o zaufanie jest oznaczona znakiem (+), negatywna odpowiedzią znakiem (-), a jeżeli odpowiedź jest uważana za nieznaną lub neutralną, typ wypowiedzi jest oznaczony bez znaku. Poprzednie badania potwierdziły, że stany afektywne mają wpływ na tworzenie się zaufania. Próbowaliśmy nieśmiało przypisać afektywne reakcje do wypowiedzi badanych. Jak widać w kolejnych logach wypowiedzi, zadania te wywołały mieszany zestaw raczej sprzecznych afektywnych odpowiedzi na zaufanie uczestników.

Zadanie A, stanowiące część protokołu eksperymentalnego odtworzonego w załączniku D, ma na celu zlokalizowanie informacji kontaktowych odnoszących się do *Uśmiechu*. Wcześniej wykazano, że dane kontaktowe pomagają w budowaniu zaufania w kontekście e-usług B2C (Fogg *i in.,* 2001; Cheskin/Sapient, 1999), dlatego uważa się je za istotne dla budowania zaufania konsumentów do bankowości elektronicznej B2C. The results shown in Table 7.2 indicate general support for H1-H3.

Tabela 7.2: Zadanie A: "Zlokalizuj dane kontaktowe dotyczące podmiotu udzielającego e-finansowania".

Przedmiot	Cecha strony internetowej, do której odnosi się odniesienie	Zarejestrowany typ(-y) wypowiedzi	Komentarze
1	Linki boczne; Informacje o produkcie.	UC2(-);UC3;UC10(-);UC5(-) UC2(-);UC2(-);UC9(+).	Słaba wydajność i nawigacja strony.
2	Znak marki/kolory, Pieczęcie zaufania Verisign, Linki nawigacyjne, Tekstowe wskazówki, Dane kontaktowe.	UC6(+),UC3(+),UC9(+).	Pieczęć zaufania została zauważona, wywołując neutralną reakcję. Odniesienie do pogłosek.
3	Branding (kolor); Linki.	UC7(-);UC1;UC3;UC2(-) UC9(+);UC5(+);UC2(-); UC5(-).	Marka nierozpoznana. Negatywne odniesienie do tożsamości marki (kolor) i słaba nawigacja. Pozytywnie cytowane informacje o kliencie.
4	Branding, opis strony (dane kontaktowe).	UC5(-);UC1(-);UC3(+);UC9(+).	Negatywna reakcja na markę. Pozytywna reakcja na

			postrzegany humor.

Tematyka odnosiła się do wydajności obiektu, marki, pieczęci, efektywności narracji obiektu nawigacyjnego i informacji o produkcie. Co ciekawe, na poparcie pierwszego studium użytkownika, pieczęć Verisign została zauważona, ale najwyraźniej niezbyt wysoko oceniona pod względem zaufania. Branding wywołał mieszane, ale na ogół negatywne reakcje. Pozytywne cechy projektu obejmują, postrzegane wykorzystanie humoru, informacji o produktach i klientach. Spośród dziesięciu typów wypowiedzi zawartych w TUT, tylko UC4 (rich media) i UC8 (wcześniejsze doświadczenia) były nieobecne w rejestrach wypowiedzi. W odniesieniu do wypowiedzi typu UC8, odniesiono się do przyjaciela podmiotu dwa doświadczenie marki, a nie do bezpośredniego doświadczenia podmiotu, więc UC8 został domyślnie zidentyfikowany. Ponieważ podmioty napotkały różne cechy strony, uchwycono bogatą mieszankę neutralnych, negatywnych i pozytywnych wypowiedzi na temat zaufania.

Podsumowując, uczestnicy byli raczej negatywnie nastawieni do treści strony w odniesieniu do zadania A. Uczestnicy stwierdzili, że podane dane kontaktowe były niewystarczające w stosunku do kształtowania się pozytywnego poziomu zaufania. Przytoczone powody (trudności w zlokalizowaniu danych kontaktowych i brak rozpoznawalności marki) częściowo wzmacniają stosunkowo niską ocenę zaufania do strony głównej serwisu, ustaloną w pierwszym badaniu użytkowników. Brak rozpoznawalności marki może wynikać z braku namacalności marki Uśmiech, co wcześniej postulowano w odniesieniu do pierwszego badania użytkowników. Nie można jednak być pewnym na podstawie ograniczonego materiału dowodowego zebranego w tym miejscu z wypowiedzi badanych.

Tabela 7.3 przedstawia wyniki uzyskane w ramach zadania B, które stanowi część protokołu eksperymentalnego podanego w załączniku D. W zadaniu B poproszono uczestników o skupienie się na jednym rodzaju produktu: kartach kredytowych oferowanych przez *Uśmiech*. Uzyskane wyniki potwierdzają hipotezy H1 i H3, aczkolwiek tylko w bardzo ograniczonym zakresie typów wypowiedzi (głównie UC2, UC9 i UC10). Wszystkie podmioty podawały słabą wydajność strony (szybkość i słabą nawigację) wskazując, że napotkały trudności w wykonaniu zadania. Po dotarciu do strony ze szczegółami produktu, uczestnicy tworzyli neutralną/pozytywną odpowiedź zaufania ("konkurencyjną", "rozsądną" [wycenioną]) do pokazanych produktów. Temat czwarty nie był przekonany do "nagrody" [trzeciej] strony. Podmioty te zdawały się badać stopy procentowe i porównywać je z produktami konkurencyjnymi. Dowody te potwierdzają przekonanie, że cena jest ważnym czynnikiem w budowaniu zaufania konsumentów, co zostało przedstawione w modelu zaufania MoTeC firmy Egger (Egger, 2003). Jednakże, o dziwo, uczestnicy badania nie przytoczyli aspektów związanych z reputacją (UC7). Przez domniemanie komentarze takie jak "konkurencyjny" i "rozsądny" [cenowy] w sposób dorozumiany ucieleśniają pojęcia wcześniejszej świadomości reputacji marki. Podsumowując, szczegóły dotyczące produktu wydawały się być interesujące dla badanych, jednakże aspekty dotyczące podróży klienta (głównie wydajność strony) zostały przytoczone negatywnie, wspierając H3, że ogólne doświadczenie użytkownika jest istotne dla zaufania i zadowolenia klienta.

Zadanie C stanowiło ostatnią część protokołu eksperymentalnego, jak podano w dodatku D. Zadanie to zostało celowo umieszczone na końcu eksperymentu, aby uniknąć zniekształcania wyników. Uczestnicy otrzymali nieco sztuczne zadanie, polegające na zlokalizowaniu wyraźnego zaufania i informacji dotyczących bezpieczeństwa. Uzasadnieniem było skupienie uwagi podmiotu całkowicie na bezpieczeństwie i zaufaniu, z dala od informacji o produkcie lub innych aspektów. Strona *Uśmiechu* w wygodny sposób gromadzi razem wyraźną narrację witryny, która opisuje cechy bezpieczeństwa i zaufania w formie widocznej strony "bezpieczeństwa". Strona ta została określona dla każdego tematu jako istotna, przed rozpoczęciem każdej sesji nagraniowej. Ten rodzaj "sztucznego" zadania wzbudził wcześniej naszą silną krytykę (rozdział 2).

Tabela 7.3: Zadanie B: "Znajdź informacje na temat różnych typów oferowanych kart kredytowych - jak przekonujące są te produkty?

Przedmiot	**Cecha strony internetowej, do której odnosi się odniesienie**	**Zarejestrowany typ(-y) wypowiedzi**	**Komentarze**
1	Linki; Branding; Informacje dotyczące produktu.	UC2;UC1(-);UC5(-). UC3(-);UC5(-);UC9;UC9(+).	Markowy kolor nieprofesjonalny; Produkty wydają się być konkurencyjne.

2	Częstotliwość odświeżania stron; Linki; Informacje o produkcie.	UC10(-);UC2(-);UC10;UC2(-).	Aspekty wydajności i model nawigacji przytoczony negatywnie; Produkty neutralnie postrzegane.
3	Linki; Informacje dotyczące produktu.	UC1(-);UC9(-);UC9(+);UC2.	Kiepski holistyczny projekt budowy; Szczegóły produktu uznane za "rozsądne".
4	Linki. Wydajność strony; Szczegóły produktu.	UC2;UC10;UC9(+);UC6(-).	Słabe wyniki strony cytowane; Mieszana reakcja na produkty (nagrody osób trzecich).

Ponadto poziom informatyki przedmiotu jest wyższy niż można by się spodziewać w całej populacji konsumentów bankowości elektronicznej B2C. Biorąc pod uwagę te ograniczenia, wyniki należy rozpatrywać z ostrożnością, szczególnie w odniesieniu do pozytywnych reakcji podmiotu na pieczęć Verisign, a także w odniesieniu do roszczeń *Smile* do akredytacji bezpieczeństwa ISO 27001. Może się okazać, że wywołane reakcje na zaufanie są nieco nietypowe (tzn. wyniki mogą wskazywać na większy pozytywny wpływ odniesień do konkretnych zabezpieczeń i norm na poziom zaufania konsumentów) w porównaniu z normatywną populacją użytkowników bankowości elektronicznej. Wyniki zostały podsumowane w tabeli 7.4 poniżej. Narracje w terenie wywołały mieszaną reakcję. Wyniki mogą być postrzegane jako zasadniczo potwierdzające reakcje zaufania wywołane za pomocą kart w odniesieniu do opisu strony internetowej.

Tabela 7.4: Zadanie C: "Zlokalizuj wyraźne informacje o zaufaniu i oferowanych zabezpieczeniach na stronie. Wyraź swoje przemyślenia na temat informacji, które znajdziesz".

Przedmiot	**Cecha strony internetowej, do której odnosi się odniesienie**	**Zarejestrowany typ(-y) wypowiedzi**	**Komentarze**
1	Linki; Narracja na miejscu; Pieczęć Verisign; Bezpieczeństwo zewnętrzne Standard.	UC2;UC9(-);UC3.	Brak zaufania do roszczeń zgłaszanych przez stronę internetową.
2	Linki; Pieczęć zaufania; Narracja na miejscu; Bezpieczeństwo zewnętrzne Standard.	UC2;UC3(+);UC5(+);UC9(+).	Pozytywne zaufanie do pieczęci zaufania Verisign; Pozytywne zaufanie (wzmianka o pieniądzach zainwestowanych w bezpieczeństwo) oraz do ISO27001.
3	Linki; Narracja na miejscu.	UC2;UC9(+).	Narracja jest wyświetlana w przekonujący sposób.
4	Linki. Narracja na miejscu.	UC2;UC9(-);UC9(+).	Narracja przedstawia zbyt wiele informacji.

			Pozytywna reakcja na zadeklarowane przez Bank inwestycje w środki bezpieczeństwa.

W opisie strony wspomina się o tym, że *Smile.co.uk* uzyskało certyfikat *ISO 27001* Security Standard, a także podkreśla się dużą ilość pieniędzy zainwestowanych w środki bezpieczeństwa mające na celu ochronę klientów. Trzy z podmiotów zostały przekonane do tych twierdzeń, a jednocześnie ich aspekty wzbudziły zarówno pozytywne, jak i negatywne reakcje. Jeden z podmiotów nie był przekonany do tych twierdzeń. Wyniki wskazują, że projektanci stron mogą być zmuszeni do zwrócenia szczególnej uwagi na sposób, w jaki komunikują się z klientami w kontekście usług on-line B2C. Konieczne są dalsze badania w celu dokładniejszego zbadania wpływu narracji na poziomie zaufania konsumentów. Najlepiej byłoby, gdyby w badaniach potwierdzających starano się wykorzystać tematy, które stanowią bardziej wiarygodną (większą) próbę populacji użytkowników bankowości elektronicznej. Oznacza to, że próba charakteryzująca się szerszą demografią jest wystarczająco duża, aby bezpiecznie uzyskać wiarygodne wyniki, a także odzwierciedla normatywny poziom edukacji informatycznej.

7.4 Podsumowanie i znaczenie dla HLTMM

Ze względu na niewielką liczbę tematów i ograniczoną liczbę zadań nie jest możliwe wyciągnięcie ostatecznych wniosków z niniejszego badania rozpoznawczego z żadnym stopniem pewności. Można wywnioskować, że zebrane dowody zasadniczo potwierdzają H1-H3. Uczestnicy badania rzeczywiście przytoczyli szeroki zakres bodźców wizualnych, a także przytoczyli aspekty ich szerszych doświadczeń użytkownika (nawigacja, wydajność strony). Gdy poproszono ich o skupienie się na stwierdzeniach zawartych w opisie strony internetowej dotyczących inwestycji *Uśmiechu w* środki bezpieczeństwa, większość uczestników odpowiedziała pozytywnie. Jeden z nich uznał te stwierdzenia za nieprzekonujące. Większość osób negatywnie odniosła się do aspektów modelu nawigacji i wydajności strony. Podmioty te wymieniły prawie każdy rodzaj wypowiedzi (z wyjątkiem "rich media") z powieści TUT, potwierdzając tym samym znaczenie szerokiego zakresu czynników warunkujących zaufanie w odniesieniu do kształtowania się poziomu zaufania konsumentów do bankowości elektronicznej B2C.

Poza poziomem strony głównej, przedmioty reagują na podobne (podzbiór) bodźce manifestu zaufania używane na poziomie strony głównej. Chociaż nie jest możliwe bezpośrednie porównanie wyników obu badań użytkowników, jest oczywiste, że znaki poziomu powierzchni są wyraźnie powoływane przez badanych w obu badaniach w sposób zasadniczo podobny. Przedmioty obu badań odnosiły się do szerokiego zakresu bodźców wzrokowych i były one interpretowane na różne sposoby. Znaki zaufania nie były postrzegane jako "super-signy" wzbudzające ślepe zaufanie. Interpretowano je raczej jako na ogół neutralne do nieco pozytywnych. Inne cechy, które nie były wyraźnie powiązane z zaufaniem przez projektantów stron internetowych (np. różowy kolor marki *Smile*), były przez niektórych interpretowane jako "nieprofesjonalne". Można bezpiecznie stwierdzić, że szeroki zakres bodźców wizualnych jest interpretowany przez podmioty w kategoriach zaufania, a nie tylko wyraźnie związanych z "bezpieczeństwem".

Ze względu na ograniczony zakres i skalę badań uznaje się, że do wiarygodnej interpretacji wyników potrzebne są dalsze i głębsze badania empiryczne. Najlepiej byłoby, gdyby badania uzupełniające miały na celu zmierzenie hormonalnych reakcji uczestników na zaufanie, lub gdyby miały na celu wykorzystanie innych technik neuropsychologicznych do obiektywnego określenia stanu emocjonalnego uczestników zarówno przed, jak i w trakcie spotkań e-usług B2C (Zak *i in.*, 2005). Ostatnie wsparcie dla włączenia technik wywodzących się z nauk przyrodniczych pojawiło się w ramach badania postrzegania marki (Thellefsen, 2008). Konkretnie, teoria emocji Peircean, artykułowana w kontekście brandingu. Przyszłe badania neuropsychologiczne są wyraźnie wymagane w celu dostarczenia obiektywnych dowodów eksperymentalnych na poparcie peircjańskich modeli ludzkich emocji i związanych z nimi ukrytych stanów psychicznych.

Chociaż możliwe było *wstępne* przypisanie do większości wypowiedzi surowego afektywnego wymiaru, nie było możliwe dopracowanie tego przypisania ani weryfikacja afektywnych odpowiedzi, przy zachowaniu jakiegokolwiek stopnia pewności siebie. Uznaje się, że jest to ograniczenie wynikające z lekkiego charakteru technik w ramach EST. Ogólnie rzecz biorąc, jak donosi Hassell (Hassell, 2005b), charakter zaufania afektywnego jest kwestionowaną dziedziną badań intelektualnych. Nie istnieje absolutna linia podziału między zaufaniem poznawczym (racjonalnym) a afektywnym, zarówno teoretycznym, jak i doświadczalnym. Nasze rozumienie i modele pozostają raczej niedokładne. Ta nieprecyzyjność może być ostatecznie wyjaśniona jedynie przez więcej badań tego typu, czego przykładem są niedawne badania neuropsychologiczne dotyczące podmiotów ludzkich biorących udział w grach zaufania (Zak, 2005). Jak elegancko podsumowuje Hassell:

"*Pierwszą rzeczą...[jest użycie] funkcjonalnych obrazów MRI do naukowego określenia, które części mózgu są aktywne podczas aktu zaufania i czym to się różni od określenia wiarygodności i przekonań". Może to zabrzmieć jak najcięższy z redukcjonizmów. W końcu jednak wydaje się, że tylko poprzez zidentyfikowanie podstawowych mechanizmów w momencie, gdy akt zaufania ma miejsce, możemy rozwiązać wszelkie podstawowe spory...*".

[str. 12, Hassell, (2005b).]

Autor nie wie o żadnych badaniach, które próbowały zbadać MRI (obrazowanie metodą rezonansu magnetycznego) lub badań hormonalnych zaufania specjalnie stosowanych w kontekście e-usług B2C, takich jak e-banking. Techniki MRI zostały wykorzystane do zbadania gier zaufania z udziałem ludzi (McCabe *i in.*, 2001; Rilling *i in.*, 2002). Praca ta zidentyfikowała obszary mózgu i rodzaje aktywności mózgu związane z reakcjami zaufania wśród ludzkich podmiotów. Obiektywny pomiar zaufania przy użyciu badań hormonalnych i/lub MRI pozostaje obiecującą dziedziną badań, która w przyszłości może być rozważana do ewentualnego włączenia do zestawu narzędzi EST. Włączenie takich specjalistycznych badań do głównego nurtu doświadczeń użytkowników wymagałoby jednak znacznej wiedzy specjalistycznej w dziedzinie medycyny, a także odpowiedniego finansowania badań. Na razie włączenie tego rodzaju metod znacznie wykracza poza zakres obecnych ram EST, stąd też niniejsze sprawozdanie z badań.

Jeśli chodzi o HLTMM, wydaje się, że badanie posłużyło do potwierdzenia przekonania, że osoby badane wywnioskowały postrzeganie zaufania jako rezultat ich bezpośrednich doświadczeń na miejscu. Ponadto, oceniając informacje o produkcie, odnoszą oni to doświadczenie do swoich wcześniejszych doświadczeń związanych z marką. Różnicowe reakcje na znaki, takie jak kłódki i inne cechy, takie jak pieczęcie Verisign, wskazują, że wcześniejsze doświadczenia uczestników badania w Internecie wpływają na ich wiarę w siebie i postrzeganie manifestu strony internetowej *Smile's* trust site. Jeśli chodzi o drabinę zaufania, uzyskane wyniki pokazują, że semiozy zaufania działają głównie na społecznych, pragmatycznych i semantycznych poziomach abstrakcji. Bodźce wizualne były związane z wcześniejszymi doświadczeniami, zarówno w zakresie oprocentowania kart kredytowych, jak i wcześniejszej wiedzy społecznej dotyczącej pieczęci zaufania i standardów bezpieczeństwa. Podmioty nie wspominały o żadnych "ukrytych" warstwach protokołu (takich jak bezpieczny serwer i SSL/TLS). Drugie badanie użytkowników nie było w stanie zebrać wielu przekonujących dowodów dotyczących roli słyszenia, poza pojedynczym odniesieniem do "używania *uśmiechu przez* przyjaciela".

Wydaje się, że początkowy stosunkowo niski poziom zaufania do terenu, wywołany przez stronę domową *Uśmiechu* w pierwszym badaniu użytkowników, został potwierdzony podczas badania płytkiego terenu. Chociaż reakcje uczestników na zaufanie były mieszane, oczywiste jest, że te cztery przedmioty nie wzbudziły wysokiego poziomu zaufania do terenu podczas realizacji zadań A i B. W odniesieniu do zadania C, biorąc pod uwagę ewentualną stronniczość wynikającą z wyboru kierunków informatycznych (licencjackich) o wysokim poziomie umiejętności, niemożliwe może być wyciągnięcie jakichkolwiek ostatecznych wniosków w odniesieniu do szerszej roli wniosków o akredytację bezpieczeństwa w wzbudzaniu zaufania wśród użytkowników bankowości elektronicznej jako całości.

Ogólnie rzecz biorąc, zakres badania jest zdecydowanie zbyt ograniczony, aby móc wyciągnąć całkowicie wiarygodne wnioski. Potrzebne są badania uzupełniające, wykorzystujące większą liczbę serwisów bankowości elektronicznej, bardziej reprezentatywne grupy użytkowników, wykazujące normatywne dane demograficzne konsumentów w zakresie bankowości elektronicznej. Oczywiste jest również, że czynniki obecne w nowym TUT mają potencjalne znaczenie i powinny zostać wykorzystane, w stosownych przypadkach, przez projektantów serwisów bankowości elektronicznej B2C, pragnących zaangażować się w badanie semiozy zaufania wykraczającej poza poziom strony głównej, co stanowi niewielki wkład w wiedzę. Badanie wykazało, że sam dyskurs nie może zostać wykorzystany do uchwycenia afektywnej i racjonalnej semiozy zaufania poza poziomem strony domowej. Liczba i charakter wypowiedzi była po prostu zbyt ograniczona. Najlepiej byłoby zatem rozszerzyć zestaw narzędzi, tak aby objąć nim szersze metody pochodzące z HCI (np. eye-tracking) lub, bardziej spekulacyjnie, z dziedziny neuropsychologii (np. skanowanie MRI). Z badań Thellefsena (Thellefsen, 2008) wynika, że osoby zajmujące się badaniem poznawczych aspektów brandingu rozważają również nowe sposoby potwierdzania modeli semiotycznych i teorii emocji. Być może również semioza zaufania może być informowana poprzez włączenie w przyszłości nowatorskich technik mających na celu pełniejsze zbadanie afektywnych i racjonalnych aspektów semiozy zaufania.

8 "UKRYTA" SEMIOZA: ZAUFANE BEZPIECZEŃSTWO MEDIATORZY

Celem niniejszego rozdziału jest pokazanie, że analityczne podejście Gambetty (zmigrowane i dostosowane do kontekstów bankowości elektronicznej od jej początków w ramach nauk społecznych) może z powodzeniem stanowić namacalną wymianę agent-agent na społecznych, pragmatycznych, syntaktycznych i empirycznych poziomach semiotycznej drabiny zaufania. Naszym głównym celem jest niewłaściwe wykorzystanie i błędne postrzeganie SSL/TLS przez konsumentów na poziomie semantycznym. Ataki typu "phishing" są wykorzystywane do zilustrowania, w jaki sposób błędne wyobrażenia semantyczne konsumentów bankowości elektronicznej B2C mogą prowadzić do zwiększonego ryzyka wykorzystania przestępczego poprzez naiwną semiozę zaufania. Sugeruje się, że istnieje luka semantyczna, która sprawia, że konsumentom trudno jest odróżnić "fałszywe" strony od prawdziwych stron internetowych ze względu na słabą znajomość pojęciową mediatorów technologicznych. Zatem luki semantyczne istnieją na poziomie interfejsu użytkownika, poprzez błędną interpretację komunikatów systemowych i znaków zaufania. Podatności są również nieodłącznie związane z zabezpieczeniem komunikacji klient-serwer, stąd też SSL/TLS. Paradygmat sygnalizacji semiotycznej Gambetta i drabina semiotyczna są stosowane razem, aby wyraźniej pokazać zarówno *powiernikowi* (konsumentowi internetowemu), jak i *powiernikowi* (dostawcy e-usług) słabe punkty zaufania, z których wiele nie podlega bezpośredniej kontroli konsumenta. Podczas gdy słabe punkty zaufania są wyjaśniane w odniesieniu do jednego wybranego protokołu bezpieczeństwa materialnego (SSL/TLS) z podziałem na, zasadniczo ten rodzaj analizy można by rozszerzyć na każdy odpowiedni alternatywny protokół bezpieczeństwa. Protokół SSL/TLS został wybrany ze względu na jego wszechobecność.

8.1 Cele badawcze i kontekst

Protokół SSL/TLS v. 3.0 (Secure Socket Layer/Transport Layer Security) stał się normatywną, *de facto* metodą wyboru, za pomocą której urządzenia klienckie (tj. konsumenci B2C) angażują się w bezpieczną wymianę wiadomości z bezpiecznym serwerem (strona e-commerce). Pomimo wszechobecności SSL, podobnie jak w przypadku wszystkich innych mediatorów bezpieczeństwa materialnego (Blaze, 2004), niewątpliwie istnieją luki w zakresie zaufania. Protokoły takie jak SSL/TLS stają się zazwyczaj widoczne i istotne w przypadku kontaktu z e-usługą dopiero wtedy, gdy klient internetowy wchodzi na tak zwaną "bezpieczną" stronę lub wchodzi na zabezpieczoną część strony zabezpieczonej za pomocą SSL/TLS; być może próbuje zapłacić za towary lub usługi w Internecie za pomocą karty kredytowej. W tym momencie konsument musi zainwestować swoje zaufanie w złożony zestaw mediatorów technologicznych wbudowanych w protokół SSL/TLS, aby zagwarantować, że dane dotyczące jego karty kredytowej i inne wrażliwe informacje są przekazywane do strony internetowej dostawcy e-usług w bezpieczny i pewny sposób.

Podobnie podmiot świadczący e-usługi z konieczności polega na korzystaniu z protokołu SSL/TLS w celu bezpiecznego przechwytywania zamówień i płatności klientów. W związku z tym zarówno *powiernik*, jak i *powiernik* w kontekście internetowym muszą z konieczności polegać na złożonej wymianie znaków i sygnałów zaufania dla danej transakcji, która ma zostać zrealizowana. Wiele z tych giełd nie jest bezpośrednio widocznych ani możliwych do zweryfikowania.

Rzeczywiście, jak będzie widać później, korzystanie z technologii SSL/TLS, choć wszechobecne, nie powinno być postrzegane jako idealny "złoty standard". Podobnie jak wszyscy tacy mediatorzy w dziedzinie bezpieczeństwa, korzystanie z niego nieuchronnie naraża zarówno powiernika, jak i powiernika na pewne ryzyko związane z różnymi słabościami, niewłaściwym wykorzystaniem lub błędną interpretacją oczekiwań dotyczących bezpieczeństwa. Poniższa dyskusja ma na celu zwrócenie uwagi na niektóre z tych nieodłącznych wad, tak aby zarówno powiernik, jak i powiernik byli lepiej poinformowani o kwestiach związanych z zaufaniem, a tym samym zwiększyli swoją świadomość ryzyka związanego z korzystaniem z serwisów bankowości elektronicznej lub innych form handlu elektronicznego B2C.

Przyjęte poniżej podejście analityczne wywodzi się z sygnalizacyjnej teorii zaufania Gambetty. Atak typu phishing jest zdekonstruowany za pomocą teorii sygnalizacji Gambetta i objaśniony za pomocą komputerowego (a nie socjologicznego) manifestu znaku zaufania. Gambetta zilustrował swoją oryginalną teorię poprzez odniesienie do kierowców taksówek z Nowego Jorku i Belfastu oraz ich pasażerów (Ganbetta i Hamill, 2005). W szczególności pokazał, że pasażerowie Taxi mogą z powodzeniem naśladować przynależność do określonej grupy religijnej lub klasowej poprzez emitowanie fałszywych znaków zaufania. Podobnie, taksówkarze mogą z powodzeniem naśladować przynależność do takich grup, jeśli czują się zagrożeni przez pasażerów. Dalej pokazujemy, że dostawcy usług bankowości elektronicznej wykorzystują fałszywe oznaki zaufania (manifest zaufania), które są rażące, aby oszukać klientów bankowości elektronicznej B2C, że ich strona jest prawdziwa. Oznacza to, że phishing opiera się na zdolności podzbioru znaków komputerowych do wywołania fałszywego poziomu zaufania konsumentów do danego serwisu bankowości elektronicznej.

Poza poziomem powierzchni ma nadzieję na ujawnienie wad modelu zaufania, który leży u podstaw konkretnych mediatorów, takich jak SSL/TLS, oraz na pokazanie, jak odnoszą się one do różnych poziomów semiotycznej drabiny zaufania. Przyjęte podejście polega na dążeniu do dekonstrukcji protokołu SSL/TLS na kilka odrębnych warstw. Na każdej oddzielnej warstwie następuje następnie dekonstrukcja wymiany znaków i sygnałów między powiernikiem a zarządcą. Przygotowywana analiza ma również na celu wyjaśnienie roli sygnalizacji zaufania przez przeciwnika (zwanego *Elisą*) oraz ujawnienie w pewnym stopniu charakteru znaków zaufania wymienianych między *Alicją* (konsumentem) a *Bobem* (dostawcą e-usług). Mapując słabe punkty semiotycznej drabiny zaufania, będzie można lepiej konceptualizować, a tym samym lepiej zająć się kwestiami zaufania i braku zaufania. Ostatecznie, ta forma analizy może pomóc tym, którzy chcą opracować wyrafinowane środki zaradcze dla różnych form ataku. Analogicznie, analiza taka może umożliwić dostawcom e-usług zbudowanie solidniejszych modeli zaufania i bezpieczeństwa oraz zachęcić ich do lepszej ochrony swoich przedsiębiorstw internetowych przed różnymi formami ataków. Ostatecznie możliwe może być również określenie sposobów wzbogacania protokołów, takich jak SSL/TLS, dzięki lepszemu zrozumieniu kwestii związanych z zaufaniem.

8.2 Rewizja Teorii Sygnalizacji Gambetta: przegląd

W istocie, Gambetta (Bacharach i Gambetta, 2001) zarysowuje teorię zaufania, w której nadawcy, zwani sygnalizatorami (*k*) wysyłają sygnały do odbiorników. Sygnalizacja tożsamościowa tworzy specjalną klasę tzw. równowagi półsortowalnej. Nieobserwowalne cechy osoby (takie jak wiarygodność właściciela strony internetowej) znane są jako *krypta (k). Obserwowalne cechy,* takie jak "kłódki" w przypadku strony internetowej znane są jako *manifesta (m).* Wyświetlanie *m* jest sposobem sygnalizowania, że masz *k.* Tak więc zarówno prawdziwi (k'*s*) i oportuniści (*non-k's*) mają motyw do sygnalizowania, że mają *k* poprzez wyświetlanie *m. Na przykład w przypadku* stron internetowych stwierdzono, że wiele rodzajów znaków na poziomie powierzchni są interpretowane przez ludzkich obserwatorów jako *m.* Obejmują one "wygląd i wrażenie", cechy projektu, kolory, banery reklamowe *i inne, a* nie tylko oczywiste znaki takie jak "kłódki". Często stosunkowo niski koszt nieemitowania fałszywego manifestu oznacza, że semiozy fałszywego zaufania są zbyt łatwe do wygenerowania. Wiele rodzajów oszustw w sieci wiąże się z niskim kosztem sygnalizacji tożsamości, które wywołują semiozę fałszywego zaufania ze względu na niski koszt emisji fałszywych sygnałów. Jednym z najczęstszych ataków jest tzw. phishing, który został szczegółowo omówiony poniżej. Koszt sygnalizacji może być tak niski, że zarówno *"k"*, jak i *"non-k" mogą sobie* pozwolić na wysyłanie sygnałów zaufania. Nazywa się to równowagą pół-sortującą, tak zwanym "brudnym" środowiskiem sygnalizacyjnym typowym dla sieci, świata ludzi i zwierząt. Zarówno *"k"* jak i *"non-k" mogą sobie pozwolić na emitowanie* sygnałów zwanych *manifestami,* z których *odbiornik wywodzi* zestaw ukrytych cech zaufania (takich jak niezawodność, uczciwość, wiarygodność) sygnalizatora. Różne techniki mogą być stosowane przez naśladowców, aby oszukać odbiornik, w tym mimika. Oznaki zaufania są dekodowane przez jednostki ludzkie w różny sposób, w zależności od ich stylu poznawczego, stosunku do ryzyka i wielu innych zmiennych, co zostało wykazane we wcześniejszych badaniach użytkowników opisanych wcześniej w niniejszej pracy (rozdziały 6-7).

Sygnalizacja tożsamościowa stanowi specjalną klasę sygnałów typu equilibria półsortowalnego. Często stosunkowo niski koszt nieemitowania fałszywego manifestu oznacza, że semiozy fałszywego zaufania są zbyt łatwe do wygenerowania. Jednym z najczęstszych oszustw są tzw. ataki "*phishingowe*" (Jakobsson i Meyers, 2007), które są formą oszustwa, polegającego na podstępnym logowaniu się konsumenta do fałszywej strony internetowej za pomocą fałszywej poczty elektronicznej w celu kradzieży jego tożsamości. Jest to skuteczne ze względu na taniość, z jaką przeciwnik (*Elisa*) może emitować fałszywe znaki tożsamości (tj. tworzyć e-mail zawierający wbudowany adres URL, który wabi konsumenta on-line w pułapkę). W świecie międzyludzkim sygnały tożsamości są bezkosztowne do wyświetlenia, ale niemożliwe do odtworzenia. W świecie komputerowym, jak jednak zostanie to szczegółowo przedstawione później, sygnalizacja tożsamości i manifest emitowane i odbierane przez agentów zaufania są z natury rzeczy droższe (ponieważ muszą być generowane sygnały tożsamości typu proxy, zwane podpisami cyfrowymi). Ostatecznie jednak mapowanie pomiędzy "prawdziwym" bytem świata (korporacją lub jednostką ludzką) jest mniej pewne niż w interakcji człowiek - człowiek.

W przypadku SSL/TLS zachowanie sygnalizacyjne pomiędzy sygnalizatorami *"k"* a sygnalizatorami *"nie-k" odbywa się* z maszyny do maszyny, a nie pomiędzy ludźmi. Tylko w punktach końcowych agenci ludzcy są zobowiązani do dostępu do informacji wymienianych między klientem a serwerem (takich jak dane dotyczące płatności). Ta forma sygnalizacji typu maszyna-maszyna prowadzi do nieodłącznego braku zaufania i jak będzie widać później, daje potencjalnemu naśladowcy (przeciwnikowi, *Elisie*) wiele okazji do angażowania się w różnego rodzaju zwodnicze działania. Rzeczywiście, zarówno komputerowe, jak i niekomputerowe transakcje i systemy są z natury rzeczy otwarte na różne formy ataku, które wynikają z podstawowych właściwości sygnalizacji zaufania i właściwości zaufania w ludzkiej skali abstrakcji (Blaze, 2004). Właściwości te obejmują takie fundamentalne pojęcia jak naśladownictwo, podstęp i słabości samych protokołów, kluczowe bezpieczeństwo i kradzież. Właściwości te są niezmienne w stosunku do współczesnych mediatorów technologicznych. Należy je raczej uznać za uniwersalne. Zarówno w przypadku internetowego powiernika konsumenta, jak i powiernika dostawcy e-usług, nadmierne poleganie (tzw. *ślepe* zaufanie) na zestawie zasadniczo ukrytych mediatorów zaufania, takich jak SSL/TLS, wiąże się z oczywistymi zagrożeniami, ponieważ sytuacja ta jest daleka od ludzkiej codziennej wymiany i interpretacji znaków zaufania. W związku z tym istnieje potrzeba przeprowadzenia dogłębnej analizy semiotycznej w celu lepszego ujawnienia zarówno powiernikowi, jak i powiernikowi korzyści i ryzyka związanego z inwestowaniem ślepego zaufania w skuteczność takich mediatorów. Rzeczywiście, członkowie Foundation for Information Policy Research doradzali ostatnio rządowi brytyjskiemu w tej sprawie: "*chociaż bankom wygodnie było... polegać na takich mechanizmach jak SSL, hasła, a nawet generatory haseł, ich optymizm okazał się zarówno błędny, jak i kosztowny.* "(Anderson *i in.*, 2007b).

8.3 Protokół SSL/TLS badany przez soczewkę semiotyczną

8.3.1 Przegląd protokołu SSL

Protokół SSL/TLS został pierwotnie opracowany przez Netscape Corporation w celu zapewnienia bezpiecznej komunikacji pomiędzy serwerami i przeglądarkami klienckimi. Najczęściej używana wersja znana jest jako SSL 3.0. Protokół Transport Layer Protocol (TLS) ma stać się standardowym środkiem, za pomocą którego klienci i serwery angażują się w tajną wymianę wiadomości przez Internet. Jest on znany nieformalnie jako SSL/TLS 3.1. (Yener, 2003). Zarówno TLS, jak i SSL składają się w rzeczywistości z dwóch oddzielnych protokołów cząstkowych (tj. protokołu *zapisu* i protokołu *Handshake*), które mają odrębne funkcje. TLS obsługuje integralność wiadomości niskiego poziomu i obsługuje pakiety kryptograficzne (tj. metody szyfrowania takie jak RSA (Rivest, Shamir, Aldeman) lub Diffie Helmann, natomiast protokół Handshake Protocol

(HP) jest wykorzystywany do mediacji między klientem a serwerem. Ten proces mediacji obejmuje serię wysokopoziomowych wymian sygnałów początkowych, które kończą się bezpiecznym zaufanym kanałem (znanym jako tymczasowy potok) do wymiany tajnych wiadomości, który jest ustanowiony jako między klientem a serwerem, który jest przejściowy, i zamknięty po sesji.

Sesja SSL/TLS ustanawia bezpieczny potok, w ramach którego może odbywać się dwukierunkowa bezpieczna komunikacja poufnych danych. Jest to tzw. *protokół aplikacji SSL*. Należy zauważyć, że sam protokół SSL nie zawiera żadnych wytycznych ani zapewnień dotyczących bezpieczeństwa punktów końcowych. Jego celem jest raczej stworzenie tymczasowego bezpiecznego kanału komunikacji, który jest zakończony na końcu każdej sesji i poprzez który można bezpiecznie wymieniać tajemnice między powiernikiem a powiernikiem. Stosowane są techniki kryptograficzne (poprzez wymianę kluczy publicznych, prywatnych i sesyjnych oraz wymianę certyfikatów cyfrowych SSL wydawanych publicznie), tak aby uniemożliwić odszyfrowanie takiej komunikacji, przynajmniej nie w czasie rzeczywistym. Poniżej przedstawiono krótki przegląd HP w celu kontekstualizacji późniejszej dyskusji na temat słabych punktów oraz ich późniejszej analizy i mapowania do semiotycznej drabiny zaufania. Słabości te stanowią zagrożenie dla wzajemnego zaufania między powiernikiem a powiernikiem (konsumentem i dostawcą e-usług) w kontekście płacenia za towary lub usługi on-line. Dla naszych obecnych celów uważamy, że protokół SSL składa się z kilku odrębnych części składowych, z których każda odnosi się do różnych części semiotycznej drabiny zaufania. Przyporządkowanie etapów protokołu SSL do drabiny zaufania przedstawiono na rysunku 8.1.

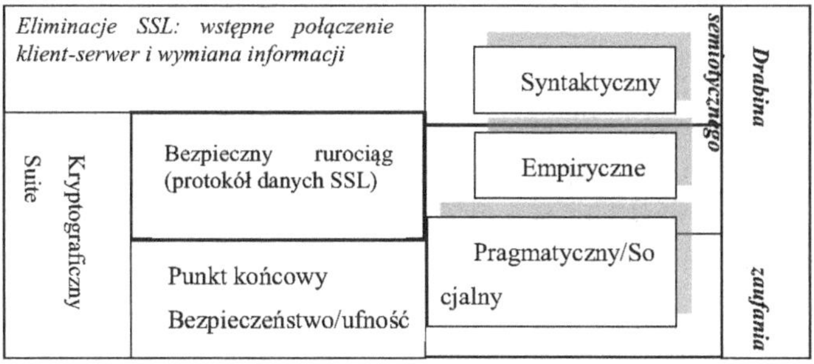

Rysunek 8.1: Związek SSL z semiotyczną drabiną zaufania.

Wstępna wymiana sygnałów pomiędzy klientem a serwerem działa głównie na poziomie składniowym. Podczas tej fazy nie są wymieniane żadne poufne tajemnice, takie jak dane dotyczące bezpieczeństwa karty kredytowej klienta i płatności. Klient i serwer angażują się raczej we wzajemną identyfikację i wymianę wstępnych informacji, takich jak ustawienia bezpieczeństwa, które mają być później wykorzystane. Serwer uwierzytelnia się wobec klienta za pomocą publicznego certyfikatu cyfrowego X.509 wydanego wcześniej przez organ certyfikacyjny SSL/TLS (root issuance), taki jak Thawte lub Verisign. W praktyce do uwierzytelnienia certyfikatu X.509 wykorzystywany jest jeden lub więcej organów certyfikacyjnych. W kontekście poziomu usług B2C klient *nie* dokonuje uwierzytelnienia na serwerze. W związku z tym zaufanie w tym momencie w ramach protokołu SSL jest *asymetryczne*. Oznacza to, że podczas gdy klient i serwer wymieniają stosunkowo proste informacje, klient uwierzytelnia certyfikat cyfrowy przesłany przez usługodawcę. Po uwierzytelnieniu przez klienta włącza się pakiet kryptograficzny i tworzy się bezpieczny potok, w ramach którego można wymieniać bezpieczne dane (takie jak dane karty kredytowej i osobiste numery identyfikacyjne) bez obawy o ich przechwycenie przez stronę trzecią.

Bezpieczny rurociąg działa tylko podczas sesji na żywo. Po zakończeniu lub przerwaniu sesji klucz sesji wymieniony między klientem a serwerem jest odrzucany, protokół SSL musi zostać wznowiony w pierwotnym HP. Na etapie bezpiecznego potoku dane wrażliwe są ostatecznie uznawane za bezpieczne jedynie jako podstawowa siła pakietu szyfrującego i stosowanych metod. Ze względu na nieodłączną matematyczną siłę technik stosowanych do szyfrowania tych danych, które są swobodnie wymieniane w ramach potoku, nie jest obecnie możliwe przechwytywanie i odszyfrowywanie wiadomości w czasie rzeczywistym. Aspekty te zostały dokładniej omówione w dalszej części (część 8.3.3).

Protokół SSL/TLS zawiera różne luki w zakresie zaufania, które były uznawane od samego początku (Schneier, i Wagner, 1996). Te nieodłączne słabe punkty są związane głównie z bezpieczeństwem punktów końcowych i aspektami zaufania, a nie z głównymi wadami w projekcie protokołu. Szereg dobrze znanych podatności istnieje w odniesieniu do wiarygodności istnieje na pragmatycznych i społecznych poziomach abstrakcji. Zarówno znane nieodłączne słabości na poziomie składniowym i empirycznym, jak i słabości na poziomie społecznym, semantycznym i pragmatycznym są obecnie badane bardziej szczegółowo przy użyciu podejścia bezpośrednio inspirowanego teorią sygnalizacji semiotycznej Gambetty.

W poniższej sekcji (8.3.2) semiotyczna drabina zaufania jest wykorzystywana jako narzędzie analityczne do organizacji dyskusji. Uznaje się, że w przypadku

SSL/TLS główne słabości polegają na błędnej interpretacji intencji (naśladującej lub rzeczywistej) działającej w asymetrycznym środowisku semantycznym. Konsument znajduje się w wyraźnie niekorzystnej sytuacji, jeśli chodzi o prawidłowe dekodowanie komunikatów systemowych i oznak zaufania wyświetlanych przez stronę internetową dostawcy e-usług. W związku z tym konsumenci mogą podejmować fałszywe zobowiązania wobec dostawców, stąd też sukces tzw. ataków "phishingowych". Te trzy poziomy zostały ze sobą połączone, ponieważ, jak widać, słabe punkty są ze sobą ściśle powiązane. W poniższej analizie skupiono się jednak przede wszystkim na podatnościach na zagrożenia na *poziomie semantycznym*, prowadzących do kolejnych niepowodzeń zarówno na poziomie pragmatycznym, jak i społecznym.

8.3.2 Podatność oświetlenia półprzewodnikowego na zagrożenia społeczne, semantyczne i pragmatyczne Poziomy

Główną słabością protokołu SSL z punktu widzenia zaufania jest to, że konsumenci mogą fałszywie zwiększać swoje zaufanie do stron, które korzystają z publicznie wydawanych certyfikatów cyfrowych SSL, poprzez tzw. ataki "phishingowe" (Clayton, 2005a). W ostatnich latach termin "phishing" stał się powszechnie kojarzony z działaniem fałszywych stron internetowych, które naśladują konkretnego prawdziwego dostawcę e-usług, takiego jak *Nationwide.co.uk* lub *E-Bay.com*. Klient otrzymuje najpierw wiadomość e-mail, w której twierdzi, że pochodzi od autentycznego dostawcy e-usług. Zawiera on wbudowany link (nagi lub ukryty adres URL), który przekierowuje go na stronę oszusta. Klient ponownie wprowadza swoje dane dotyczące bezpieczeństwa. Oszust następnie kradnie tożsamość klienta, aby uzyskać do niej dostęp w celu kradzieży pieniędzy z jego konta bankowego lub karty kredytowej. Phishingowe e-maile i związane z nimi wiadomości e-mail są dobrymi przykładami (Clayton, 2005b). Oznacza to, że używając terminologii firmy Gambetta, nadajniki sygnałów *innych niż "k" z dużym powodzeniem skłaniają* odbiorniki do fałszywego wnioskowania o zestawie pozytywnego ukrytego *zaufania gwarantującego właściwości* poprzez bycie oszukanym przez zestaw powierzchownie przekonujących znaków zaufania. Rzeczywiście, takie ataki stały się tak powszechne, że strony internetowe UK Bank regularnie ostrzegają klientów o niebezpieczeństwach związanych z phishingiem i odtwarzają obrazy takich ataków, aby lepiej edukować swoich klientów. Znaczenie dla technologii SSL/TLS ma fakt, że te emitery sygnału inne niż "kłódki" wykorzystują kłódki i pieczęcie SSL/TLS do fałszywego wzbudzania zaufania konsumentów.

Rząd Wielkiej Brytanii podjął ostatnio działania mające na celu walkę z phishingiem i innymi formami ataków poprzez swoją inicjatywę "*Stay Safe Online*" (patrz: www.getsafeonline.org). Do tej pory jednak wydaje się, że takie działania mające na celu lepsze informowanie i edukowanie użytkowników nie odniosły żadnego znaczącego skutku na skalę tych ataków.

Po zalogowaniu się przez konsumenta na fałszywej stronie (która często jest zabezpieczona za pomocą protokołu SSL/TLS, aby wyglądała na autentyczną), przechwytywane są jego dane zabezpieczające, a jego tożsamość i gotówka są kradzione. Zasadniczo główna podatność na zagrożenia SSL na tym społecznym poziomie abstrakcji polega na fałszywym zaufaniu w ramach tzw. ataku "człowiek w środku". Oznacza to, że stosowanie oświetlenia półprzewodnikowego nie zniechęca do takich ataków, a raczej obecność pieczęci SSL lub innego powierzchniowego znaku zaufania, takiego jak "kłódka na serwerze", działa jak *fałszywy znak* zaufania i w rzeczywistości przyczynia się do zwiększenia łatwości, z jaką konsumenci fałszywie wzbudzają swoje zaufanie do fałszywych stron internetowych.

Istotnym problemem wydaje się być to, że nawet jeśli konsumenci są wspierani przez odpowiednie paski narzędziowe "anty-łapiące" po stronie klienta i podobne środki pomocnicze, które mają im pomóc, nie mogą oni rozróżnić pomiędzy nadajnikami sygnału *k* i *non-k*, ze względu na *lukę semantyczną* pomiędzy ich własnym modelem mentalnym systemu a rzeczywistym zachowaniem systemu. Przestępcy starają się wykorzystać tę lukę semantyczną (lukę w zrozumieniu użytkownika i potencjalnych zagrożeń) poprzez rozwijanie coraz bardziej wyrafinowanych form ataków phishingowych (Wu, 2006).

> *"Badania użytkowników...wykazały, że testowane paski narzędzi anty-wyłuskujących nie zapobiegają wysokiej jakości atakom phishingowym. Wiele osób nie zwracało stałej uwagi na komunikaty paska narzędzi; inne ignorowały lub wyjaśniały ostrzeżenia, jeśli treść stron wyglądała na legalną [godną zaufania]. Badania wykazały, że uczestnicy nie rozumieli ataków phishingowych ani nie zdawali sobie sprawy, jak bardzo mogą być one wyrafinowane."*
>
> [str. 28, Wu, (2006).]

Rysunek 8.2, przedstawia w formie schematu etapy ataku phishingowego. Kwestia zaufania nie polega tu na tym, że konsument internetowy musi ocenić, czy jedna strona bankowości elektronicznej jest bardziej lub mniej godna zaufania niż strony konkurencji. Wyzwaniem dla konsumenta jest raczej rozróżnienie między stroną oryginalną a fałszywą, które mogą wyglądać identycznie wizualnie, i które zazwyczaj korzystają z bezpiecznych serwerów wspomagających korzystanie z zasadniczo identycznej implementacji standardowego protokołu SSL. Dzięki analitycznemu podejściu Gambetta możliwe jest zdekonstruowanie ataku na jego fazy składowe i zidentyfikowanie w kontekście, w którym odbywa się taka tania sygnalizacja, a tym samym ujawnienie, dlaczego takie ataki wydają się być tak skuteczne. Celem naszej analizy jest dążenie do lepszego zrozumienia, dlaczego konsument może fałszywie zakładać, że zaufana strona jest stroną zabezpieczoną przez SSL, a w dłuższej perspektywie czasowej - do zaproponowania odpowiednich środków zaradczych.

Używając semiotycznego paradygmatu sygnalizacji Gambetty można to zauważyć:

i) Zarówno *k* (prawdziwa) jak i *nie k* (strona naśladująca) wysyłają zasadniczo identyczne sygnały i sygnały zaufania do klienta on-line, ponieważ są one tak tanie w emisji. (Tworzenie fałszywej tożsamości wizualnej jest obecnie trywialnym ćwiczeniem wykorzystującym narzędzia domeny publicznej). Podobnie, każdy może stworzyć bezpieczne środowisko serwerowe, które korzysta z formy SSL/TLS) przy minimalnych umiejętnościach technicznych.

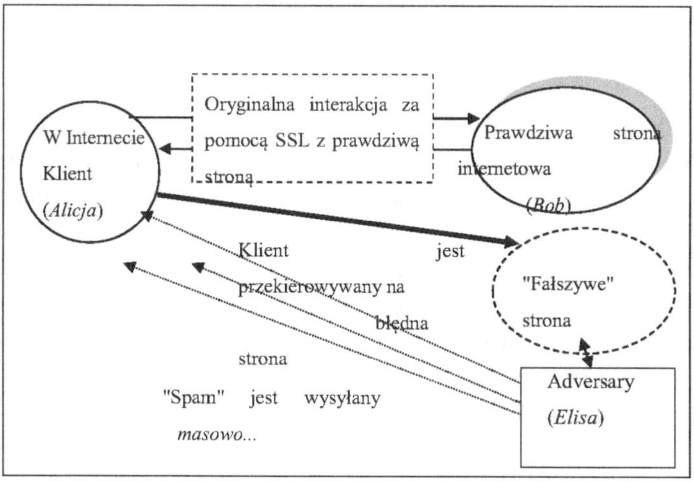

Rysunek 8.2 Typowe interakcje w tzw. ataku "phishingowym".

ii) *Elisa* może wystawić fałszywe publiczne świadectwo cyfrowe lub w inny sposób sfałszować oryginał świadectwa. Dlatego też rozróżnienie między stroną zabezpieczoną oryginalnym protokołem SSL a stroną wykorzystującą fałszywe wirtualne dane uwierzytelniające jest bardzo trudne, jeśli nie niemożliwe, dla urządzenia klienckiego korzystającego z protokołu SSL/TLS. Co więcej, wielu konsumentów wydaje się albo mają ślepą wiarę w SSL/TLS, albo po prostu nie uznają jego znaczenia jako zaufanego protokołu (Wu, Miller i Garfinkel, 2006).

iii) Atak *firmy non-k* zasadniczo kradnie tożsamość prawdziwej witryny na tyle długo (kilka godzin lub dni), aby uniknąć wykrycia. Fałszywa strona jest klasyczną ilustracją udanego mimikry, ponieważ odbiornik nie jest w stanie odróżnić *k* od *non-k,* nawet jeśli jest obsługiwany przez narzędzia po stronie klienta: "witryny *[symulowane] phishingowe miały wysoką wierność treści. W rezultacie, nawet jeśli pasek narzędzi bezpieczeństwa i inne wskaźniki bezpieczeństwa w przeglądarce starały się ostrzec użytkownika, wielu z nich ignorowało wskaźniki bezpieczeństwa, ponieważ treść wyglądała tak dobrze*" (Wu, Miller i Garfunkel, 2006).

W przypadku fałszywego dostawcy e-usług istnieje niewielkie ryzyko, że konsument może w rzeczywistości nie być prawdziwym właścicielem karty kredytowej przedstawianej jako dowód tożsamości. W związku z tym zarówno konsument, jak i dostawca mogą naśladować. W tym przypadku rzeczywisty właściciel karty kredytowej poniósłby stratę, a nie osoba prezentująca kartę. Zazwyczaj taki przeciwnik ułatwi dostarczenie wszelkich dóbr materialnych pod "fałszywy" adres. Ogólnie rzecz biorąc, większość badań nad zaufaniem w Internecie uznaje spotkanie e-usług za asymetryczne i asynchroniczne (Vasalou, Hopfensitz i Pitt, 2007). W pierwszym kroku trustor ocenia jego postrzeganą wiarygodność. Na podstawie tego wstępnego osądu powiernik może (lub nie) podjąć decyzję o podjęciu pewnych działań (a tym samym poniesieniu ryzyka) w sytuacji, która ma niepewny wynik. Z tego powodu w poniższej analizie bierzemy pod uwagę tylko przypadek fałszywego emitera sygnału e-usługi. Phishing z konieczności opiera się na tej zasadniczej asymetrii zaufania i wykorzystuje ją przy wykorzystywaniu konsumentów internetowych. W rzeczywistości jednak obie strony są narażone na ryzyko (konsument jest narażony na utratę pieniędzy, prawdziwy dostawca e-usług na potencjalną utratę reputacji). Fałszywe oznaki zaufania emitowane przez *Elisę w celu* oszukania *Alice* są wymienione poniżej (zob. tabela 8.1).

Tabela 8.1: Atak phishingowy zdekonstruowany.

Znak zaufania; Credential; Akcja.	**Emitowane; Działanie przez:**	**Działanie /Przetłumaczone przez:**	**Koszt/ Środki zaradcze:**	**Typ(-y) sygnału(-ów):**
Fałszywy e-mail zawierający wbudowany nieznany adres URL (lub sfałszowany oryginalny adres URL.)	Elisa	Alicja	Minimalny koszt. Często emitowane *masowo* ponad granicami prawa międzynarodowego. Wykrywanie jest trudne dla nie-specjalisty. Niewielkie ryzyko oskarżenia.	Znaki wizualne (obrazy); narracja tekstowa. Znaki marki; (e-branding). Wbudowany link URL (hipertekstowy).
Logowanie użytkownika na adres URL.	Alicja	Elisa	Fałszywe strony są hostowane na krótkie okresy czasu, często w obszarach pozasądowych; po zgłoszeniu przez konsumentów takie strony mogą zostać usunięte z listy dostawców usług internetowych. Ryzyko wniesienia oskarżenia jest minimalne.	Wizualne naśladownictwo oryginalnej strony (cały projekt strony wraz z obrazami, tekstem, hipertekstowymi linkami jest spoofedem).

Użytkownik wchodzi na stronę zabezpieczoną SSL używając swoich prawdziwych danych bezpieczeństwa.	Alicja	Elisa	Zbierane dane dotyczące bezpieczeństwa punktów końcowych. Środki zaradcze obejmują zastosowanie dwuczynnikowego uwierzytelniania klienta.	Digital-ID, hasła.
Przestępcy wchodzą na prawdziwą stronę.	Elisa	Bob	Pieniądze przekierowane do przestępców z wykorzystaniem prawdziwych szczegółów konsumenta.	

- *Punkt widzenia zaufania konsumentów*:

Słabością oświetlenia półprzewodnikowego na społecznych i pragmatycznych poziomach abstrakcji jest bardzo niski koszt emisji fałszywych oznak zaufania przez *Elisę* oraz względna łatwość i sukces stosowania metod inżynierii społecznej przez samych przestępców w tworzeniu fałszywego łańcucha zaufania. Różne branżowe grupy działania (www.antiphishing.org) zajmują się więc głównie lepszą edukacją konsumentów (mając na celu zmianę ich ryzykownych zachowań) jako rozwiązaniem dla tego rodzaju ataków.

- *Punkt widzenia dostawcy*:

Techniczne środki zaradcze (z punktu widzenia klienta) wydają się obecnie ograniczone do potencjalnego wykorzystania tzw. uwierzytelniania dwu- lub wieloczynnikowego, poprzez zastosowanie dodatkowych haseł jednorazowych, tworzonych przy użyciu specjalnych urządzeń fizycznych. Urządzenia takie są kosztowne w obiegu i wymagają od klienta wstępnej rejestracji. Anderson (2007a) przedstawia użyteczny przegląd zalet i wad wymagającego uwierzytelnienia wieloczynnikowego. Środki zaradcze, takie jak powoływanie się na weryfikację certyfikatu po stronie klienta czy jednorazowe pady, nie zostały jeszcze przyjęte przez branżę ze względu na ograniczenia, jakie takie rozwiązania nakładałyby na konsumenta - np. wymagając, aby tylko jeden wyznaczony komputer mógł być używany do obsługi serwisu bankowości elektronicznej. Biorąc pod uwagę szybki wzrost zjawiska phishingu, być może w przyszłości konieczne będzie dokonanie przeglądu takich środków.

8.3.3 Podatność na zagrożenia związane z oświetleniem półprzewodnikowym na poziomie składnikowym

Protokół HP (Handshake Protocol) jest streszczony w wielu źródłach, w tym w oryginalnej specyfikacji SSL (http://wp.netwscape.com/eng/ssl3/3-SPEC.HTM). Poniżej znajduje się uproszczone wyjaśnienie głównych faz protokołu HP. Fazy te są pośredniczone przez wymianę wiadomości w uporządkowany, statyczny sposób pomiędzy klientem a serwerem.

i) Protokół wymiany kluczy zapewnia stworzenie bezpiecznego kanału, w którym poufne dane aplikacji mogą być przesyłane do i z przeglądarki klienta oraz serwera. Celem HP jest stworzenie umowy pomiędzy klientem a serwerem dotyczącej zestawu narzędzi kryptograficznych, algorytmów i parametrów, które następnie zostaną wykorzystane do bezpiecznego udostępniania wiadomości.

ii) Etapy protokołu SSL handshake są wymienione poniżej. Etapy te, jak również cały protokół SSL/TLS, zostały wyczerpująco opisane przez Rescorla (patrz: Rescorla, 2000). Poniższy poziom szczegółowości, przedstawiony na Rysunku 8.3 (poniżej), jest wystarczający, aby rozłożyć protokół na składające się na niego znaki i sygnały, a tym samym ujawnić jego nieodłączne słabości zaufania z bardziej przejrzystym semiotycznym punktem widzenia.

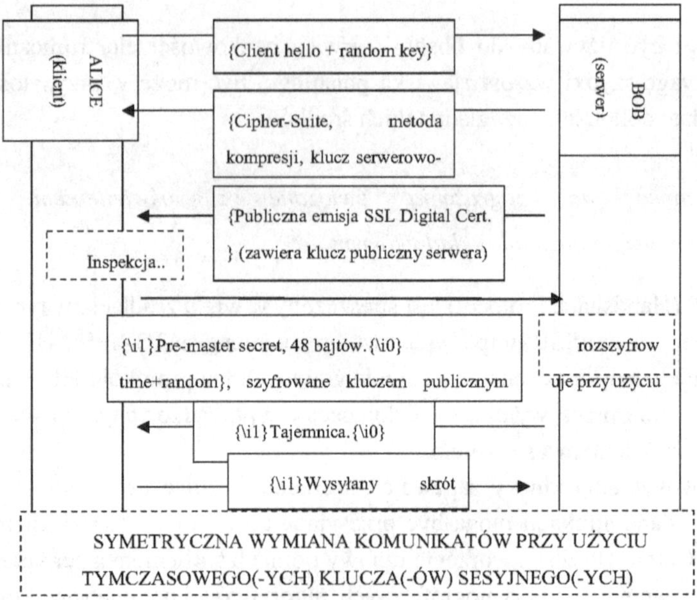

Rysunek 8.3: Przegląd protokołu SSL/TLS Handshake.

a) Przywitanie *klienta*. Klient wysyła wiadomość do serwera, która identyfikuje nazwy algorytmów kryptograficznych takich jak RSA, (Rivest, Shamir, Aldeman) lub Diffie- Hellman obsługiwany przez klienta, wraz z nazwami algorytmów kompresji, które mają być używane oraz losowo wygenerowaną liczbą (nonce). Użycie klucza a losowy klawisz ma na celu uniemożliwienie *Elisie* odtworzenia wiadomości.

Alice ☞Bob (ClientHello Ciphersuite), CompressionMethod, ClientRandom)

b) Przywitanie z *serwerem*. Serwer wybiera zestaw algorytmów kryptograficznych, który jest obsługiwany zarówno przez serwer jak i klienta. Decyzje serwera (tj. wybór) są następnie odsyłane do klienta. Ponownie, wiadomość jest szyfrowana losowym numerem, aby zapobiec podsłuchowi *Elisy*.

Bob☞
Alice(ServerHello(CipherSuite,CompressionMethod,ServerRandom))

c) *Wymiana kluczy.* Jeżeli Serwer posiada certyfikat, który należy przedstawić klientowi (jak to zawsze ma miejsce w przypadku dostawców e-usług B2C, którzy korzystają z protokołu SSL), wówczas serwer wysyła do klienta swój certyfikat publicznego wydania, który zawiera klucz publiczny serwera:

Bob ☞Alice(Certyfikat serwera)

Przeglądarka klienta sprawdza, czy certyfikat cyfrowy Boba jest ważny i weryfikuje, czy Bob jest prawdziwym i legalnym właścicielem certyfikatu (stąd jest uznawany za wiarygodny). W szczególności sprawdzany jest podpis cyfrowy Boba. Istnieje szereg podstawowych słabych punktów, jeśli chodzi o powiązanie certyfikatu z rzeczywistą organizacją lub podmiotem. W przypadku gdy do walidacji tego wiążącego certyfikatu używany jest więcej niż jeden urząd certyfikacji (jak ma to zwykle miejsce), można je w znacznym stopniu złagodzić. Klient przesyła teraz Bobowi tajemnicę główną zaszyfrowaną kluczem publicznym Boba. Ta tajemnica główna składa się z 48-bajtowego (czas + rzadkość) klucza sesyjnego zaszyfrowanego kluczem publicznym Boba. Klucz publiczny Boba.

Alice ☞Bob(encypt(MasterSecret) przy użyciu (ServerPublicKey))

d) Skończone. Klient i serwer wysyłają sobie nawzajem do weryfikacji skrót wszystkich dotychczasowych wiadomości i master-secret. Master-secret (klucz sesji) jest od tej pory używany do wymiany tajnych wiadomości między Alice i Bobem. Wiadomości te są szyfrowane przy użyciu odpowiedniego pakietu kryptograficznego, takiego jak RSA, w ramach bezpiecznego potoku. Po przerwaniu lub przerwaniu sesji klucz sesji jest odrzucany, a protokół handshake musi być od początku wznowiony.

W tabeli 8.2 zdekonstruowano HP na serię wymiany znaków i sygnałów zaufania, zwracając uwagę na znane koszty i słabe punkty oraz zapewniając taksonomię znaków i sygnałów zaufania. Generalnie można uznać, że wymiana SSL/TLS jest godna zaufania i bezpieczna przy niskim ryzyku. Niemniej jednak wydaje się, że istnieją pewne możliwości, aby zdeterminowany przeciwnik (*Elisa*) naruszył zaufanie. Proponowana poniżej dekonstrukcja jest z konieczności nieco uproszczona. Na przykład szczegółowe aspekty kontroli i walidacji certyfikatu X.509 przez wiele urzędów certyfikacji nie są przedstawione na drobnoziarnistym poziomie szczegółowości. Intencją jest raczej pokazanie charakteru konkretnych typów sygnałów, które są wymieniane. Sygnały te są "ukryte" przed konsumentem. Raczej, jak będzie widać później, takie wymiany zazwyczaj prowadzą do generowania różnych znaków zaufania na poziomie przeglądarki, które są przedmiotem kontroli użytkownika. To z tych właśnie komunikatów użytkownicy wnioskują, aby poinformować o poziomie zaufania do strony.

Tabela 8.2: Zdekonstruowany protokół uścisku dłoni.

Sygnał zaufania	**Emitowane przez**	**Odebrany / zinterpretowany przez:**	**Naśladownictwo Koszt/znane słabe punkty?**	**Rodzaje sygnałów**
Przywitanie klienta	*Alice* (powiernik)	*Bob* (Trustor)	Intruz może zaatakować człowieka w środku?	Słabo zaszyfrowana na wartość liczbowa.
Przywitanie z serwerem	*Bob*	*Alicja*	Intruz może łatwo przechwycić i wystrzelić człowieka w środku ataku?	Słabo zaszyfrowana na wartość liczbowa.
X. 509 v. 3 cyfrowy cert. zawierający wbudowany klucz publiczny	*Bob*	*Alicja*	X. 509 v. 3 certyfikat cyfrowy zazwyczaj nie jest w pełni sprawdzony przez klienta; certyfikat może być *spoofed*.	Wirtualny Credential; Duża (1024 liczby całkowite) liczba pierwsza.
Tajemnica przedmistrzowska	*Alicja*	*Bob*	Dynamicznie generowany klucz sesji, szyfrowany	48 bajtowy klucz sesji + 1024 bajtowy

			kluczem publicznym. (wysokie bezpieczeństw o)	klucz publiczny.
Digest wiadomości	*Bob*	*Alicja*	Zaszyfrowany duży blok danych z wyściółką. (bardzo bezpieczny)	Duże bloki szyfrowany ch kodów binarnych.

8.3.4SSL Uścisk dłoni / Podatności protokołu: podstawowy model zaufania

Jedną z podstawowych słabości protokołu SSL/TLS jest słabe powiązanie między tożsamością rzeczywistą a cyfrową, czego przykładem jest stosowanie certyfikatów cyfrowych wydawanych publicznie X. 509. Pisarze wskazali, że podstawowe modele zaufania, które leżą u podstaw PKI i w rzeczywistości samego Internetu, są raczej słabe (Ellison i Schneier, 2000; Gerk, 2002). Oznacza to, że obecnie możliwe jest występowanie fałszywych tożsamości, generowanie fałszywych danych uwierzytelniających, a ogólniej rzecz biorąc, możliwość fałszowania ważnych certyfikatów cyfrowych i zmiany lub podrabiania istotnych szczegółów. Ponadto przeciwnikom łatwo jest oprzeć się identyfikowalności poprzez wykorzystanie słabości otwartego protokołu internetowego (Clayton, 2005c).

W szczególności w odniesieniu do kontroli certyfikatów cyfrowych w kontekście protokołu SSL/TLS przeprowadza się szereg kontroli dotyczących ważności certyfikatu, podmiotu wystawiającego certyfikat oraz podpisów cyfrowych zarówno głównego organu wystawiającego, jak i właściciela. Kontrole takie nie powinny być uznawane za ostateczne. Sprawdzenie certyfikatu serwera przez przeglądarkę klienta powinno być raczej postrzegane jako istotny, ale potencjalnie wadliwy element protokołu z punktu widzenia zaufania. Oznacza to, że ponieważ certyfikat wydaje się być wydany i podpisany prawidłowo, może nie być godny zaufania. Może się zdarzyć, że określony przeciwnik wyda fałszywy certyfikat lub zmieni go przed sprawdzeniem. Anderson między innymi zasugerował, że obecne technologie płatności bankowych są nieodpowiednie (Anderson, 2007a).

Możliwe jest, że w przyszłości banki będą mogły nakładać na klientów internetowych różne środki zaradcze, takie jak uwierzytelnianie dwuskładnikowe oraz stosowanie certyfikatów po stronie klienta, tak aby wzmocnić podstawowe modele zaufania, które obecnie stanowią podstawę obecnych spotkań dotyczących e-usług. W chwili obecnej wydaje się, że istnieje *luka w zakresie zaufania* między modelami mentalnymi konsumentów internetowych a rzeczywistą funkcjonalnością systemu (tj. na poziomie interfejsu użytkownika) oraz na poziomie identyfikowalności i rozliczania transakcji finansowych on-line.

Co więcej, zasadność i skuteczność certyfikatów cyfrowych, które leżą u podstaw SSL/TLS, jest wątpliwa. Zasadniczo luka polega na zarządzaniu tożsamością we wszechświecie on-line, w którym zarówno mimika, jak i spoofing wydają się być coraz powszechniejsze (Cameron, 2005). Ostatnie postępy, takie jak stosowanie "rozszerzonych" certyfikatów SSL/TLS X.509 Verisign, mogą częściowo rozwiązać niektóre z tych problemów. Jednakże nieodłączną słabością sieci jest pojęcie zarządzania tożsamością, tym bardziej, że jeden użytkownik ma zazwyczaj wiele tożsamości.

8.3.5SSL Handshake / Protocol Vulnerabilities: określony poziom aktywnego ataku

Protokół SSL/TLS był przedmiotem wielu kontroli zarówno ze strony organów regulacyjnych, jak i przeciwników pod kątem wysoce technicznych słabości, które mogą być potencjalnie wykorzystywane. Jedną z przyczyn takiego stanu rzeczy jest fakt, że protokół ten jest wbudowany w zróżnicowany zestaw narzędzi i systemów bezpieczeństwa osób trzecich oraz mediatorów. Chociaż nie jest możliwe przedstawienie wyczerpującego opisu wszystkich wersji protokołu SSL specyficznych dla danego sprzedawcy i ich znanych (przejściowych) słabych punktów, w tabeli 8.3 wymieniono niektóre z częściej znanych i udokumentowanych słabych punktów, które zostały udokumentowane w domenie publicznej.

Często takie słabe punkty są "naprawiane" poprzez ciągłe łatanie ich przez zewnętrznych dostawców rozwiązań, którzy opierają się na technologii SSL ze względu na zaufanie i bezpieczeństwo. Dlatego też w każdym momencie absolutna wiarygodność każdej konkretnej wersji SSL/TLS zależy co najmniej od: dostawcy, tzw. dostępności łatek lub statusu instalacji, systemu operacyjnego i platformy serwera oraz urządzeń klienckich. Te luki zostały zilustrowane za pomocą przykładów (patrz tabela 8.3).

Tabela 8.3: Przejściowe zagrożenia związane z ogólnym oświetleniem półprzewodnikowym: cztery przykładowe ilustracje.

Podatność na zagrożenia na poziomie syntaktyki SSL	**Podatność Klasyfikacja**	**Wersja(-y) SSL**	**Samozgłaszany rating zaufania**	**Rodzaje znaków zaufania**
1. Amerykański zespół ds. gotowości na wypadek awarii komputerowych (2004). Uwaga na temat podatności: VU#104280 (http://www.kb.cert.org/vuls/id/AAMN-5RVRED)	Zdalne wykonanie dowolnego kodu; pozwala na atak typu Denial of Service w punkcie wejścia; Ujawnienie poufnych informacji?	"RSA BSAFE SSL-C, RSA BSAFE SSL-C" Micro Editions.	Nic poważnego.	Kod wykonywalny i wprowadzony przez przeciwnika.
2. Amerykański zespół ds. gotowości na wypadek awarii komputerowych (2004). Podatność na zagrożenia Uwaga: VU#255484 (http://www.kb.cer.org/vuls/id/255484)	*Open SSL Zawiera* tagi ASN.1 z obsługą przelewów całkowitych. Specjalnie spreparowany tag może spowodować, że biblioteka wykona operację odczytu poza granice. (DoS) atak.	Otwórz SSL.	Poważnie.	Tag (ciąg znaków), prezentowany przez urządzenie klienta.
3(a). Bleichenbacher, D. (2006).	Wielokrotne błędy w zakresie	Otwórz SSL. Firefox2;	Poważnie.	Podpis cyfrowy o określony

Podrabianie podpisów RSA. Prezentacja ustna na konferencji CRYPTO 2006. 3(b). Izu, T. , *et al.,* (2008). Przedłużenie ataku na Bleichenbacher's Forgery.	fałszowania podpisów w Open SSL Library i innych platformach.	Sun's Java Run Time Environment.		ch właściwoś ciach, np. podpisany certyfikat cyfrowy X. 509 v. 3 (Verisign).
4. Cisco 2007. http://www.cisco.com/en/US/products/products_security_advisory09186a008042239f.shtml	Złośliwy użytkownik może być w stanie wysłać spreparowany atak za pomocą protokołu SSL (Secure Sockets Layer) do koncentratorów, co może spowodować przeładowanie urządzenia i/lub utratę połączeń użytkownika. Powtarzająca się eksploatacja doprowadzi do trwałego naruszenia zasady "DoS" (Denial of Service).	Generyczny SSL.	Poważnie.	Złośliwy kod wykonywalny ze zdalnego źródła.

8.3.6 Podatność na zagrożenia związane z oświetleniem półprzewodnikowym na poziomie empirycznym

Przy tym najniższym poziomie abstrakcji, stopień zaufania można bezpośrednio utożsamić z siłą matematyki, która leży u podstaw pakietów szyfrujących wybranych przez klienta i serwer w ramach protokołu SSL. Bezpieczeństwo na tym poziomie można zdefiniować jako prawdopodobieństwo, że przeciwnik (*Elisa*) może z powodzeniem podsłuchiwać i dekodować bezpieczne wiadomości wymieniane między *Alice* i *Bobem* podczas aktywnej sesji SSL/TLS. Podczas gdy SSL oferuje wybór pakietów szyfrujących, poniższa dyskusja opiera się na wyborze RSA (*Rivest, Shamir Aldeman*) jako wybranego pakietu szyfrującego. RSA jest najpowszechniej stosowanym szyfrem, podczas gdy kwestie matematyczne z nim związane dotyczą także alternatywnych protokołów wymiany kluczy, takich jak kryptografia z krzywą eliptyczną (Yan i James, 2006). Ponieważ wymiana znaków zaufania między *Alice* i *Bobem* na tym poziomie abstrakcji systemowej ma charakter wyłącznie matematyczny. Zwykła wiadomość tekstowa zawierająca znaki ASCII, takie jak dane karty kredytowej klienta, jest najpierw przekształcana na liczbową reprezentację binarną. Ta reprezentacja numeryczna jest następnie szyfrowana za pomocą prostej matematycznej funkcji jednokierunkowej, która zawiera tak zwane rozwiązanie *pułapki*. Bez znajomości przez przeciwnika wartości pułapki jest praktycznie niemożliwe lub przynajmniej bardzo trudne odszyfrowanie zaszyfrowanej wiadomości (szyfrującego tekstu) z powrotem do wersji zwykłego tekstu.

Rivest, Shamir i Aldeman zaproponowali pierwszą funkcję publicznych drzwi pułapkowych (Rivest, Shamir i Aldeman, 1978). Ta tak zwana funkcja drzwi pułapki jest funkcją ***prymitywną***, którą każdy może efektywnie obliczyć. Odwrócenie funkcji ***f*** jest jednak trudne, o ile nie dostarczono nam informacji o tzw. Naiwnie, permutacja drzwi pułapkowych definiuje schemat szyfrowania klucza publicznego. Mianowicie, ***f*** jest kluczem publicznym, który jest swobodnie dystrybuowany i na przykład wbudowany w cyfrowy certyfikat dostawcy e-usług. Informacja o drzwiach pułapkowych jest kluczem prywatnym. Jednak dzięki jego rozpowszechnieniu możemy uzyskać certyfikat.

Aby metoda szyfrowania mogła być uznana za w pełni zaufaną i bezpieczną, musimy najpierw określić, co w tym kontekście oznacza bezpieczeństwo. Najwyższy poziom bezpieczeństwa w odniesieniu do metod kryptograficznych znany jest jako "*bezpieczeństwo szyfrujące przed adaptacyjnym, wybranym atakiem szyfrującym*", znanym jako IND-CCA (Indistinguishability Under Chosen Ciphertext Attack) . Pod warunkiem, że wiadomość zaszyfrowana za pomocą RSA jest wyściełana dostatecznie losowym, prostym tekstem, aby ukryć długość i położenie wbudowanej wiadomości tajnej, RSA okazał się bezpieczny dla IND-CCA (Fujisaki, *i in.,* 2004). Tak więc manifest zaufania (sygnały zaufania jako bezpieczne wiadomości) emitowane i swobodnie wymieniane pomiędzy *Alicją* i *Bobem składają się z* serii numerycznych wymian kodów binarnych, które mogą być po prostu konceptualizowane jako duże bloki zaszyfrowanych cyfr binarnych, które nie mogą być zamienione z powrotem na zwykły tekst przez podsłuch albo w trakcie lub po transmisji. Na tym poziomie każda interwencja *inna niż "k" dokonana przez Elisę zostanie* natychmiast wykryta przez *Alicję* lub *Boba* jako pochodząca od przeciwnika. Udane naśladownictwo lub nieautoryzowane zmiany na poziomie empirycznym drabiny zaufania wydają się obecnie niemożliwe. Solidny charakter znaków zaufania RSA (asymetryczne szyfrów) jest po prostu odzwierciedleniem aktualnego stanu wiedzy na temat metod łamania tych szyfrów. Aby w pełni docenić trudność podsłuchu (*Elisa*) utrudniającego asymetryczną bezpieczną wymianę komunikatów SSL między *Alice* i *Bobem*, należy najpierw dokonać krótkiego przeglądu niektórych istotnych zagadnień matematycznych, tak aby w pełni kontekstować dalszą dyskusję nad możliwymi przyszłymi lub obecnymi słabościami nowoczesnych szyfrów PKI, które stanowią podstawę wszystkich transakcji handlu elektronicznego. Poniższe przykłady pochodzą i są swobodnie adaptowane z Singh (Singh, 2000):

i) Bob wybiera dwie bardzo duże liczby pierwsze ***p*** i ***q***. Te dwie liczby muszą być trzymane w tajemnicy.

ii) Bob oblicza wartość ***p*q* = n**.

iii) Wybiera inny numer ***e***, taki że: $\phi(n) = (p-1),(q-1)$.

iv) Bob publikuje teraz **e** i **n**. Ta para kluczy razem są znane jako *klucz publiczny* Boba. Muszą być one dostępne dla każdego, kto chciałby wysłać Bobowi sekretną wiadomość.

v) Wiadomość (M) jest zaszyfrowana przez Alicję, aby nadać kod C w następujący sposób: **C =** $^{\mathbf{Ja}}$ **(mod n)**

vi) Bob najpierw oblicza swój prywatny klucz deszyfrujący ***d***, z ***e*** używając wartości ***p*** i ***q zgodnie z*** techniką znaną jako algorytm Euklidesa. Następnie wiadomość od Alicji może zostać rozszyfrowana przy użyciu następującego wzoru: **M = Cd (mod n)**.

vii) Tylko Bob może odwrócić funkcję jednokierunkową, tzn. znaleźć ***p*** i ***q*** ze znanego ***n***, ponieważ tylko Bob może obliczyć klucz prywatny ***d***. Bez znajomości klucza prywatnego ***d nie*** jest możliwe obliczenie odwrotności funkcji jednokierunkowej.

W praktyce, wiadomość nie jest po prostu zaszyfrowana znak po znaku. Stosowane są raczej duże bloki, aby uniknąć odszyfrowania poprzez ukrycie zaszyfrowanej wiadomości w dużych blokach losowo wybranych cyfr binarnych.

Dyskusja na temat wykorzystania tych tak zwanych szyfrów blokowych jest poza zakresem naszej obecnej dyskusji. Podobnie, istnieje wiele wariantów RSA stosowanych w kontekście e-commerce B2C. Pozostaje jednak zasadnicza myśl stojąca za RSA: to znaczy nietrwałość stosowanych jednokierunkowych funkcji.

8.3.7 Funkcje jednokierunkowe jako godne zaufania sygnały empiryczne: jak są bezpieczne?

Obecnie nie jest możliwe złamanie szyfru RSA przez przeciwnika pod warunkiem, że na początku zostanie wybrany wystarczająco duży numer główny (1024 bity). Jeden z założycieli RSA zaproponował ostatnio możliwy hipotetyczny sposób, w jaki można odkryć czynniki dużej liczby pierwszej generacji bez znajomości klucza prywatnego (Shamir i Tromer, 2003). Proponowane rozwiązanie wymaga jednak zbudowania hipotetycznego, dedykowanego urządzenia do krakowania (zwanego "TWINKLE"), wymagającego całego roku obliczeń dla jednej wiadomości i około dziesięciu milionów dolarów (teoretycznych) inwestycji. Autorzy stwierdzają również, że nasze podstawowe ludzkie zaufanie do potęgi jednego sposobu funkcjonuje jako podstawa wszelkich form kryptografii klucza publicznego przez co najmniej kolejne 10-15 lat.

Dlatego też matematyka leżąca u podstaw RSA (stąd też użyte pakiety kryptograficzne) może być uznana za w pełni wiarygodną w chwili obecnej. Nie można jednak uznać, że trudność faktoryzacji liczb pierwotnych, przy wystarczająco dużych liczbach początkowych, jest oczywista przez cały czas. Oznacza to, że problemy matematyczne, które wcześniej uważano za trudne do rozwiązania, takie jak ostatnie twierdzenie Fermata, zostały ostatecznie rozwiązane poprzez stworzenie całkowicie nowych dowodów i metod. Biorąc pod uwagę, że wszystkie nowoczesne metody kryptograficzne opierają się na nieciągłości funkcji jednokierunkowych (patrz: Yan i James, 2006), być może warto podjąć krótką dyskusję na temat przyszłych możliwości.

Umieszczona w kontekście historycznym historia kryptografii i łamania kodów jest jedną z ciągle ewoluujących silniejszych szyfrów i coraz silniejszych dekoderów szyfrów. Obecnie zaufanie do szyfru RSA wynika z asymetrii, tzn. szyfry takie jak RSA, jeśli są prawidłowo wdrożone i wbudowane w protokoły i produkty bezpieczeństwa, są matematycznie znacznie solidniejsze niż jakiekolwiek znane metody rozszyfrowywania. Asymetria ta może być jednak w każdej chwili podważona przez wynalezienie zupełnie nowej metody matematycznej, a może bardziej spekulacyjnie, przez pojawienie się kryptografii kwantowej i tak zwanych kwantowych funkcji jednokierunkowych (Kashefi, i Kerenidis, 2006). Jak dotąd nie skonstruowano żadnego kwantowego urządzenia obliczeniowego (przynajmniej poza domeną służb specjalnych), które mogłoby być użyte do praktycznego złamania konwencjonalnych szyfrów.

Nie oznacza to, że takie urządzenia zostały w rzeczywistości zbudowane w tajemnicy. W międzyczasie zarówno konsument, jak i dostawca muszą z konieczności założyć, że z matematycznego punktu widzenia funkcje w jednym kierunku są co najmniej całkowicie godne zaufania. Jednak ich osadzenie i wdrożenie w takich protokołach, jak SSL/TLS, ujawnia szereg nieodłącznych słabości zaufania, głównie na społecznych, pragmatycznych i składniowych poziomach nowej drabiny zaufania. Te słabe punkty zostały obecnie omówione poniżej w sekcji 8.4.

8.4 Podsumowanie: Analiza ryzyka związanego z SSL/TLS i implikacjami dla HLTMM

Starając się rozłożyć SSL/TLS na szereg dyskretnych warstw, można lepiej konceptualizować, a tym samym w pełni zrozumieć słabe punkty zaufania. Ponadto dzięki powiązaniu tych słabych punktów z semiotyczną drabiną zaufania, zarówno *powiernik*, jak i *powiernik* mogą być bardziej świadomi zagrożeń związanych ze stosowaniem protokołu SSL/TLS jako podstawy bezpiecznej wymiany wiadomości podczas spotkań e-usług. Zauważono już również, że w analizie bardziej wyraźnie wskazano na nieodłączną asymetrię zaufania, jaka istnieje między konsumentem a dostawcą e-usługi.

W rzeczywistości można spróbować wyciągnąć pewne ogólne wnioski co do związanych z tym zagrożeń, tak aby zarówno konsumenci, jak i dostawcy mogli sprawdzić, czy ich własne wdrożenie systemu SSL/TLS spełnia najnowsze normy bezpieczeństwa. W tabeli 8.4 podsumowano przedstawione dotychczas dowody i przedstawiono poziom ryzyka dla obu stron w sposób nieformalny. Jak widać, poziom ryzyka waha się od wysokiego (na poziomie społecznym, semantycznym i pragmatycznym spotkania z e-usługą) do niskiego/średniego (poziom składniowy poprzez wykorzystanie protokołu aktywnego ataku), po obecnie znikome ryzyko naruszenia pakietu szyfrującego RSA. Oczywiście ryzyko to ma zasadniczo charakter dynamiczny, a ponieważ znane są nowe sposoby wykorzystania, poziomy ryzyka mogą z czasem ulec zmianie.

Poprzednia analiza wykazała, że główną słabością technologii SSL/TLS jest widoczne "ślepe zaufanie", które konsumenci inwestują w strony wykorzystujące SSL/TLS, certyfikaty cyfrowe i podobne technologie. Chociaż w ramach oświetlenia półprzewodnikowego istnieją słabe punkty, na poziomie składniowym, które aktywny napastnik może wykorzystać w celu narażenia na szwank danych karty kredytowej konsumenta, w praktyce jest o wiele bardziej prawdopodobne, że przestępca będzie dążył do narażenia na szwank bezpieczeństwa punktów końcowych niż inwestował w przeprowadzanie wyrafinowanych ataków w czasie, gdy dana sesja jest aktywna. Wydaje się, że zastosowanie naszego własnego modelu koncepcyjnego Gambetta do kontekstu usług bankowości elektronicznej sprawia, że naśladowanie znaków zaufania (wykorzystanie SSL/TLS jako fałszywego znaku zaufania) jest najbardziej opłacalne na społecznych, semantycznych i pragmatycznych poziomach zaufania.

Tabela 8.4: Podsumowanie i ocena ryzyka w zakresie SSL/TLS.

Drabina zaufania semiotycznego (warstwa)	**Oznaki zaufania**	**Podatność na zagrożenia/warstwa bezpieczeństwa**	**Poziom ryzyka powiernika /właściciela?**
Społeczne, semantyczne *oraz* *Poziomy pragmatyczne*	Warstwa HCI (pieczęcie Verisign SSL); adresy URL zawierające {https} podpowiedź, wygląd i sposób projektowania HCI, w tym model nawigacji.	Wstępny kontakt na miejscu: Konsumenci mogą fałszywie interpretować powierzchniowe oznaki zaufania na poziomie HCI; narzędzia wydają się być wadliwe; potrzebna jest lepsza edukacja użytkowników; niewiele jest środków zaradczych.	**WYSOKIE RYZYKO** *do konsumenta*: strata finansowa; *dostawca e-usług:* ryzyko utraty reputacji biznesowej poprzez naśladownictwo stron internetowych przez przeciwników.
Poziom składniowy	X. 509 v.3 certyfikaty cyfrowe (zawierające wbudowany klucz publiczny, podpis	Poziom SSL/Handshake/TLS: Luki w zabezpieczeniach	**NISKIE/ŚREDNIE RYZYKO** *przeciwnika:* Narażenie na szwank wymiany

	cyfrowy i inne pola); Sygnały początkowe (wartości liczbowe) wymieniane pomiędzy klientem a serwerem.	emitenta; certyfikaty nie do końca sprawdzone przez klienta SSL; Możliwe są ataki człowieka w środku; Słabe wiązania pomiędzy rzeczywistymi tożsamościami a certyfikatami cyfrowymi; Sprzedawaj konkretne słabości.	SSL/TLS poprzez aktywny atak. Ataki typu Denial of Service są włączone w niektórych wersjach protokołu SSL. Środki zaradcze dla komunikacji o wysokiej wartości. Mogą być potrzebne.
Poziom empiryczny	Szyfr numeryczny, klucze publiczne/prywatne, bloki cyfrowe, szyfrowane w bezpieczny sposób.	Poziom szyfratora (RSA): bezpieczny etap rurociągu. Nie istnieją żadne znane słabe punkty, ale przyszłość jest niepewna.	**NIEZNACZNE RYZYKO** *Evelyn:* podsłuchiwanie wiadomości (chyba że tajny wywiad wojskowy zbudował już komputer kwantowy).

Na poziomie empirycznym, absolutne bezpieczeństwo jest teoretyczną pewnością. Wydaje się jednak, że w praktyce umieszczanie szyfrów takich jak RSA w protokołach prowadzi do powstania pewnych luk w zabezpieczeniach. Być może przydatne byłoby dokonanie przeglądu pojęcia zawodności w odniesieniu do pojęcia, jaki poziom zaufania (a zatem i ryzyka) powinni mieć ludzie inwestujący w technologie B2C - "*wszystkie dowody, jakimi dysponujemy do tej pory, świadczą o tym, że wdrażanie cyberprzestrzeni jest z pewnością znacznie wadliwe*" (Clayton, 2005c, s. 152). Stąd wartość świadomej analizy wykorzystującej drabinę semiotyczną: aby przypomnieć zarówno konsumentom, jak i dostawcom, że tacy mediatorzy mogą prowadzić do narażenia na słabe punkty, zarówno ze strony przeciwników, jak i z powodu błędów o charakterze nieszkodliwym.

Jeśli chodzi o HLTMM, z poprzedniej analizy wynika, że istnieje asymetria zaufania, w ramach której zarówno konsumenci, jak i usługodawcy wydają się być zbyt pewni siebie, jeśli chodzi o zdolność do oceny ryzyka (a nie tylko potencjalnych korzyści) związanego z korzystaniem z takich protokołów jak SSL/TLS do bezpiecznej wymiany informacji w kontekście e-usług. Jak stwierdziła Gambetta, gra polegająca na zdobywaniu zaufania jest naśladownictwem, a wygrywanie jej jest niewątpliwie bardzo opłacalne. Przestępcy wykorzystali słabe punkty mediatorów bezpieczeństwa materialnego w e-usługach i być może poprawnie stwierdzili, że konsumenci często nie potrafią odróżnić fałszywej i prawdziwej strony internetowej przy użyciu konwencjonalnych oznak zaufania i technologii (stąd sukces ataków typu phishing). W samym Zjednoczonym Królestwie straty on-line dla banków internetowych w wyniku tych różnych form ataków przekraczają 20 mln GBP rocznie (O'Neill, 2008). Wydawałoby się, że w poprzedniej analizie nie ustalono roli pogłosek na poziomie konkretnego systemu SSL/TLS. Może się jednak zdarzyć, że w miarę zdobywania doświadczeń użytkownicy będą mogli w przyszłości korzystać ze wsparcia serwisów społecznościowych Web 2.0, ponieważ odkryte zostaną "złe" strony i inne przestępcze nadużycia. Jak dotąd, musi to jednak pozostać kwestią spekulacji.

Doświadczenia konsumentów internetowych i być może lepsza edukacja mogą doprowadzić do odwrócenia losu phisherów i innych przestępców. Dowody wskazują jednak na coraz bardziej wyrafinowane formy ataku, które są promulgowane. Badania Wu (Wu, 2006) wykazały, że doświadczenie wydaje się mało przydatne w odróżnianiu stron prawdziwych od fałszywych. Narzędzia technologiczne mające na celu wspieranie użytkowników (takie jak paski narzędzi do zwalczania phishingu) wydają się być obecnie słabo zaprojektowane. Certyfikaty Extended Validation (EV) SSL, opracowane przez forum CA/Browser (Thawte, 2009), oferują konsumentom internetowym zwiększony poziom pewności. Certyfikaty EV SSL oferują konsumentom bankowości elektronicznej (i innym) wyższy poziom zaufania w porównaniu ze standardowymi certyfikatami SSL. Wykazują one również bardziej widoczne oznaki zaufania (np. efekt "zielonego paska") dla konsumentów korzystających z odpowiednio włączonej przeglądarki (np. Internet Explorer v. 7). Te widoczne oznaki (w przeciwieństwie do standardowych certyfikatów SSL/TLS) wskazują, że dana strona jest autentyczna. Prawdziwe, w tym sensie, że strona przeszła "rygorystyczny" proces rozszerzonej walidacji. Proces ten ma na celu zapewnienie uwierzytelnienia strony, jej integralności, ważności, a tym samym wiarygodności. Certyfikaty EV SSL/TLS są jednak obsługiwane tylko przez stosunkowo niewielką liczbę stron handlu elektronicznego. Aby konsumenci mogli w wiarygodny sposób wykorzystać EV SSL/TLS do informowania o poziomach zaufania do własnych stron, konieczne jest szersze ich przyjęcie.

9 WNIOSKI

Chociaż powszechnie uznaje się, że zaufanie pośredniczy w wielu formach komunikacji, to jednak istnieje frustrujący brak wspólnego porozumienia co do sposobu definiowania, modelowania i badania zaufania w ramach e-usług (Grabner-Krauter i Kalushia, 2003). Badania te, przyjmując integracyjny semiotyczny punkt widzenia, miały na celu dostarczenie integracyjnego obrazu zaufania widzianego przez obiektyw semiotyczny. Mówiąc dokładniej, powracając do podanych celów badań, można zidentyfikować następujące elementy:

Cel badawczy 1 (teoretyczny) *Opracowanie nowej semiotyki zaufania i nowych ram EST (E-Service Trust).*
Rozdział 3 rozwinął semiotykę zaufania, która opiera się na klasycznej pracy Morrisa (Morris, 1938). Od tego momentu opracowano nową semiotyczną drabinę zaufania, w której semioza zaufania jest uważana za odnoszącą się do różnych warstw Systemu Informacyjnego jako serii warstw. Oznacza to, że drabina potencjalnie umożliwia konceptualizację zaufania poprzez rozważenie kwestii zaufania na poziomie społecznym, pragmatycznym, semantycznym, składniowym i empirycznym. Teoria sygnalizacji zaufania Gambetta została ponownie przeanalizowana i przepracowana w celu opracowania nowego konta dla sygnalizacji zaufania B2C (Business to Consumer), postrzeganej jako rodzaj gry, nękanej mimikrą. Zaproponowano nowatorski HLTMM (High Level Trust Mental Model), w którym sugeruje się, że zaufanie może być użytecznie rozumiane jako obejmujące trzy wymiary: pewność siebie, doświadczenie i słuchanie. W rozdziale 5 opisano zestaw narzędzi i technik, które składają się na nowatorskie ramy EST (E-Service Trust), które mają stanowić naturalne rozszerzenie koncepcji teoretycznych przedstawionych w rozdziale 3 i reprezentują charakterystyczny zestaw technik empirycznych w porównaniu z poprzednimi badaniami, omówionymi w rozdziale 2. Później techniki te są stosowane i zawarte w dwóch badaniach użytkowników (rozdziały 6 i 7) oraz dwóch indukcyjnych badaniach analitycznych (rozdziały 4 i 8).

Cel badawczy 2 (empiryczny) Zbadanie *roli afektywnego i racjonalnego postrzegania zaufania wśród konsumentów bankowości elektronicznej on-line.*
Wyniki dwóch badań z udziałem użytkowników wykazały, że zarówno afektywne, jak i racjonalne postrzeganie mają znaczenie dla kształtowania zaufania konsumentów na poziomie strony domowej (rozdział 6) i poza nią,

ponieważ użytkownicy dążą do osiągnięcia celów (rozdział 7). Wyniki wskazują na bogaty zestaw reakcji na bodźce, które są oczekiwane (np. pieczęcie Verisign), ale również na niezamierzone cechy HCI (takie jak postaci ludzkie, wykorzystanie grafiki z kreskówek itp.). Konsumenci okazali się budować pozytywny poziom zaufania do e-banków, które posiadały namacalne sieci oddziałów. Wyniki potwierdzają również nowatorski, przerobiony paradygmat sygnalizacji, pierwotnie opracowany przez Gambettę w dziedzinie nauk społecznych, na poziomie B2C, jak wcześniej opracowano w rozdziale 2. Możliwe było zidentyfikowanie roli poszczególnych znaków i ich roli w tworzeniu zaufania na poziomie zaufania (wnioskowanie o właściwościach gwarantujących zaufanie) na podstawie konkretnego manifestu powierzchniowego osadzonego w e-bankach. Analiza dyskursowa została wykorzystana nie tylko do częściowej walidacji wyników poprzednich badań zaufania on-line, ale również do poparcia przekonania, że konsumenci reagują na te same rodzaje bodźców wizualnych poza poziomem strony głównej. Drugie badanie użytkowników ogranicza się do rozważań na temat banku uśmiechu, który w pierwszym badaniu użytkowników uzyskał niski wynik zaufania. Zrekrutowana została bardzo mała liczba uczestników badania. Dlatego też bez wątpienia potrzebne są dalsze badania potwierdzające, aby ustalić zasadność wyników tego badania. Wyniki obu badań różnią się jednak wyraźnie od wcześniejszych badań tym, że przyczyniają się do naszego zrozumienia semiozy zaufania (a więc kształtowania się poziomu zaufania do witryny i znaków) na poziomie bardziej drobnoziarnistym niż dotychczas, z wykorzystaniem integrującego semiotycznego punktu widzenia analitycznego.

Cel badawczy 3 (Thoeretical) Zbadanie *roli mediatorów bezpieczeństwa materialnego (SSL/TLS) w ramach zaufania on-line.*

Przyjmując za punkt centralny wszechobecny protokół bezpieczeństwa SSL/TLS, w rozdziale 8 stwierdzono, że zastosowanie semiotycznej drabiny zaufania, wraz z nowatorskim dostosowaniem teorii sygnalizacji Gambetty do konkretnego kontekstu sygnalizacji protokołu bezpieczeństwa, może ujawnić luki zaufania. Luki te zostały przedstawione w formie prostej analizy ryzyka. Wykazano, że największe ryzyko (a więc najwyższy poziom braku zaufania) w SSL/TLS leży na społecznych, semantycznych i pragmatycznych poziomach drabiny zaufania. Jest to spowodowane błędną interpretacją przez konsumentów komunikatów systemowych na poziomie powierzchni oraz znaków zaufania. Znacznie wyższy poziom zaufania (choć nie zaufania "ślepego") może być bezpiecznie umieszczony w takich mediatorach na niższych poziomach składniowych i empirycznych abstrakcji (siła szyfrowania).

Cel badawczy 4 (teoretyczny) Zbadanie *roli agenta zaufania w dostarczaniu dowodów osób trzecich w ramach współpracy VO (Virtual Organisational) w zakresie e-usług.*
W rozdziale 4 przeanalizowano zaufanie jako reputację w ramach wspólnych ustawień VO i przedstawiono propozycję nowego, wspierającego agenta oprogramowania. Wykazano, że rola drabiny zaufania jest kluczowa dla krytycznego badania analitycznego zaufania VO. VO jest złożonym zjawiskiem, które nie jest w pełni uwzględnione w istniejących podejściach i paradygmatach. Chociaż jest to niewielki wkład, rozdział popiera pogląd, że semiotyczny punkt widzenia wspomaga konceptualizację zaufania poza B2C do kontekstów VO opartych na współpracy. Wyższa wydajność wymaga zastosowania lekkiego zestawu jednego lub kilku mierników reputacji. Punktacja w zakresie ładu korporacyjnego jest wykorzystywana jako wybrany przykład, jednakże uznaje się, że oferowane rozwiązanie ma bardzo ograniczone możliwości zastosowania. Obecny model ogranicza się do partnerstw VO, w których uczestniczą organizacje macierzyste, które są objęte Kodeksem połączonym. Ogranicza to wartość oferowanego wkładu. W celu zwiększenia możliwości zastosowania proponowanej składki potrzebny jest szerszy zestaw wskaźników reputacji mających zastosowanie w skali międzynarodowej.

Poprzednia literatura badawcza dotycząca e-usług, związana z zaufaniem konsumentów na miejscu, jest obszerna i bardzo zróżnicowana. Wang i Emurian (2005) dokonali ostatnio przeglądu najczęściej cytowanych badań w literaturze naukowej. Z tego kompleksowego przeglądu jasno wynika, że poprzednie badania osiągnęły porozumienie co do szerokiego zestawu wymiarów, które są z nimi związane. Należą do nich: *projektowanie graficzne, projektowanie struktury, projektowanie treści i projektowanie poradników społecznych* jako kluczowych dla tworzenia niematerialnego zaufania konsumentów on-line. Badania te (w szczególności dwa badania dotyczące użytkowników) potwierdzają, że czynniki te są rzeczywiście istotne. Ponadto oczywiste jest, że biorąc pod uwagę wystarczającą ilość czasu i środków finansowych, w przyszłości może być rzeczywiście możliwe ostateczne określenie taksonomii znaków zaufania i oszacowanie wartości znaków dla dostawcy e-usług w celu wzbudzenia zaufania wśród konsumentów. Niektóre z tych znaków okazały się być cenne i tanie w emisji (znak kłódki), podczas gdy inne są droższe w emisji (np. pieczęć Verisign);

nie zawsze jednak mogą przekazać zamierzony wysoki poziom pożądanego zaufania konsumentom internetowym. Ze względu na niewielką liczbę osób badanych w niniejszym badaniu nie było możliwe osobne zbadanie roli pochodzenia kulturowego wśród ludzi. Ostatnio wykazano, że rola kultury islamskiej wpływa na reakcje konsumentów na zaufanie w kontekście rozwoju semiotyki zaufania w sieci (Ibrahim, *i in.*, 2007). Istnieje zatem znaczne pole do dalszych badań, których celem jest zbadanie wpływu pochodzenia kulturowego na semiozę zaufania.

Badania te powinny być słusznie postrzegane jako punkt wyjścia dla bardziej precyzyjnych rachunków dotyczących wpływu konkretnych znaków, symboli i innych cech wzornictwa na konsumentów internetowych w wielu różnych sektorach: bankowości elektronicznej, e-handlu itp. Wyniki uzyskane w ramach opisanych tu badań nad użytkownikami nie mogą na przykład być po prostu uogólniane w różnych modelach e-biznesu i z pewnością nie powinny być uważane za niezmienne w stosunku do kulturowego podłoża podmiotów. Wyniki wskazują raczej na niepewny zestaw mało neutralnych wyborów projektowych dla dostawcy usług bankowości elektronicznej w kontekście budowania zaufania i bankowości elektronicznej w Wielkiej Brytanii. Jak dotąd nie ustalono jeszcze potencjalnej roli mediatora, jaką może odegrać kulturowe pochodzenie podmiotów.

W odniesieniu do indukcyjnych i analitycznych wyników badań można obecnie stwierdzić, że pojedynczy paradygmat i związane z nim modele (semiotyczna drabina zaufania, teoria sygnalizacji zaufania Gambetty i HLTMM) rzeczywiście zapewniają wyjątkowo integracyjny punkt widzenia zaufania. Poprzednie prace zostały rozdrobnione nawet w obszarze HCI (Riegelsberger, 2005). Badania te pokazały potencjalną wartość wykorzystania jednego paradygmatu do zbadania aspektów zaufania w komponencie HCI, konkretnych mediatorów i wysokiego poziomu zaufania działającego na poziomie abstrakcji VO.

Potencjalną wartością zastosowania integrującego punktu widzenia semiotycznego jest to, że wyniki dalszych badań empirycznych i analitycznych mogą być montowane i krytycznie porównywane i oglądane na odrębnych poziomach abstrakcji, ale tworzą jedną integrującą całość. Oznacza to, że gdy użytkownik korzysta z e-usług: jego doświadczenie, ekspozycja na ryzyko (i reputacja e-usługi), wraz z wymiernymi metodami bezpieczeństwa i płatności tworzą integracyjny wzorzec konsumpcji i świadczenia e-usług. Każda awaria tych odrębnych elementów będzie miała wpływ na całą jakość e-usługi, a tym samym potencjalnie będzie miała wpływ na zaufanie. Ważne jest zatem (choć nie jest to oczywiste z uwagi na dużą różnorodność literatury), aby paradygmat jednoczący wspierał kształtowanie się integracyjnego punktu widzenia analitycznego. Punkt widzenia wyłania się i został potwierdzony (przynajmniej częściowo) z wyników tych badań ma wyraźnie semiotyczny charakter. Oczekuje się, że badania te zainspirują bardziej integracyjny rachunek zaufania on-line.

Ramy EST pokazały potencjał zastosowania technik wywodzących się z psychologii (sortowanie kart) oraz ze społeczności LAP do ujawniania semiozy w różnych kognitywnych przedziałach czasowych. Podczas gdy poprzednie badania dotyczyły początkowego tworzenia zaufania, tworzenia zaufania poza poziomem strony domowej i szerszych aspektów zaufania (Wang i Emurian, 2005), potencjalne wykorzystanie sortowania kart i analizy dyskursu w celu wzmocnienia i uzupełnienia istniejących sond badawczych. Obie techniki mają znaczny potencjał jako stosunkowo lekkie (a zatem opłacalne) metody z komercyjnego punktu widzenia. Konieczne będą dalsze badania w celu pełniejszej oceny ich wartości w szerszym zakresie ustawień e-usług. W jednym z ostatnich badań wstępnych (Ibrahim *i in.*, 2007) zastosowano sortowanie według kart w celu ujawnienia semiozy zaufania instytucjonalnego wśród islamskich stron internetowych i użytkowników islamskich. Dalsze badania tego typu mogą być potrzebne, aby w pełni potwierdzić przydatność sortowania typu card-sorting wśród użytkowników wywodzących się z różnych grup kulturowych.

Istnieją oczywiście ograniczenia obecnej pracy, które muszą być należycie uwzględnione. Pod względem metodologicznym badania mogły przyjąć szereg alternatywnych podejść w odniesieniu do ram EST. Podczas gdy pierwotnym zamiarem było opracowanie lekkiego zestawu narzędzi i technik, w zestawie narzędzi mogło znaleźć się kilka dodatkowych technik. Na przykład sprzęt i metody eye-trackingowe stały się obecnie powszechne w akademickich i komercyjnych badaniach nad oceną użyteczności (Ehmke i Wilson, 2007). Uzasadnienie wykluczenia technik alternatywnych, takich jak eyetracking, było dwojakie: po pierwsze chęć oceny potencjału sortowania kart do semiozy zaufania, ze względu na jego sprawdzoną wartość w badaniu wiedzy semi-tacit, która jest ściśle związana z pojęciem semiozy. Po drugie, istniało pragnienie zbadania początkowej semiozy zaufania, na poziomie strony domowej, jako głównego przedmiotu badań empirycznych, z dodatkowym badaniem semiozy poza poziomem strony domowej. Można argumentować, że badanie eye-tracking nie ujawniłoby żadnego znaczącego dodatkowego poziomu szczegółowości na poziomie strony domowej.

Uznaje się, że badanie eye-tracking mogło zostać wykorzystane jako uzupełnienie badania drugiego użytkownika. Rzeczywiście, Riegelsberger

(Riegelsberger, 2005) sprawił, że badania nad eye-trackingiem stały się głównym przedmiotem jego badań. Przyczyną jego wyłączenia było w dużej mierze niebezpieczeństwo związane z gromadzeniem dodatkowego strumienia dowodów, który mógł spowodować przesunięcie punktu ciężkości z wypowiedzi (a więc poznania) na składnię (na co badani patrzyli nie dlatego, że patrzyli na konkretne przedmioty). Rzeczywiście, mieszana ostrość i subiektywność interpretacji danych eye-trackingowych wyjaśnia jej wyłączenie z niniejszej pracy. Oczywiście istnieje wiele alternatywnych technik użyteczności, które mogły zostać włączone do zestawu narzędzi EST. Ponieważ jedynym kryterium włączenia techniki do zestawu narzędzi jest jej zdolność do mapowania do konkretnej warstwy drabiny semiotycznej i ujawnienia afektywnej lub racjonalnej semiozy zaufania podczas badania ludzkiego poznania, przyszły rozwój ram EST i zestawu technik pozostaje kwestią otwartą, która może być realistycznie zbadana tylko poza zakresem niniejszego badania.

Możliwości przyszłego włączenia obejmują wykorzystanie innych sond poznawczych, takich jak siatki repertoriów, lub połączenie badań użyteczności z danymi naukowymi w czasie rzeczywistym pochodzącymi z badań hormonalnych (Zak, 2005) lub podobnych "twardych" podejść. Integracja danych użytkowych z danymi fizjologicznymi może obiektywnie ujawnić znaczenie odpowiedzi użytkowników na bodźce, a także wskazać, które obszary mózgu są wykorzystywane i na jakim obiektywnym poziomie zaufania odpowiedzi hormonalnych są aktywowane. Takie porównawcze byłyby w stanie samoocenić subiektywne podmioty self-reported ratingów zaufania, wypowiedzi lub innych reakcji. Taka przyszła ewolucja obecnych ram EST leży poza zakresem obecnych badań. Niemniej jednak takie ambitne badania mogą być potrzebne, jeśli będziemy w stanie w pełni ujawnić semiozy zaufania (poznawcze reakcje podmiotu na bodźce), aby zweryfikować poziom, charakter i pochodzenie tych reakcji w mózgu.

Pod względem liczebności próby i doboru osób wykorzystanych w badaniach empirycznych, zgłoszonych wcześniej (rozdziały 6 i 7), w pierwszym badaniu użytkowników wykorzystano osoby w wieku 40+, z których wszystkie były w wieku 25-40 lat i pochodziły z miejskiego wielokulturowego środowiska. Uważa się, że stanowią one rozsądny przekrój prawdopodobnej grupy docelowej klientów bankowości elektronicznej. Oczywiście zawsze można przewidzieć wzmocnienie takich badań poprzez rekrutację kilku różnych grup podmiotów z różnych obszarów geograficznych, wybór różnych grup wiekowych itp. Jednakże liczba wygenerowanych konstrukcji i silny stopień równoważności semantycznej obecny w konstrukcjach surowych (patrz załącznik C) może wskazywać, że większa próba mogła nie wywołać znaczącego dalszego poziomu szczegółowości.

Do drugiego badania użytkowników zatrudniono ograniczoną liczbę osób. Jest oczywiste, że ta niewielka liczba uczestników budzi pewne wątpliwości co do wiarygodności wyników. Niemniej jednak, jako dowód empirycznego badania koncepcji, wyniki wskazują, że podejście LAP (Language Action Perspective) ma potencjał w dziedzinie stosowanych badań zaufania. Ponadto istniał znaczny stopień podobieństwa odpowiedzi wśród badanych. Uznaje się, że to drugie badanie z udziałem użytkowników mogłoby zostać z pożytkiem rozszerzone w przyszłych pracach i być może udoskonalone poprzez wykorzystanie dodatkowych technik (takich jak dane z badań eye-trackingowych i dzienniki aktywności), a być może także przeprowadzone w wyspecjalizowanym środowisku laboratoriów użyteczności. Głównym celem drugiego badania była walidacja TUT (Trust Utterance Taxonomy) i pomimo ograniczonej liczby wykorzystanych tematów, udało się to osiągnąć w przekonujący sposób. Żadne z badań empirycznych nie naraziło ludzi na bezpośrednie ryzyko utraty, jednak istniała wystarczająca obawa przed ryzykiem, aby uwiarygodnić ich postrzeganie zaufania.

W odniesieniu do prac analitycznych (rozdziały 4 i 8) można przewidzieć, że dalsze badania analityczne mogą być z pożytkiem prowadzone przy zastosowaniu podobnego podejścia do szeregu mediatorów bezpieczeństwa technologicznego, konfiguracji i regulacji, które stanowią integralną część modelu bankowości internetowej. Rzeczywiście, istnieje pilna potrzeba takiego działania, biorąc pod uwagę fakt, że banki w dużej mierze przeniosły ryzyko na konsumenta poprzez stworzenie gwarancji, których spełnienie jest mało prawdopodobne ze względu na (celowo?) nierealistyczne założenia dotyczące zaawansowania technicznego konsumentów internetowych oraz ich konfiguracji komputera i przeglądarki (Mannan i Oorschot, 2007).

Biorąc pod uwagę ten wymagający model ryzyka w bankowości elektronicznej, tym bardziej konieczne jest przeprowadzenie analizy ryzyka i analizy reputacji (rozdział 4) dostawców usług elektronicznych oraz mediatorów, z których usług korzystają lub których wymagają. Niedawno zgłoszony "credit-crunch" charakteryzował się, co prawda, szerszym zrozumieniem ryzyka, jak również korzyści, które są nieodłącznie związane z zachodnimi modelami bankowości. Ograniczenia punktów CG jako pełnomocnika zaufania zostały już należycie uznane. W przyszłości może być możliwe umożliwienie agentowi powierniczemu VO dysponującemu kilkoma różnymi wskaźnikami reputacji, tak aby pokonać niektóre z ograniczeń związanych z punktacją CG. Rzeczywiście, Cravens

(Cravens, Oliver i Ramamoorti, 2003 r.) wcześniej wzywali do opracowania wielo-wartościowego wskaźnika metrycznego reputacji. Indeks ten składa się z dziewięciu kategorii, które są następnie podzielone na liczne indywidualne wskaźniki. Kategorie te są następujące: produkty i usługi, pracownicy, relacje zewnętrzne, innowacje, tworzenie wartości, siła finansowa, strategia, kultura i zobowiązania niematerialne. Kategorie te są ważone w taki sposób, aby wygenerować ogólną wartość wskaźnika reputacji w przedziale [1 - 9] Wartość 1 oznacza, że "reputacja firmy ma niewielką wartość lub nie ma jej wcale", podczas gdy maksymalna wartość 9 oznacza "poziom idealny - rzadko osiągalny". Oczywiście, gdyby możliwe było umożliwienie agentowi powierniczemu VO dysponującemu szerszym zestawem wskaźników i połączenie ich w celu utworzenia złożonego indeksu zaufania, takiego jak zaproponowany przez Cravensa *(ibidem)*, wiele ograniczeń obecnego modelu (wyniki CG) zostałoby poprawionych. Główną wadą wydaje się być brak zewnętrznych agencji ratingowych. Podczas gdy niektóre z sugerowanych wskaźników finansowych (obrót, roszczenia z tytułu odpowiedzialności, wydatki na innowacje itp.) można uzyskać na podstawie opublikowanych sprawozdań finansowych, inne wskaźniki niematerialne, takie jak "polityka etyczna", są bardziej subiektywne i nie są uwzględniane przez agencje ratingowe stron trzecich.

Być może najlepszym rozwiązaniem jest dążenie do stworzenia "lekkiego" wskaźnika zaufania obejmującego triangulację podzbioru wskaźników pochodzących z dobrze znanych i ugruntowanych zbiorów wskaźników wydajności organizacji (Richard *i in.,* 2009). Ta triangulacja (korelacja i ważenie) pozostaje spekulacyjna. *Jeżeli* jednak uda się zidentyfikować wystarczająco mały podzbiór wskaźników, aby był wykonalny w kontekście obliczeń o wysokiej wydajności, wynikająca z tego syntetyczna wartość indeksu reputacji może być wykorzystywana w skali międzynarodowej. Stanowiłoby to wartość dodaną do obecnego wykorzystania wyników CG. Jedna z sugerowanych kombinacji (triangulacja) wynikająca z badania Richarda przeprowadzonego w około 722 akademickich czasopismach menedżerskich opublikowanych w latach 2005-2007 obejmuje: miary obiektywne (metryki księgowe); miary rynku finansowego (np. aktualna wartość przyszłych przepływów pieniężnych); miary mieszane księgowe/rynki finansowe (np. tzw. punktacja "Z"; miary subiektywne (np. rankingi Fortune 500 itp.); oraz miary quasi obiektywne (np. własne dane dotyczące wzrostu sprzedaży). Richard informuje, że konieczne są dalsze podstawowe badania w celu zatwierdzenia proponowanej triangulacji tych środków dotyczących reputacji. Być może proponowany agent VO mógłby zostać wykorzystany w celach spekulacyjnych do walidacji tych wskaźników i dążenia do skorelowania ich z obiektywnymi danymi dotyczącymi wiarygodności usług. Praca ta musi pozostać przedmiotem pewnych poważnych spekulacji i znajduje się poza zakresem naszego obecnego zapytania.

Jeśli chodzi o rozwój i doskonalenie wyrafinowanej semiotyki zaufania, badania te posłużyły być może tylko do tego, aby zaufanie stało się wyraźną częścią rodzajów działań komunikacyjnych, które były przedmiotem zainteresowania zarówno środowisk badawczych OS, jak i LAP. Wiele pozostaje jeszcze do zrobienia, aby udoskonalić drabinę zaufania i HLTMM oraz zweryfikować ich wykorzystanie w różnych kontekstach e-usług (takich jak aukcje internetowe, społeczności wirtualne Web 2.0 i usługi internetowe), a także aby potwierdzić wyniki tego badania poprzez dalsze badania w niejednorodnych kontekstach B2B.

Jak już wcześniej wspomniano, pomimo istnienia wcześniejszych badań pokazujących, jak efekty kultury pośredniczą w postrzeganiu zaufania, aspekt ten nie został uwzględniony w niniejszej pracy. W świetle dalszych badań ponad granicami kulturowymi może okazać się, że drabina zaufania i HLTMM będą musiały być dostosowane do różnych oczekiwań i postrzegania zaufania przez użytkowników z różnych grup kulturowych. Rzeczywiście, ustalono już, że takie różnice istnieją i pośredniczą w postrzeganiu użyteczności, na przykład między konsumentami z Chin i Wielkiej Brytanii (Smith, Chang i French, 2005). Ta droga dociekań może być owocna, jeśli chodzi o udoskonalenie drabiny i HLTMM, aby lepiej przewidywać oczekiwania i normy zaufania konsumentów wywodzących się z różnych kultur. Praca Ibrahima (Ibrahim *et al.*, 2002) w odniesieniu do ustanowienia semiotyki zaufania w ramach islamskiego modelu odniesienia i islamskiego modelu finansowego pokazuje, że ta droga dochodzenia może jeszcze okazać się owocna.

Jeżeli jednak wyzwanie nadal będzie istniało, należy zwiększyć świadomość dostawców usług internetowych na temat potencjalnej roli, jaką może odegrać zaufanie (jako charakterystyczny element, ale integralny element) w przyjęciu i konsumpcji bankowości elektronicznej. Transakcja on-line jest dla banków o wiele bardziej opłacalna niż transakcja w oddziale - niedawne szacunki mówią o 1-4 USD za transakcję w oddziale, w porównaniu do < 5 centów za porównywalną transakcję on-line, (Mannan i Oorschot, 2007). Dlatego też istnieje prawdziwy komercyjny imperatyw dla e-banków, aby odbudować zaufanie, a tym samym przekonać większą część klientów do korzystania z usług on-line. Być może odbudowa zaufania stała się jeszcze bardziej konieczna w środowisku po "credit-crunch". Pomimo komercyjnych korzyści płynących z wykorzystania zaufania konsumentów w Internecie, brak jest opublikowanych badań w dziedzinie bankowości elektronicznej, a w rzeczywistości niewiele jest dowodów na to, że są oni aktywni przynajmniej w sferze publicznej.

Jeśli banki, a więc i e-banki, rzeczywiście chcą zwiększyć zaufanie i zdobyć większy udział w rynku w ramach z natury rzeczy korzystnego modelu biznesowego, to implikacje tych badań są takie, że wykorzystanie doświadczeń użytkowników nie będzie wystarczające. Potrzebne jest również wsparcie dla klienta on-line poprzez zapewnienie konkretnej sieci oddziałów oraz inwestycje w pozytywną tożsamość marki. Ostatnie obawy konsumentów dotyczące wypłacalności banków na całym świecie, w połączeniu z nierealistycznymi i zbyt wyszukanymi wymaganiami wobec konsumentów (w zakresie technicznej konfiguracji komputera konsumenta, interpretacji pasków narzędzi anty-phishingowych itp.) mogą w rzeczywistości prowadzić konsumentów w przeciwnym kierunku - z dala od usług internetowych i z powrotem do oddziałów. Aby przeciwdziałać tej możliwości, konieczna może być ściślejsza regulacja zarówno aspektów związanych z ładem korporacyjnym, jak i zwiększona rola FSA (Urzędu ds. Usług Finansowych), tak aby wspierać zaufanie społeczeństwa i inwestorów do dostawców usług bankowych i usług bankowości elektronicznej. Do chwili obecnej musi to jednak pozostać kwestią pewnych przyszłych spekulacji. W niedawnym bardzo wpływowym genewskim sprawozdaniu gospodarczym (nr 11), opublikowanym przez Międzynarodowe Centrum Studiów nad Walutą i Bankowością (Brunnnermeier *i in.*, 2009), zaostrzenie regulacji jest postrzegane jako jeden z kluczowych instrumentów odbudowy zaufania publicznego do usług finansowych. W raporcie tym stwierdza się, że "*konieczne jest ponowne określenie podstawowych celów regulacji finansowej, a następnie ocena, czy obecne ramy regulacyjne są dobrze skonstruowane, aby osiągnąć te cele, a jeśli nie, to zbadanie, co można zrobić, aby zrestrukturyzować taką regulację.* "(Brunnermerier *i in.*, 2009, s. 1). Niedawne sprawozdanie Turnera (Turner, 2009) dodatkowo wzmocniło przekonanie, że zwiększony nadzór regulacyjny nad bankami jest niezbędny do budowania zaufania, podobnie jak zwiększone wsparcie prawne dla wytycznych i standardów ładu korporacyjnego.

Jak wynika z tych badań, konsumenci e-usług na stronach internetowych banków sprawdzają przepisy i aspekty regulacyjne, a także szersze aspekty estetycznego wyglądu strony internetowej w odniesieniu do zaufania. Jednym z wniosków jest zatem fakt, że podmioty świadczące e-usługi w świecie finansowym po okresie kredytowania mogą być zmuszone do podjęcia dodatkowych wysiłków w celu wyjaśnienia i uczynienia tych udoskonalonych przepisów bardziej widocznymi i zrozumiałymi dla konsumentów internetowych. Tylko w ten sposób można lepiej wspierać semiozy zaufania konsumentów. Sama tylko (ukryta) ochrona regulacyjna prawdopodobnie nie będzie w stanie zbudować zaufania konsumentów.

Wyzwaniem dla przyszłych działań badawczych jest zbadanie w bardziej szczegółowy sposób, w jaki sposób znaki poziomu powierzchni, reputacja, doświadczenie online, dowody słyszenia i pewność siebie pośredniczą w tworzeniu zaufania online i nieufności. Bez znacznie głębszej wiedzy o tych wszystkich aspektach, ze strony dostawców e-usług i być może większego stopnia samowiedzy konsumentów, rewolucja on-line może rzeczywiście być raczej krótkotrwała. Aby sprostać temu wyzwaniu, konieczne może być przyjęcie zintegrowanego podejścia metodologicznego: w ten sposób zestaw narzędzi EST pozostaje otwarty na nowe drogi i metody, takie jak pionierskie badania nad hormonami zaufania (Zak, 2005). Ta przyszła integracja podejścia użytkowego, bezpieczeństwa, zaufania i behawioralnego może wymagać ponownego spojrzenia na drabinę zaufania i być może rozszerzenia jej zakresu o fizjologiczne poziomy semiotyczne, tak aby uwzględnić reakcje hormonalne wśród podmiotów ludzkich, a następnie powiązać je ze stanami poznawczymi i behawioralnymi wyższego poziomu. Możliwe, że Morris (Morris, 1938) zaakceptował tę szczególną drogę dociekań - ponieważ tylko poprzez ujawnienie *działania jako znaczącego* na każdym możliwym poziomie zarówno w ludzkim umyśle, jak i w odniesieniu do kontekstów produkcji i konsumpcji, semioza zaufania do e-usług może być w pełni zrozumiała.

REFERENCJE

Ahlstrom, V., i Allendoerfer, K. (2004). *Information Organisation for a Portal Using Card-Sorting Techniques*, Technical Report DOT/FAA/CT-TN04/31, U.S. Department of Transportation. Dostępny na stronie internetowej: http://hf.tc.faa.gov/technotes/dot-faa-ct-tn04-31.pdf. [ostatni dostęp, 14 sierpnia 2008.]

Aladwani, A.M. (2001). Bankowość internetowa: badanie terenowe czynników stymulujących, wyzwań rozwojowych i oczekiwań. *International Journal of Information Management,* **21**(3), 213-25.

Andersen, P.B. (1997). *A Theory of Computer Semiotics*. Cambridge University Press.

Andersen, P.B. (2001). Praca i komunikacja morska. Australian Journal of Information Systems, **8**(2), 83-102.

Anderson, R. (2007a). Zamykanie otworu do wyłapywania ryb: Fraud Risk and Non-Banks. *Postępowania podmiotów niebędących bankami w systemach płatniczych: Innovation, Competition and Risk Conference*, organizowana przez Bank Rezerwy Federalnej Kansas. Dostępne na stronie internetowej: http://www.kansascityfed.org/PUBLICAT/PSR/Proceedings/2007/pdf/Anderson.pdf
[ostatni dostęp, [1] sierpnia 2008.]

Anderson, R. (2007b). *Framework for Information Assurance*. Foundation for Information Policy Research, odpowiedź rządu brytyjskiego. Dostępne on-line na stronie: http://www.cl.cam.ac.uk/~rja14/Papers/egov-framework.pdf [ostatni dostęp, [1] sierpnia 2008 r.].

Ashri, R., S.D., Ramchurn, J., Sabater, M. Luck, i N.R. Jennings. (2005). Trust Evaluation Through Relationship Analysis. *Proceedings of the 4th International Joint Conference on Autonomous Agents in Multi-Agent Systems (AAMAS'05)*, 480-496.

Ba S., i Pavlou P. (2002). Trust Building Technology in Electronic Markets. *Management Information Systems Quarterly*, **26**(3), 243-268.

Bacharach, M., i Gambetta, D. (2001). Trust in Signs. W: (Ed.) Cook, K. *Trust in Society*, New York, Russell Sage Foundation, 148-184.

Benamati, J., Serva, M., i Fuller, M.A. (2006). Czy Zaufanie i Nieufność są konstrukcjami wyróżniającymi? Empiryczne studium wpływu zaufania i braku zaufania wśród użytkowników bankowości internetowej. Obrady *39. Dorocznej Hawajskiej Konferencji Nauk Systemowych*, 4-6 stycznia 2006.
Bistarelli, S., i Santini, F. (2008). Propagating Multitrust within Trust Networks. *Procs. Special Interest Group on Applied Computing 2008, Track on "Trust, Recommendations, Evidence and other Collaboration Know-how"*, 16-20 marca, Fortaleza, Ceara, Brazylia, ACM Publications.

Blakemore, M., i Lloyd, P. (2007). *Trust and Transparency (Zaufanie i przejrzystość): Wstępne założenia skutecznej e-administracji.* Think Paper 10. Dokument dostępny do pobrania w formacie PDF na stronie http://www.ccegov.eu/ [ostatni dostęp 21 lipca 2008 r.].

Blaze, M. (2004). Towards a Broader View of Security Protocols, *Security Protocols 2004, Springer Lecture Notes In Computer Science*, **3957**, 106-132.

Bleichenbacher, D. (2006). Forging some RSA Signatures with Pencil and Paper, oral presentation at the rump session, *CRYPTO 2006*, Aug. 2006.

Brown, L., i Caylor, M. (2006). Corporate Governance and Firm Valuation, *Journal of Accounting Policy*, **25**, 409-434.

Brunnermeier, M., Crocket, A., Persaud, A., i Sin, H. (2009). *The Fundamental Principles of Financial Regulation* (Preliminary Conference Draft). Geneva Reports on the World Economy 11. Międzynarodowe Centrum Studiów Monetarnych i Bankowych. Styczeń 2009 r. Dostępne do pobrania w formacie PDF na stronie: http://www.voxeu.org/reports/Geneva11.pdf [ostatni dostęp 10 marca 2009 r.].

Cahill, V., Gray, E., Seigneur, J.M., Jensen, C.D., Chen, Y., Shand, B., Dimmock, N., Twigg, A., Bacon, J., English, C., Wagealla, W., Terzis, S., Nixon, P., Serugendo, G., Bryce, C., Carbone, M., Krukow, K. i Nielsen, M. (2006). *Pervasive Computing*, lipiec-wrzesień 2003 r., 52-61.

Cameron, K. (2005). *The laws of Identity*. Microsoft Corporation, Artykuły techniczne. Dostępne pod adresem: http://msdn2.microsoft.com/en-us/library/ms996456.aspx [ostatni dostęp [21] lipca 2008 r.].

Castelfranchi, C., i Falcone, R. (2000). Zaufanie to znacznie więcej niż subiektywne prawdopodobieństwo: Składniki psychiczne i źródła zaufania. Obrady *33. Dorocznej Hawajskiej Międzynarodowej Konferencji Nauk o Systemie*, **1**, 4-7.

Castro-Leon, E., i Munter, J. (2005). *Grid Computing: Część 1: Przegląd technologii*. Biała Księga Intela. Dostępna do pobrania pod adresem: http://www.intel.com/cd/ids/developer/asmona/eng/202676.htm. [ostatni dostęp, [20] lipca 2008.]

Chang, Y. (2004). *ECulture: examining and quantifying cultural differences in the user acceptance. PhD Thesis*, Luton University.

Cheskin Research and Studio Archetype/Sapient (1999). *eCommerce trust: wspólne studium badawcze z Studio Archetype/Sapient i Cheskin*. Dostępne do pobrania w formacie PDF na stronie: http://www.cheskin.com/cms/files/i/articles//17__report-eComm%20Trust1999.pdf [ostatni dostęp 24 lipca 2008 r.].

Cisco Corporation USA. (2007). Cisco Security Advisory: *Koncentrator Cisco VPN 3000 podatny na ataki SSL*. Informacja doradcza: Cisco VPN 3000 Concentrator wrażliwy na ataki SSL. Dostępne do pobrania w formacie PDF pod adresem: http://www.cisco.com/warp/public/707/cisco-sa-20050330-vpn3k.pdf. [ostatni dostęp, 10 marca 2009 r.].

Clarke, R.J. (2000). *System informacyjny w jego kontekstach organizacyjnych: Systemowe studium przypadku semiotycznego podłużnego*. Praca doktorska, Wydział Systemów Informatycznych, Uniwersytet Wollongong.

Clayton, R. (2005a). Niepewne rzeczywiste protokoły uwierzytelniania (lub dlaczego Phishing jest tak opłacalny). *Kontynuacja 13. Międzynarodowych Warsztatów na temat Protokołów Bezpieczeństwa*, Cambridge, Wielka Brytania, 20-22 kwietnia 2005 r.

Clayton, R. (2005b). Kto by zafascynował się szczytem Kilaminjaro? *Proceedings of the 9th International Conference FC 2005*, Roseau, The Commonwealth of Dominica, 28th February-March [3rd] 2005, LNCS, **3570**, 91-92, Springer-Verlag.

Clayton, R. (2005c). *Anonimowość i identyfikowalność w cyberprzestrzeni*, PhD Thesis, University of Cambridge. Dostępny jako raport techniczny nr 653 na stronie: http://www.cl.cam.ac.uk/techreports/UCAM-CL-TR-653.pdf [ostatni dostęp [20] lipca 2008 r.].

Codognet, P. (2002), Ancient Images and New Technologies: Semiotyka sieci. *Leonardo*, **35**(1), 41-49.

Collony, R. (2007). The Influence of Technical skill on Consumer Trust in online shopping in Ireland. International Journal of Business Information, **2**(1), 1-28.

Condon, C. (2000). *Metafora w ludzkim interfejsie komputerowym*. Praca doktorska, Uniwersytet Brunela, Wielka Brytania.
Conrad, M., French., T., Maple, C., i Huang, W. (2006). A Lightweight Model of Trust Propagation in a Multi-Client Network Environment: W jakim stopniu istotne jest doświadczenie? *Proceedings of the [1st] 1st International Conference on Availability, Reliability and Security*, [20-22] kwietnia, Wiedeń, 482-487.

Conte, R., i Paolucci, M. (2007). *Social Knowledge for e-Governance Proposal ("eRep"). Umowa nr 028575. Zaliczki teoretyczne, pakiet roboczy 1.2. Status realizacji: Ostateczny*, [15] listopada 2007 r. LABSS (Laboratory of Agent Based Social Simulation, National Research Council, Rzym, Włochy. Dostępny w formacie PDF pod adresem:
http://megatron.iiia.csic.es/eRep/files/eRep_D1.2_TheoreticalAdvances.pdf [ostatni dostęp [20] lipca 2008 r.].

Corritore, C., Krasher, B., i Wiedenbeck (2003). Zaufanie on-line: koncepcje, rozwijające się tematy, model. *International Journal of Human-Computer Studies*, **58**, 737-758.

Cravens, K., Oliver, E. i Ramamoorti. (2003). The Reputation Index: pomiar i zarządzanie reputacją firmy. European Management Journal, **21**(2), 201-212.

Cremers, K.J.M., i Nair, V.B. (2005). Corporate Governance and Equity Prices. *Quarterly Journal of Economics*, **118**, 107-155.

Cięcie, J. (2002). Pragmatyka i dyskurs: podręcznik dla studentów, Routledge, Wielka Brytania.

Dasgupta, P. (1988). Zaufanie jako towar. W: Gambetta, D. (Ed.) Trust *Making and Breaking of Cooperative Relations*. Basil Blackwell, Oxford, 49-72.

Deutsch, M. (1958). Zaufanie i podejrzliwość. Journal of Conflict Resolution, **2**(3), 265-279.

Dayal, S., Landesberg, H., i Zeisser, M. (1999). Jak budować zaufanie online. *Marketing Management*, **8**(3), 64-69.

Eco, U. (1976). *A Theory of Semiotics*, Bloomington: Indiana University Press, USA.

Egger, F. (2003). *From Interactions to Transactions: designing the Trust Experience for Business-to-Consumer Electronic Commerce*. Praca doktorska, Politechnika w Eindhoven.

Ehmke, C., i Wilson, S. (2007). Identifying Web Usability Problems from Eye-Tracking Data. Postępowania HCI 2007, **1**, 119-128.

Ellison, C., i Schneier, B. (2000). Dziesięć ryzyk PKI: Czego nie mówi się o infrastrukturze klucza publicznego. *Computer Security Journal*, **26**(1), 1-8.

Ettredge M., i Richardson V. (2001). Assessing the Risk of E-commerce. *Postępowania 35. Hawajskiej Międzynarodowej Konferencji IEEE w sprawie Nauk Systemowych*, 194-205.

Eymann, T., Konig, S., i Matros, R. (2008). A Framework for Trust and Reputation in Grid Environments. *Journal of Grid Computing* (przyjęty do publikacji 25.2.08).
Dostępny w formacie PDF do pobrania pod adresem:
http://www.springerlink.com/content/111140/?sortorder=ascontent+Status=Akceptowane.
[ostatni dostęp, 28 lipca 2008.]

Fang X., i Salvendy G. (2003). Customer-Centred Rules for Design of E-commerce Web- Sites. *Communications of the ACM*, **46**(12), 332-336.

Falcone, R. i Castelfranchi, C. (2001). Społeczno-poznawcza dynamika zaufania: czy zaufanie tworzy zaufanie? W: Trust *in cyber-societies*, LNCS in AI, **2246**, 55-72, Springer-Verlag.
Powodzie, M. (1952). *Niektóre gry eksperymentalne*. Memorandum badawcze RM0789. Santa Monica, Kalifornia. RAND Corporation.

Fogg, B.J., Marshall, J., Laraki, O., Osipovitch, A., Varma, C., Fang, M., Paul, J. , Rangnekar, A., Shon, J., Swani, P. i Trienen, M. (2001). Co czyni witrynę wiarygodną? Raport z dużego badania ilościowego. *Proceedings of the SIGCHI conference on Human factors in Computing Systems*, Seattle, Washington, Stany Zjednoczone, 61-68.

Francuski, T. (2003).Jakie rodzaje "interpretacji" semiotyki mogą zaoferować użytkownikom i projektantom stron e-commerce? *Proceedings of the 1st International Workshop on Interpretative approaches to Information Systems Research*, Brunel University, UK, 26-27 lipca, 1-6 lipca.

Francuski, T., i Liu, K. (2005). Trust for E-commerce. *Proceedings ALOIS*2003th International Conference*, Limerick University, Ireland, 15-16th March 2005, 99-113.
Fujisaki, E., Okamoto, T., Pointcheval, D., i Stern, J. (2004). RSA-OAEP jest bezpieczny w ramach RSA Assumption. *Journal of Cryptology*, **17**(2), 81-104.

Fukuyama, F. (1995). *Zaufanie: Cnoty społeczne i tworzenie dobrobytu*. Londyn, Hamish Hamilton.

Gambetta, D. (2000). *Zaufanie: Making and Breaking Cooperative Relations*. Dostępne pod adresem: www.sociology.ox.ac.uk/papers/trustbook.html [ostatni dostęp 20 czerwca 2008 r.].

Gambetta, D. (1988). Czy możemy ufać? W: (Ed.) Gambetta, D. *Trust: Making and Breaking Cooperative Relations*, rozdział 13, 213-237. Basil Blackwell.
Gambetta, D., i Hamill, H. (2005). *Streetwise: Jak taksówkarze ustanawiają zaufanie klientów*. Russell Sage Publications.

Gazendam, H.W.M. (1999). Semiotics, Virtual Organisations and Information Systems. W: (Eds.) Liu, K., Clarke R., Andersen P., i Stamper, R., *Information, Organisation and Technology: Studia z zakresu semiotyki organizacyjnej*. Boston: Kluwer Academic Publishers (str. 1-48).
Gazendam, H. (2006). The aspect phase model from the view of LAP and OS. *Proceedings Action in Language, Organisations and Information Systems (ALOIS) 2006*, 95-111.

Gazendam, H.W.M., Helmhout, M.H. i Jorna, R.J. (2006). Monitorowanie kontekstu społecznego opartego na konstruktach społecznych. *Proceedings of the ICOS 2006 International Conference on Organisational Semiotics*, 5th-7th July 2006, Campinas, SP, Brazil.

Gerk, E. (2002). Trust as Qualified Reliance on Information. *The Cook Report on the Internet*, **10**(10).

Golbek, J.A. (2005). *Computing and applying Trust in Web-based Social Networks*. Praca doktorska, University of Maryland, USA.

Grabosky P., Smith R., i Demsey, G. (2001). Kradzież *elektroniczna: bezprawne przejęcie w Cyberspace*. Cambridge University Press, Wielka Brytania.

Grandison, T. i Sloman, M. (2000). A Survey of Trust in Internet Applications. *IEEE Communications Surveys*, **3**(4).

Grabner-Krauter, S., i Kaluschia. E.A. (2003). Empirical research in on-line trust: a review and critical assessment. *International Journal of Human-Computer Studies*, **58**, 783-812.

Grabner-Krauter, S., Kaluschia, E.A., i Fladnitzer, M. (2005). Perspectives of Online Trust and Similar Constructs - A Conceptual Clarification. *Proceedings of the 8th International Conference on Electronic Commerce*, 14th-16th August, Fredericton, Canada, 235-243.

Hand, D.J., i Crowder, M.J. (2005). Measuring customer quality in retail banking. *Modelowanie statystyczne: An International Journal*, **5**(2), Arnold Publishers, 145-158.

Hardin, R. (2002). (Ed.) Trust *and Trustworthiness*. New York, Russell Sage Foundation.

Hassell, L. (2005a). Pragmatyczne akty mowy i zarządzanie wiedzą. *Proceedings of the 3rd Action in Language, Organisations and Information Systems (ALOIS)*, Limerick, Irlandia, 15-16 marca, 133-147.

Hassell, L. (2005b). Affect and Trust. *Trust Management*, LNCS **4377**, 131-145.

Hole, K.J., Moen, V. i Tjøstheim, T. (2006). Studium przypadku: Bezpieczeństwo bankowości internetowej. *IEEE Security and Privacy*, **4**(2), 14-20.

Huang, L., Farn, C., i Yin, K. (2005). On Initial Trust building for E-Commerce: Wracając z perspektywy teorii sygnału i przeniesienia zaufania. *Proceedings of the 13th European Conference on Information Systems*. Dostępne do pobrania w formacie PDF na stronie: http://is2.lse.ac.uk/asp/aspecis/20050083.pdf [ostatni dostęp, 1 sierpnia 2008 r.].

Ibrahim, E., Noor, N.L.M., i Mehad, S. (2007). Mądrość w sieci: o zaufaniu, instytucji i symbolice. *Proceedings of the 10th International Conference on Enterprise Information Systems*, 12th-16th June, Barcelona, Spain, 13-20.

Izu, T., Shimoyama, T., Takenaka, M. (2008). Extending Bleichebacher's Forgery Attack. *Journal of Information Processing*, **16**, 122-129.

Jakobbson, M., i Meyers, S. (2007). *Phishing and Countermeasures*. John Wiley and Son Publications.

Jarvenpaa, S.L., Tractinsky, J., i Vitale, M. (2000). Consumer Trust in an Internet Store. *Journal of Information Technology and Management*, **1**(1&2), 45-71.

Jarvenpaa, S., Tractinsky, N., i Vitale, M. (1999). Consumer Trust in an Internet store: A Cross-Cultural Validation. *Journal of Computer Mediated Communication*, **5**(2). Dostępny pod adresem: http://jcmc.indiana.edu/vol5/issue2/jarvenpaa.html [ostatni dostęp 25 lipca 2008 r.].

Josang, A., Ismail R., i Boyd, C. (2007). A Survey of Trust and Reputation Systems for on-line Service Provision, *Decision Support Systems*, **43**(2), 618-644.

Joslyn, C., i Rocha, M. (2000). Towards Semiotic Agent-Based Models of Socio-Technical Organizations. *Proceedings of AI, Simulation and Planning in High Autonomy Systems (AIS 2000) Conference*, Tucson, Arizona, USA, 70-79.

Karvonen, K. (2007). Enabling Trust between Humans and Machines. *Proceedings of the European e-Identity Conference, Eema's 20th Annual Conference*, 12-13 czerwca 2007, Paryż, Francja. Dostępne w formacie PDF pod adresem: http://www.tml.tkk.fi/~kk/publications.html [ostatni dostęp, czerwiec 2008 r.].

Karvonen, K., Cardholm, L. i Karlsson, S. (2000). Cultures of Trust: A Cross-Cultural Study on the Formation of Trust in an Electronic Environment. *Proceedings of the Fifth Nordic Workshop on Secure IT Systems*, *NordSec 2000,* 12-13 October, 2000, Reykjavik, Iceland.

Karvonen, K, i Parkkinen, J. (2001). Signs of Trust. *Proceedings of the 9th International Conference on HCI*, August 5-10, 2001, New Orleans, LA, USA.

Kashefi, E., i Kerenidis, I. (2006). Statistical Zero Knowledge and Quantum One-way Functions. *Proceedings of the International Workshop on Post-Quantum Cryptography*, Leuven, Belgium, 23-26th May 2006 7-24.

Keh, H., i Xie, Y. (2008). Reputacja korporacyjna i zamiary zachowań klientów: The Roles of Trust, Identification and Commitment, *Journal of Industrial Marketing Management*, (do pojawienia się). Dostępny jako podgląd wydruku on-line na stronie: linkinghub.elsevier.com/retrieve/pii/S0019850108000291, [ostatni dostęp, lipiec 2009].

Kelly G. (1955). *Psychologia Konstrukcji Osobistych.* Norton and Co., Inc., USA.

Kiefer, T. (2000). The future Role of Banks in Electronic Commerce - Trust as the Critical Factor of Success in Business Enabling. *Obrady 8. Europejskiej Konferencji na temat Systemów Informatycznych*, Wiedeń, 886-874.

Kim, D.J., Ferrin, D.L., i Rao, H.R. (2003). A Study of Consumer Trust on Consumer Expectations and satisfaction: the Korean experience. *Proceedings of the 5th International Conference on Electronic Commerce*, 310-315.

Kim, J. i Moon, J.Y. (1998). Designing Towards Emotional Usability in Customer Interfaces: Wiarygodność interfejsów systemów bankowości internetowej. *Interakcje z komputerami*, **10**, 1-29.

Klang, M. (2001). Komu ufasz? Poza szyfrowaniem, bezpiecznemu e-biznesowi. *Systemy wspomagania decyzji*, **31**(3), 293-302.
Komiak, S., i Benbasat, I. (2004). Rozumienie zaufania klientów do pośrednictwa w handlu elektronicznym, internetowym handlu elektronicznym i handlu tradycyjnym. *Information Technology and Management,* **5**, 181-207.

Kramer, R.M., i Cook, K. (2004). (Eds.) *Trust and Distrust in Organizations: Dylematy i podejścia.* Nowy Jork, Russell Sage Foundation.

Larsson, L., Johansson, B., i Goldkuhl, G. (2006). Ujawnienie złożoności komunikacji z klientem w przypadku zakupów na odległość: analiza społeczno-pragmatyczna rozmowy. *Proceedings Action in Language, Organisations and Information Systems (ALOIS) 2006*, 115-134.

Li, D., Browne, G.J., i Wetherbe, J.C. (2006). Dlaczego internauci trzymają się konkretnej strony internetowej? A Relationship Perspective. *International Journal of Electronic Commerce*, **10**(4), 105-141.

Liu, K. (2000). *Semiotyka w inżynierii systemów informatycznych.* Cambridge University Press.

Liu, K., (2003). Incorporating Human aspects into Grid Computing for Collaborative Work. *Key note at the ACM International Workshop on Grid Computing and eScience,* 21 June 2003, San Francisco, USA.

Liu, K., Crum, G., and Dines, K. (1998) Design issues in a semiotic description of user responses to three interfaces. *Behaviour & Information Theory, 17*(3**),** 175-184.

Lohse J. (2000). Usability and Profits in the Digital Economy. *Postępowanie HCI 2000*, *"Usability or Else"*, Sunderland University, UK, 3-15.

Mannan, M., i van Oorschot, P.C. (2007). Bezpieczeństwo i użyteczność: Luka w prawdziwej bankowości internetowej. New Security Paradigms Workshop (NSPW), Sept.18-21st 2007, New Hampshire, USA. Dostępny w wersji przedrukowej pod adresem: http://www.scs.carleton.ca/%7Emmannan/publications/online-banking-preprint.pdf [ostatni dostęp 18 sierpnia 2008 r.].

Maiden, N., i Rugg, G. (1996). ACRE: A Framework for Acquisition of Requirements, *Software Engineering*, **11**(3), 183-192.

Marsh, S.P. (1994). *Formalizowanie zaufania jako koncepcji obliczeniowej*. Praca doktorska, Stirling University, Wielka Brytania.

Matthews, B., Bicagregui, C., i Dimitrakos, T. (2003). Building Trust on the Grid: Trust Issues Underpinning Scalable Virtual Organizations. CLRC Rutherford Appleton Laboratory, Wielka Brytania. Dostępny w formacie PDF pod adresem: http://epubs.cclrc.ac.uk/bitstream/643/trustedgridERCIM.pdf [ostatni dostęp 22 lipca 2008 r.].

Mayer, R.C., Davis, J.H., i Schoorman, F.D. (1995). Integracyjny model zaufania organizacyjnego. *Academy of Management Review* **20**(3), 709-734.

McCabe, K., Houser, D., Ryan, L., Smith, V. i Trouard, T. (2001). Funkcjonalne badanie obrazowe współpracy w dwuosobowej wzajemnej wymianie. *Proceedings of the National Academy of Sciences of the USA*, **98**(20), 11832-5.

Mc Carthy J., i Wright, P. (2004). *Technologia jako doświadczenie*. MIT Press.
McKnight, D. H., i Chervany, N. L. (2001). Co oznacza zaufanie w relacjach z klientami e-commerce: Interdyscyplinarna koncepcyjna typologia. *International Journal of Electronic Commerce*, **6**(2), 35-59.

McKnight, D. H., Choudhury, V., i Kacmar, C. (2002). Developing and validationating trust measures for e-commerce: an integrative typology. *Information Systems Research*, **13**(3), 334-359.

Minocha S., Dawson, L., Roberts, D., i Petre, M. (2003). E-SEQUAL: Podejście zorientowane na klienta do dostarczania wartości w środowiskach handlu elektronicznego. *Raport techniczny nr 2004/12*. Department of Computing, The Open University, UK. Dostępny do pobrania w formacie PDF pod adresem:

computing.reports.open.ac.uk/index.php/content/download/154/915/file/2004_12.pdf [ostatni dostęp 22 lipca 2008 r.].

Mohammadian, M. (2004). (Ed.) *Intelligent Agents for Data Mining and Information Retrieval*. IGI Publishing, Hershey, PA, USA.

Morris, C. (1938). *Fundamenty Teorii Znaków*. Chicago University Press.

Mukherjee, A., Nath, P. i Pal, M.N. (2002). Performance benchmarking and strategic homogeneity of Indian banks, *International Journal of Bank Marketing*, **20**(3), 122-39.

Nadin, M. (1988). Projekt interfejsu: Paradygmat semiotyczny. *Semiotica*, **69**(3-4), 269-302.

Neumuller, M. (2001). *Semiotyka hipertekstowa w komercjalizowanym Internecie*, praca doktorska, Uniwersytet Wiedeński, październik 2001.
Nielsen, J. (1998). E-Commerce User Experience: Design Guidelines for Trust and Credibility. Dostępny on-line (wymagana jest opłata licencyjna za pojedynczą kopię) pod adresem: http://www.nngroup.com/reports/ecommerce/trust.html [ostatni dostęp 14 sierpnia 2008 r.].

Nikander, P., i Karvonen, K. (2000). Użytkownicy i zaufanie w cyberprzestrzeni. *Kontynuacja warsztatów z Cambridge Security Protocols Workshop 2000*, 3-5 kwietnia 2000.

Nilsson, M., Adams, A, and Herd, S. (2005). Building Security and Trust in Online Banking. *Postępowania CHI 2005 Spóźnione wyniki. Plakaty*, 1701-1704. Dostępne do pobrania w formacie PDF pod adresem: http://delivery.acm.org/10.1145/1060000/1057001/p1701-nilsson.pdf?key1=1057001ey2=1413268121oll=GUIDEl=GUIDEFID=81779367FTOKEN=63855328 [ostatni dostęp 14 sierpnia 2008 r.].

Olmedilla, D., Rana, O., Matthews, B i Nejdi, W. (2006). Security and Trust Issues in Semantic Grids. *Postępowanie w Semantic Grids: The Convergence of Technologies*. Dostępny w formacie PDF pod adresem: http://drops.dagstuhl.de/popus/volltexte/2006/408 [ostatni dostęp [10] lipca 2008 r.].

O'Neill, S. (2008). *Brytyjscy Lordowie Przestępczości rządzą podziemiem o wartości 40 miliardów funtów*. The Times, s. 13.

Oussenia, S. i French, T. (2009). Integracja Semiotic z UML poprzez Enhancing and Cross-validating Use Case w ramach wzbogaconego modelu domeny. Journal of Sociotechnology and Knowledge Development, lipiec-wrzesień 2009 r.,**1**(3).

Peirce C. (1960). (Eds.) Hartshorne, C. i Weiss, P., *Collected Paper of C.S. Peirce*. Harvard University Press, Cambridge, Massachusetts.

Oyugi, C., Dunckley, L., i Smith, A. (2008). Metody oceny i różnice kulturowe: Studia na trzech kontynentach. *CD- Procedury. NordiChi, "Building Bridges"*, 318-325.

Patel, J., Teacy, W.T.L., Jennings, N.R., Luck, M., Chalmers, S., Oren, N., Norman, T.J., Preece, A., Gray, P.M.D., Shercliff, G., Stockreisser, P.J., Shao, J., Gray, W.A., Fiddian, N.J. i Thompson, S. (2005). Monitoring, Policing and Trust for Grid-Based Virtual Organisations. *CD-Proceedings of the UK e-Science All Hands Meeting 2005*, 19th-22nd September, Nottingham University, UK.

Platzer, C. (2004). *Trust based Security in Web-Services*. Praca magisterska, Uniwersytet Techniczny w Wiedniu, maj 2004 r. Dostępna w formacie PDF pod adresem: http://citeseer.ist.psu.edu/platzer04trustbased.html [ostatni dostęp, 1 sierpnia 2008 r.].

Pollitt, Michael G. (2002). The Economics of Trust, Norms and Networks. *Etyka biznesu: A European Review*, **11**, 119-128.

Preszynski, K.J., i Thanasankit, T. (2002). Exploring Trust in B2C E-commerce - studium rozpoznawcze kultury maoryskiej w Nowej Zelandii. *Proceedings of the European Conference on Information Systems*, June 6-8th, Gdańsk, Poland, 735-747.

Morris C. (1932). *Fundamenty Teorii Znaków*. Chicago University Press.

Putnam, R.D. (1993). *Making Democracy Work*. Princeton University Press.

Putnam, R.D. (2000). *Bowling Alone: Upadek i odrodzenie Wspólnoty Amerykańskiej*. Nowy Jork, Touchstone Press.

Rescorla, E. (2000). *SSL i TLS: Projektowanie i budowa bezpiecznych systemów*. Addisson-Wesley, Nowy Jork.

Resnick, M., i Montana, R. (2003). Postrzeganie Obsługi Klienta, Prywatność Informacji i Jakość Produktu przez Semiotic Design Features w Sklepie Internetowym. *International Journal of Human-Computer Interaction*, **16**(2), 211-234.

Richard, P., Devinney, T., Yip, G., Johnson, G. (2009). Measuring Organisational Performance: W kierunku najlepszych praktyk metodologicznych. Journal of Management, **35**(3), 718-804.

Riegelsberger, J. (2005). *Trust in Mediated Actions*. PhD Thesis, UCL, Londyn.

Riegelsberger, J., Sasse, A., i McCarthy, J. (2003a). Dylemat badacza: ocena zaufania do komunikacji za pomocą komputera. *International Journal of Human-Computer Studies,* **58**, 759-781.

Riegelsberger, J., Sasse, M.A., i McCarthy, J. (2003b). Zaufanie w First Sight? Test zdolności użytkowników do rozpoznawania witryn e-commerce godnych zaufania. *Postępowanie HCI 2003*, University of Bath, 8th-12th September 2003, 243-259.

Riegelsberger, J., Sasse, M. A. , i McCarthy, J. (2003c). Lśniący szczęśliwi ludzie budujący zaufanie? Zdjęcia na stronach internetowych e-commerce i Consumer Trust. *Proceedings of SIGCHI Conference on Human Factors in Computing Systems 2003*, 20-25 kwietnia, Ft. Lauderdale, Floryda, 121-128.

Riegelsberger, J., Sasse, M.A., i McCarthy, J. (2005a). The Mechanics of Trust: A Framework for Research and Design. *International Journal of Human-Computer Studies*, **62**(3), 381-422.

Riegelsberger, J., Sasse, M.A., i McCarthy, J. (2005b). Bogate media, kiepski osąd? A Study of media effects on the users' trust in expertise. *Proceedings of HCI 2005*, Edinburgh Sept. 5th-9th 2005, 267-284.

Riegelsberger, J., Sasse, M.A., i McCarthy, J. (2006). The Researcher's Dilemma: Evaluating Trust in Computer Mediated Communications. *International Journal of Human Computer Studies*, **58**, 759-781.

Rilling, J.K., Gutman, D.A., Zeh, T.R., Pagnoni, G., Berns, G.S. i Kilts, C.D. (2002). Neuronowe podstawy współpracy społecznej. *Neuron*, **35**, 395-405.

Rivest, R.L., Shamir, A., i Adleman, L. (1978). A method for Obtaining Digital Signature and Public-Key Cryptosystems. *Communications of the ACM*, **21**(2), 120-126.

Rugg G., i McGeorge, P. (1997). The Sorting Techniques: A Tutorial Paper on Card Sorts, Picture Sorts and Item Sorts, *Expert Systems*, **14**(2), 80-93.

Sabater-Mir, J., Pinyol, I., Villatoro, D., i Cuní, G. (2007). Towards Hybrid Experiments on reputation mechanisms: Agenci BDI i ludzie w instytucjach elektronicznych. *Obrady 12. konferencji Hiszpańskiego Stowarzyszenia na rzecz Sztucznej Inteligencji* (CAEPIA-07), **2**, 299-308.

Salomonson, N., i Lind, M. (2006). IT and Service Encounters - Studying Conversations to Determine IT-enabled Actions. *Proceedings Action in Language, Organisations and Systems, (ALOIS),* 1st-2nd November, Boras, Sweden, 135-151.

Saussure, F. (1976). *Kurs lingwistyki ogólnej,* Duckworth, Nowy Jork.
Schneiderman, B. (2000). Designing Trust into Online Experiences. Communications of the ACM, **43**(12), 57-59.

Schneier, B. i Wagner, D. (1996). Analysis of the SSL 3.0 Protocol. *Proceedings of the 2nd USENIX Workshop on Electronic Commerce*, USENIX Press, Oakland, California, November 1996, 29-40.
"Pewnie": Secure Environments for Collaboration among Ubiquitous Roaming Entities, (2001). *Projekt IST: IST-2001-32486*, Department of Science University College Dublin, dostępny na stronie: http://www.dsg.cs.tcd.ie/dynamic/?category_id=-30 [ostatni dostęp 22 lipca 2008 r.].

Searle, J.R. (1969). *Speech Acts*. Cambridge University Press.

Shamir, A., i Tromer, E. (2003). On the Cost of Factoring RSA-1024. *Cryptobytes*, **6**(2), Summer 2003, RSA Laboratories, 11-20.

Singh, S. (2000). *Księga Kodów: The Secret History of Codes and Code Breaking*. Fourth-Estate Publications, UK.

Sillence, E., Briggs, P., Harris., P i Fishwick. L (2006). A framework for understanding trust factors in web-based health advice. *International Journal of Human-Computer Studies*, **64**(8), 697-713.

Smith, A., Chang, Y., i French, T. (2005). *Quantifying Cultural Characteristics of Chinese Website Users*. In (Eds.) Ren., X., and Dai, G., Evolution of the Human Computer Interaction, Nova Press, 73-86.

Smith A., Dunckley, L., French, T., Minocha, S. i Chang, Y. (2004). A Process Model for developing Usable cross-cultural websites. Interakcja *z komputerami*: Special Edition Global human-computer systems cultural determinants of usability, **16**(1), 63-91.

Song, S., Hwang, K., i Kwok, Y. (2005). Trusted Grid Computing with Security Binding and Trust Integration. *Journal of Grid Computing*, **3**(1-2), June, 2005, 53-73.

de Souza, C. (2005). *The Semiotic Engineering of Human-Computer Interaction*. MIT Press.

Stamper, R. (1973). *Information in Business and Administrative Systems*. John Wiley and Sons, New York.

Stamper, R. (2007). Potknięcie się o "Matematykę miękką?" podczas zgłębiania niektórych zagadnień z zakresu organizacji, prawa i metafizyki. Text of a key-note address delivered at the ICCS Conference/10th International Conference on Organisational Semiotics, 2007. *Obrady 10. Międzynarodowej Konferencji na temat Semotyki Organizacyjnej 2007,* 24-26 lipca 2007 r., Uniwersytet Sheffield Hallam, Wielka Brytania, 1-13.

Steinbrück, U., Schaumburg, H., Duda, S. i Krüger, T. (2002). Obrazek mówi więcej niż Tysiąc słów-fotografów jako budowniczych zaufania na stronach internetowych E-Commerce. *Postępowania CHI 2002*, 20-25 kwietnia, Minneapolis Minnesota, 748-749.

Sułtan, F., Urban, G., Shankar, V. i Bart I. (2002). *Determinants and Consequences of Trust in e-Business: Wielkoskalowe badanie empiryczne.* Working Paper 4282-02, Sloan School of Management, MIT Press, USA. Dostępny on-line pod adresem: http://papers.ssrn.com/sol3/papers.cfm?abstract_id=380404 [ostatni dostęp 14 stycznia 2009 r.].

Tan, F.B., Yan, L. i Urquhart, C. (2007). The Effect of Cultural Differences on Attitude, Peer Influence, External Influence, and Self-Efficacy in Actual Online Shopping Behaviour. *Journal of Information Science and Technology*, **4**(1), 3-26.

The Open Grid Services Architecture, Version 1.0 (2005). Global Grid Forum, dostępne do pobrania pod adresem: http://forge.gridforum.org/projects/ogsa-wg [ostatni dostęp, 22 lipca 2008 r.].

Thellefsen. T. (2008). The Fundamental Sign: a semeiotic outline of significance-effect, knowledge profiling and their use in knowledge organisation and branding. Praca doktorska, Uniwersytet Aarlborg, Dania.

Tseng, S., i Fogg, B.J. (1999). Credibility and Computing Technology. *Communications of the ACM*, **42**(5), 39-44, maj 1999 r.

Tsohatzidis, S.L. (2007). *John Searle's Philosophy of Language: Siła, Znaczenie i Umysł.* Cambridge University Press.

Tucker, A. (1950). *Dwuosobowy dylemat.* Wykładowca na Uniwersytecie Stanforda, Palo Alto, Kalifornia. Stanford University Press. W: Poundstone, W. *Prisoner's Dilemma*, 2nd Edition. Anchor Books, Nowy Jork.

Turner, A. (2009). *"The Turner Review: a regulatory response to the current banking crisis"*, FSA (Financial Services Authority), marzec 2009 r. Dostępny w formacie PDF pod adresem: http://www.fsa.gov.uk/pubs/other/turner_review.pdf, [ostatni dostęp, 10 marca 2009 r.].

Upchurch, L. Rugg, G., i Kitchenham, B. (2001). Using Card Sorts to Elicit web page Quality Attributes, *IEEE Software*, **18**(4), 84-89.

Thawte (2009). Certyfikaty Extended Validation SSL: nowy standard budzący zaufanie, poprawiający zaufanie i zwiększający sprzedaż. Biała księga.

Dostępna do pobrania w formacie PDF pod adresem: http://whitepapers.securityfocus.com/whitepaper5004/, [ostatni dostęp, wrzesień 2009 r.].
Zespół Gotowości Komputerowej USA (2004). *Uwaga dotycząca podatności: VU#104280*. Dostępny na stronie: http://www.kb.cert.org/vuls/id/AAMN-5RVRED, [ostatni dostęp, marzec 2009.]

Zespół Gotowości Komputerowej USA (2004). *Uwaga na temat podatności: VU#255484*. Dostępny pod adresem: http://www.kb.cer.org/vuls/id/255484, [ostatni dostęp, marzec 2009.]

Vasalou, A., Hopfesnsitz, A., i Pitt, J. (2007). Czy przeprosiny wystarczy? Jak rozwiązać problem załamania zaufania w Episodic Online Interactions. *Postępowania. HCI 2007*, 3-7 września 2007, Lancaster University, **2**, 19-122. Publikacje BCS.

Vile A., Polovina, S., i francuski, T. (2000). e-Finance: Architecture Strategy and Semiotic. *CD-Proceedings of the 5th BIT International Conference*, Manchester Metropolitan University, UK.

Wang, Y.D., i Emurian, H.H. (2005). An Overview of on-line Trust: concepts, elements and implications. *Computers in Human Behaviour*, **21**, 105-125.

Web Services Trust Language (2007). Współtwórcy: IBM, BEA Systems, Microsoft, Layer 7 Technologies, Oblix, VeriSign, Actional, Computer Associates, Open-Network Technologies, Ping Identity, Reactivity, RSA Security. Wersja zaktualizowana w październiku 2007 r. Dostępna na stronie: http://www-106.ibm.com/developerworks/library/specification/ws-trust/ [ostatni dostęp, 22 lipca 2008 r.].

Uniwersytet w Kent, Biuletyn Nauk Fizycznych. (2009). Edycja wiosenna. Artykuł: "Would you trust this man?", News report describing the emergent work of Dr. Chris Solomon of the Forensic Imaging Research Group, str.12. [ostatni dostęp, 10 marca 2009.]

Wilson, M., Arenas, A., i Schubert, L. (2007). *TrustCOM Framework Version 4*. Dostępna w formacie PDF na stronie http://www.eu-trustcom.com [ostatni dostęp 22 lipca 2008 r.].

Winograd T., Folres, F. (1986). Understanding Computers and Cognition. Alex Publishing Corporation, NJ, USA.

Wisse, P. (2006). *Semiotics of Identity Management*. Prima Vera Working Paper Series, University of Amsterdam, Working Paper 2006-02. Dostępny do pobrania w formacie PDF na stronie: http://primavera.feb.uva.nl/PDFdocs/2006-02.pdf [ostatni dostęp 24 lipca 2008 r.].

Wu, J., i Periorellis, P. (2007). Evaluation of Security Mechanisms for Virtual Organisations, Procs. ICCS 2007, 9-16.

Wu, M. (2006). *Fighting Phishing at the User Interface*. Praca doktorska. MIT, sierpień 2006. Dostępna w formacie PDF pod adresem: http://groups.csail.mit.edu/uid/projects/phishing/minwu-thesis.pdf [ostatni dostęp [20] lipca 2008 r.].

Wu, M., Miller, R.C. i Garfinkel, S. (2006). Czy paski narzędzi bezpieczeństwa rzeczywiście zapobiegają atakom typu phishing? *Postępowania z CHI2006*, 22-26 kwietnia, Montreal, Kanada, 601-610.

Xiaohua, H. (2005). A Data Mining Approach for Retailing Bank Customer Attrition Analysis. *Journal of Applied Intelligence*, **22**(1), Springer Science, Formerly Kluwer Academic Publishers, 47-60.

Yan, S. i James, G. (2006). Szybka modułowa wykładnia i działanie grupy krzywej eliptycznej w Maple. *International Journal of Mathematical Education in Science and Technology*, **57**(5), 745-753.

Yener, P. (2003). *Internet Security*. W: (Ed.) Proakis, J.D, *Encyklopedia Telekomunikacji*, **2**, John Wiley and Sons, 1151-1157.

Yonker, C.M., i Truer, J. (1999). Formalna analiza modeli dynamiki zaufania opartych na doświadczeniach. *Proceedings of the European Workshop on Multi-Agent Systems*, 221-231.

Yu, J., i Buyya, R. (2005). *A Taxonomy of Workflow Management Systems for Grid Computing*. Laboratorium GRIDS, Wydział Informatyki i Inżynierii Oprogramowania, Uniwersytet w Melbourne. Dostępne do pobrania w formacie PDF na stronie: www.gridbus.org/reports/GridWorkflowTaxonomy.pdf [ostatni dostęp [20] lipca 2008 r.].

Zak., P., Kurzban, R., i Matzner, W.T. (2005). Oxytoxin is Associated with Human Trustworthiness. *Hormones and Behaviour*, **48**, 522-527.

Ziegler, C.N., i Lausen, G. (2005). Propagowanie modeli zaufania i nieufności w sieciach społecznościowych. *Information Systems Frontiers*, **7**(4-5), 337-358.

ZAŁĄCZNIK A: ZRZUTY EKRANOWE STRON INTERNETOWYCH BANKOWOŚCI ELEKTRONICZNEJ - STUDIUM UŻYTKOWNIKA JEDEN:

Poniższe obrazy w skali szarości zostały odtworzone na jednostronnie laminowanych, pełnokolorowych kartach w formacie A4 (210 x 297 mm) i naświetlone na wszystkich 42 obiektach ludzkich za pomocą protokołu sortowania kart. Do kart tych odniesiono się w pierwszym badaniu użytkowników, zgodnie z opisem w rozdziale szóstym.

[www.nationwide.co.uk]

[www. smile.co.uk]

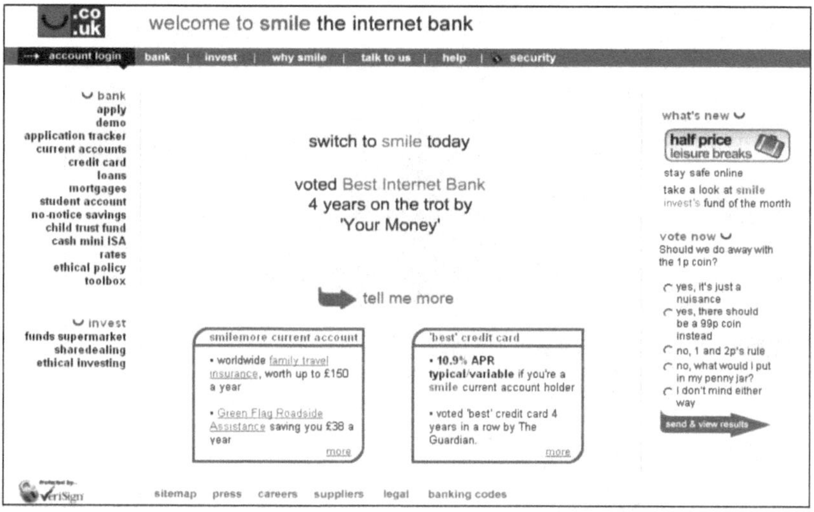

[www.egg.com]

[www.rbs.com]

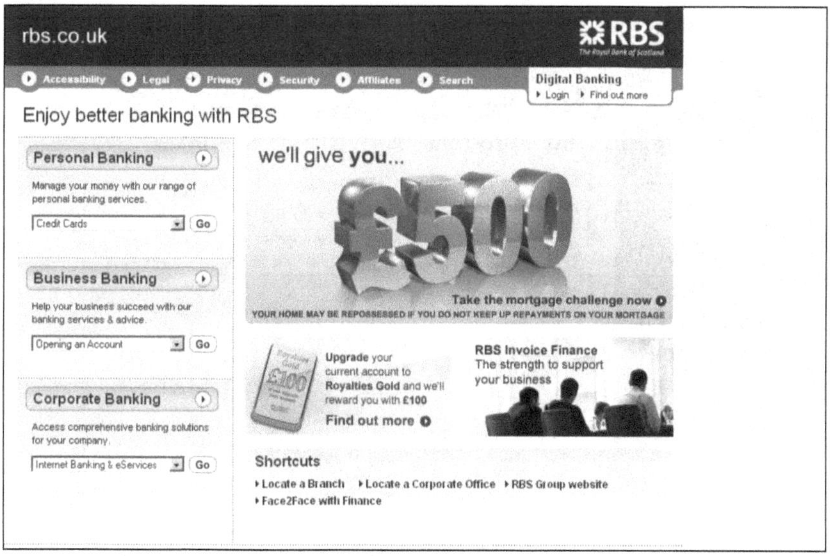

[www.mbna.com]

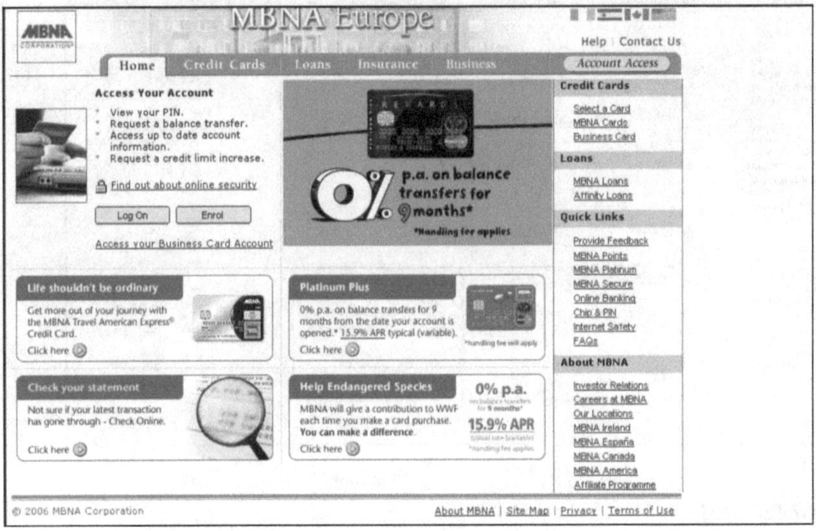

[www.abbey.co.uk]

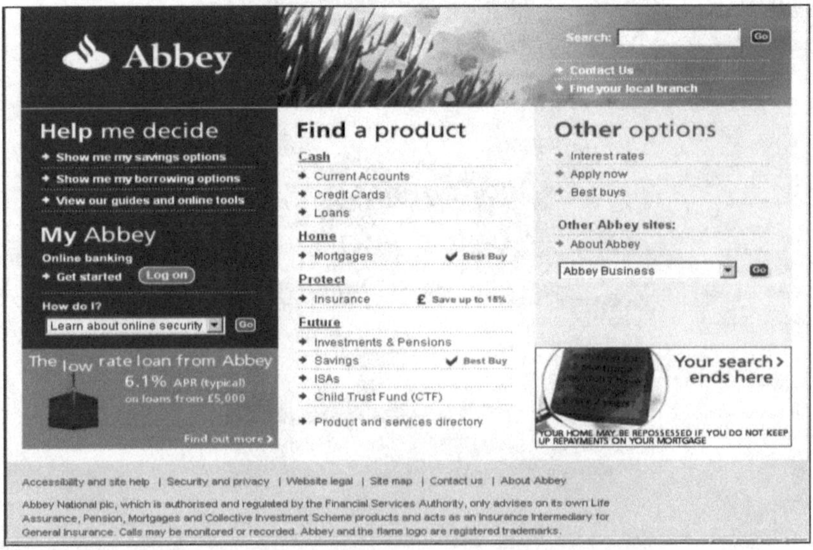

[www.if.com]

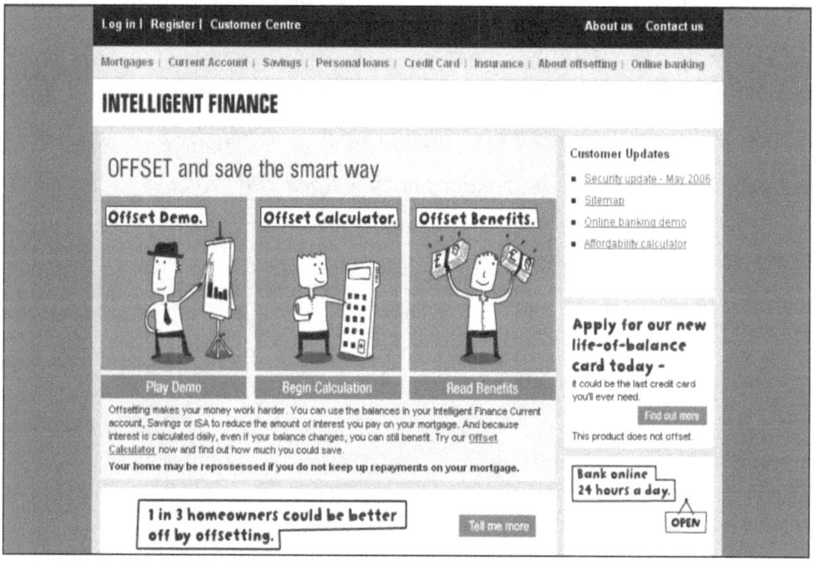

[egg.com]

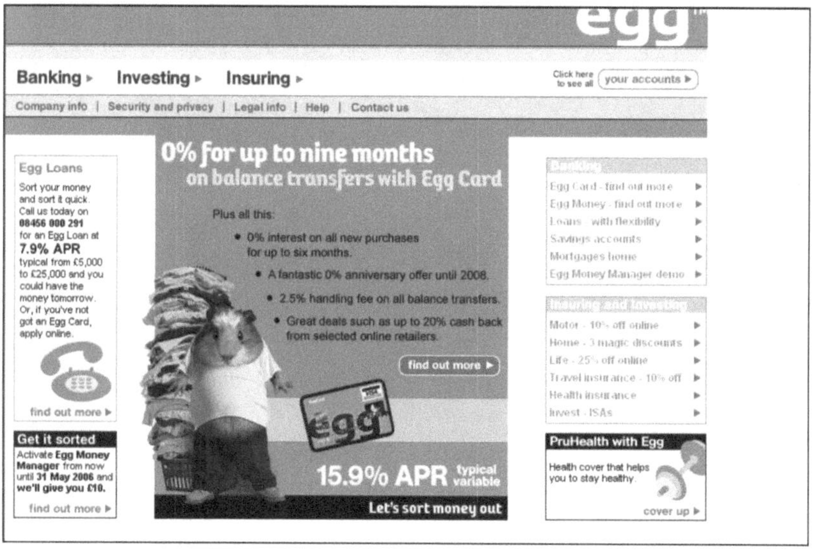

Uwaga 1:

Wszystkie strony były ostatnio odwiedzane w lipcu 2006 r. na potrzeby pierwszego badania użytkowników.

Uwaga 2:

Strona domowa Banku Uśmiechu nie zmieniła się istotnie między pierwszym a drugim badaniem użytkowników, zakończonym w lipcu 2007 roku.

ZAŁĄCZNIK B: PROTOKÓŁ EKSPERYMENTALNY - BADANIE UŻYTKOWNIKA 1

Poniższy protokół sortowania kart doświadczalnych został zastosowany w odniesieniu do wszystkich uczestników badania użytkownika pierwszego (zgodnie z opisem w rozdziale 6).

Protokół sortowania kart semiotycznych (etap po etapie):
1/6/2006

Wstępne sortowanie kart: (inicjowany przez użytkownika)

1. Siedem ważnych brytyjskich stron internetowych e-Finance ma zostać wybranych do sortowania kart wizualnych, aby zapewnić podobne do tych, które są porównywane z półproduktami zaufania konsumentów.

2. Zawartość strony internetowej e-Finance na żywo ma być powielana na serii kart w wysokiej rozdzielczości. Można również używać kart elektronicznych wyświetlanych w Power-poincie.

3. Każdy z uczestników ma otrzymać następujący scenariusz, kontekst eksperymentalny i instrukcje. Żadne inne informacje nie zostaną podane przez prowadzącego podczas pierwszego sortowania kart.

   "Wyobraź sobie, że chcesz otworzyć konto bankowe on-line i/lub uzyskać dostęp do podobnych usług finansowych on-line za pośrednictwem brytyjskiego dostawcy usług elektronicznych. Musisz dokładnie zapoznać się z kartami, które mają być Ci pokazane. Każda z nich reprezentuje alternatywną stronę domową dostawcy usług e-finansowych.
   W kontekście pierwszego spotkania z każdą potencjalną treścią wizualną strony internetowej E-Serwisu należy myśleć o kategorii. Kategoria może być absolutnie wszystkim, co się z Tobą dzieje!
   Kiedy już pomyślisz o jakiejś kategorii - posortuj karty w kolejności preferencji w stosunku do kategorii, którą sam wybrałeś. Następnie zastanów się nad inną kategorią i posortuj karty jak poprzednio, aż nie będziesz mógł już o nich myśleć!".

4. Każdego respondenta należy poprosić o wielokrotne sortowanie kart (tyle razy, ile jest to konieczne) przy użyciu samodzielnie utworzonych kategorii. Kategorie te będą rejestrowane przez moderatora.

5. Facilitator będzie nagrywał zamówienie na kartę po każdym sortowaniu i przed rozpoczęciem innego sortowania.

2. etap - sortowanie kart: moderator moderowany

6. Poproś respondentów o ponowne odwiedzenie każdej karty po kolei. Następnie moderator zachęci użytkownika do zidentyfikowania i zareagowania na poszczególne elementy wizualne (atraktory zaufania i rozpraszające uwagę), które zauważy na każdej karcie, wskazując na każdy z nich. Zostaną poproszeni o przypisanie oceny do każdego z elementów, które sami zidentyfikowali. Ocena będzie miała skalę [+3,+2,+1,0,-1,-2,-3], z wartościami dodatnimi wskazującymi, że element wizualny przekazuje pozytywną odpowiedź na zaufanie, podczas gdy wynik negatywny przekazuje brak zaufania.

3. Etap Sort sortowania kart Odciążenie

7. W celu retrospektywnego zakwestionowania tematów odbędzie się sesja derekcyjna. Na przykład, moderator może chcieć dowiedzieć się, czy uczestnicy mieli wcześniej wiedzę na temat organizacji "cegieł i murów", które zarządzają obiektami, zbadać, czy uczestnicy byli bardziej zaznajomieni z jednym z nich, lub czy mieli jakiekolwiek możliwe do prześledzenia uprzedzenia, które mogły mieć wpływ na reakcje uczestników, np. ryzyko, predyspozycje do zaufania.
8. Odpowiedzi są ujmowane w standardowej formie przy użyciu skali Likerta, w zakresie (1-5), gdzie 1 oznacza najniższą ocenę, a 5 najwyższą.

P1 Na ile godna zaufania wydaje się być strona internetowa?

P2 Jaka jest Pana/Pani poprzednia ekspozycja (jeśli istnieje) na działalność gospodarczą? (np. poprzez bezpośrednie zakupy na głównej ulicy, w reklamie itp.)

P3 Jak oceniłbyś własną wiedzę na temat korzystania z Internetu?

P4 Jak godne zaufania i bezpieczne są dla Ciebie zakupy przez Internet?

P5 Czy generalnie uważa Pan/Pani siebie za osobę podejmującą ryzyko?

Ogólne wymiary użytkownika również zostaną uchwycone:

[przedziały wiekowe: 18-25,26-40,41-60,61+]; identyfikacja płci i pochodzenia etnicznego.

ZAŁĄCZNIK C: KOMPLETNY ZESTAW KONSTRUKCJI TYPU "SUROWEGO" - STUDIUM UŻYTKOWNIKA JEDEN

Indeksowanie numeryczne [poziomy] oznacza sub-sortowanie w ramach kategorii wyższego poziomu zdefiniowanej przez użytkownika. Z czterdziestu dwóch przedmiotów na poparcie jednego z badań użytkownika wyłoniono dużą różnorodność konstrukcji, o czym świadczy kompletna lista przedstawiona poniżej. Wyniki zostały omówione i przedstawione w formie podsumowania w rozdziale szóstym.

1Uznany
2Wiarygodność strony internetowej
3Dobry układ
4Dobra jakość
5Pierwsza obecność reklamowa
6Naprawdę atrakcyjny
7Mamy godny zaufania wygląd
8Oferuj najlepsze oferty
9Prawdziwy rodzaj informacji
10Wygląda poważnie
11Wyraźny/dobry układ
12Appealing colours
13 Zdecydowanie nieciekawe kolory
14 poziom 1: Istotne informacje
15 poziom 1.1 dobre informacje dotyczące prywatności
16 poziom 1.1 nie/nie dotyczy informacji o prywatności
17 poziom 1.2 przejrzyste informacje o przedsiębiorstwie
18 poziom 1.2 brak informacji o przedsiębiorstwie
19 poziom 1.3 jasna informacja o produkcie
20 poziom 1.4 informacje o produkcie niejasne
21 poziom 1.5 projekt jest interesujący
22 poziom 1.6 interesująca promocja
23Clearna nawigacja
24 poziom 1: Konstrukcja chwytająca za oko
25 poziom 1.1 przyciągająca wzrok grafika
26 poziom 1.1 brak przyciągającej wzroku grafiki
27 poziom 1: Godny zaufania wygląd

28 poziom 1.1:godny zaufania branding
29 poziom 1.2 informacje godne zaufania
30Profesjonalny projekt graficzny
31Właściwe promocje
32Genuine looking design
33Easy on the eye not overloaded
34Colory są godne zaufania
35Colory nie są godne zaufania
36Clear product information
37Lots linków i treści
38Nieformalny projekt zaufany
39Formalny projekt zaufany
40Clear product information
41Appealing kolorystyka
42Pomocny projekt
43Design wzbudził zaufanie
44Apperowanie projektem graficznym dla odbiorców docelowych
45Oferowane (godne zaufania) wybory stylu życia
46Nieformalny styl projektowania
47Półformalny styl projektowania
48Formalny styl projektowania
49Appears godne zaufania kombinacje kolorystyczne
50Appears nie jest wiarygodną kombinacją kolorów
51Traditional/formal design
52Nieformalny styl projektowania
53Profesjonalne projektowanie graficzne
54Nieprofesjonalne projektowanie graficzne
55 Dobry projekt graficzny/nie normatywny
56Dobry projekt graficzny normatywny
57Profesjonalne oddziaływanie wizualne
58 Brak profesjonalnego efektu wizualnego
59Clearne informacje o produkcie
60Les/nieprzejrzyste informacje o produkcie
61Hedoniczny design (daje przyjemność)
62Nie jest hedoniczna (nie daje przyjemności)
63Wygląd bezpieczny
64Loki niepewne
65 Szczery tekst/opis

66Insincere text/narrative
67Eye przykuwająca uwagę
68Nieprzyciągająca uwagi
69Poziom 1: Znane pieczęcie zabezpieczające
70Poziom 1.1 znane plomby zabezpieczające:=tak
71Poziom 1.2 znane pieczęcie bezpieczeństwa:=nie
72Poziom 1: Reklama niepowiązana
73Level 1.1 reklama niepowiązana :=yes
74Level 1.2 reklama niepowiązana :=nie (dobra rzecz)
75Dostęp do ważnych informacji ze strony głównej
76Clearne menu
77 Brak wyraźnych powiązań
78Impakt
79Zmarnotrawiona przestrzeń (frywolna)
80Space jest w porządku
81Poziom 1: Układ ogólny
82Level 1.1 zły układ
83Poziom 1.2 układ jest ok.
84Poziom 1: Jasna polityka prywatności/bezpieczeństwa
85 Poziom 1.1 jasna polityka prywatności/bezpieczeństwa
86Poziom 1.2 niejasna polityka prywatności/bezpieczeństwa
87Link to utilities (np. złożyć wniosek o...)
88Clear link to utilities (np. ubiegać się o............)
89 Niejasne powiązanie z przedsiębiorstwami użyteczności publicznej
90Poziom 1: Bilans kolorów
91Level 1.1 balans kolorów pasuje do identyfikacji wizualnej firmy
92 Poziom 1.2 kolorystyka jest zła/nieodpowiednia
93Poziom 1: Wcześniejsza świadomość
94Level 1.1 known positive
95Poziom 1.2 znany negatywny
96Poziom 1.3 nie jest w ogóle znany
97Poziom 1: Dostarczanie informacji o produkcie
98Level 1.1 informacje o produkcie bardzo pouczające
99Level 1.2 niewiele o nowych (produktach/usługach)
100Poziom 1.3 nie dostarczył (wystarczająco) informacji o produkcie
101Poziom 1: Niechciane informacje
102 Poziom 1.1 niewiele informacji zewnętrznych

103Poziom 1.2 Dużo informacji, ale mało prawdopodobne, aby były one użyteczne

104Level 1: Główna wyświetlana funkcja

105Poziom 1.1 skłania się ku temu, aby dowiedzieć się więcej

106 Poziom 1.2 nieistotny

107Poziom 1: Przyjemne projektowanie terenu

108Poziom 1.1 Projektowanie strony przyjaznej dla użytkownika

109Poziom 1.2 ok projekt budowy

110Poziom 1.3 nieprzyjemny projekt budowy

111Level 1: widoczność zabezpieczeń

112Level 1.1 bardzo widoczne zabezpieczenia

113Level 1.2 przedstawia zabezpieczenia, ale nie jest przejrzysty

114Emphasis

115Spend więcej na kartach

116Inwestowanie

117Balanced

118Poziom 1: Informacje dla nowych klientów

119Level 1.1 interaktywne narzędzie do zrozumienia opcji

120Level 1.2 standardowe informacje dla nowych klientów dostarczane

121Poziom 1.3 informacje połączone ze stroną korporacyjną

122Level 1: Informacje dotyczące bezpieczeństwa

123Poziom 1.1 poczucie, że to ma znaczenie

124Poziom 1.2 standardowe "znaczniki"/po prostu inna funkcja

125Poziom 1: Dostępność informacji o stawkach

126Level 1.1 informacje o stawkach jasne na stronie

127Poziom 1.2 informacji o stopie procentowej: oczekuje się, że będzie jej szukać

128Poziom 1: Widoczność wykazów produktów

129 Poziom 1.1 przejrzyste listy produktów

130Poziom 1.2 niejasne listy produktów

131Nieprzyjemny projekt terenu

132Poziom 1: Planowane informacje dotyczące konserwacji

133Poziom 1.1 planowana konserwacja widoczna na powierzchni ekranu

134Poziom 1.2 planowana konserwacja niewyraźna na powierzchni ekranu

135Informacje o kodach bankowych (polityka w zakresie odpowiedzialności)

136Informowanie klienta o kodach bankowych

137Nie informowanie klienta o kodach bankowych
138 Obecność tylko w trybie online
139 Znana marka
140Unknown brand
141Fundusze powiernicze dla dzieci = tak
142Fundusze powiernicze dla dzieci = nie
143Poziom 1: Informacje o ochronie prywatności
144Level 1.1 nie ma
145 Poziom 1.2 ogólny (nie podkreślony)
146Poziom 1.3 poważny (widoczny na ekranie)
147 Poziom 1: Stopień "bałaganu"
148Level 1.1 bałagan
149Level 1.2 in between (some "clutter")
150Poziom 1.3 czysty (bez bałaganu)
151Wygląd handlowy
152Książki komercyjne
153Wygląda niestosownie (niekomercyjnie?)
154Looks Godny zaufania (uczciwy)
155Level 1.1 trustworthy=yes
156Level 1.2 trustworthy=nie
157Poziom 1: Wskazówki dotyczące procesu rozliczeniowego
158Level 1.1 pomocne wskazówki
159Poziom 1.2 nie pomocne wskazówki
160Aktrakcyjny
161Neutralny
162Repellent
163Pleasancja
164Nie jest przyjemny
165 Nachylony do korzystania z niego = tak
166Skłonny do korzystania z niego = nie
167Looks urzędnik
168Could be official
169 Nie wygląda na oficjalnego.
170Level 1: Liczba kolorów
171Level 1.1 kilka kolorów
172Poziom 1.2 średnia liczba użytych kolorów
173Poziom 1.3 Zastosowane kolory o dużej liczbie kolorów
174Level 1: Organizacja stron

175Level 1.1 najlepsza organizacja strony
176Level 1.2 zorganizowany, ale jasny
177Level 1.3 niezorganizowany
178Level 1: Przyjemność czcionek
179Poziom 1.1 dobra sympatyczność czcionek
180Poziom 1.1 słaba sympatyczność czcionek
181Trust (powaga banku)
182Prawdopodobnie irytujące w użyciu
183Nie irytujące
184Poziom 1: ilość zdjęć
185Level 1.1 brak zdjęć
186Poziom 1.2 ok ilość zdjęć
187Level 1.3 zbyt wiele zdjęć
188Level 1: Ilość reklam
189Poziom 1.1 nie ma zbyt wielu reklam
190Level 1.2 podejrzanie wiele reklam
191Poziom 1: Stopień pomocy w ogóle
192 Poziom 1.1 pomocny stopień pomocy
193Level 1.2 nie tak pomocny
194Clearly laid out
195Bad przejrzystość układu
196Clear layout
197Can 't find privacy/legal information
198 Poziom 1: Znalezienie marki banku
199Poziom 1.1 niejasna (znalezisko) nazwa marki
200Poziom 1.2 czytelny do znalezienia nazwy marki
201 Poziom 1: Sprawdzanie dostępności dostępnych opcji
202Poziom 1.1 najczystsze opcje dostępności lub dostępności
203 Poziom 1.2 optymistyczna dostępność, ale konieczne są dalsze inwestycje
204Level 1.3 Niejasna dostępność lub opcje dostępności
205Poziom 1: Pozorna głębokość (aby uzyskać to, co chcesz)
206Level 1.1 wydajna głębokość (aby uzyskać to, co chcesz)
207Level 1.2 nieefektywna głębokość (aby uzyskać to, co chcesz)
208Poziom 1: Pozorna łatwość uzyskania dalszych informacji
209Level 1.1 pozornie łatwy do uzyskania dalszych informacji
210Level 1.2 nie ma pewności, czy uzyskanie dalszych informacji jest łatwe, czy też nie

211 Wygląda na to, że traktują mnie poważnie
212 Wygląda na to, że traktują mnie mniej poważnie
213Poziom 1: Ogólny poziom informacji
214 Poziom 1.1 nie mówi zbyt wiele (zbyt ukryty)
215Level 1.2 ma charakter wyraźnie informacyjny (użyteczne informacje)
216Poziom 1.3 informacje protekcjonalne
217 Poziom 1.4 informacje nieinformacyjne
218Level 1: Estetyka (projekt?)
219Poziom 1.1 puste, złe kolory
220Level 1.2 komiksowy, niewłaściwy projekt
221Poziom 1.3 czysta estetyka (projekt)
222 Poziom 1: Zastosowanie koloru
223Level 1.1 rażący może się zmęczyć
224Level 1.2 bardziej miękki, bardziej tolerancyjny
225Poziom 1: Zmysł użytecznej nawigacji
226Poziom 1.1 nieprzydatne (nawigacja) nieistotne rzeczy w menu
227 Poziom 1.2 nie jest wyraźnie użyteczny, ale może być użyteczny
228 Poziom 1.3 wyraźnie użyteczny

DODATEK D: PROTOKÓŁ EKSPERYMENTALNY - BADANIE UŻYTKOWNIKA DWA

Poniższy protokół eksperymentalny został zastosowany w celu wsparcia badania użytkownika dwa, jak opisano w rozdziale siódmym.

Badanie to dotyczy kwestii użyteczności i zaufania. Zostaniesz poproszony o "przejście" przez żywy serwis bankowości elektronicznej w Wielkiej Brytanii. W ten sposób zostaniesz poproszony o wyartykułowanie (werbalizację) swoich reakcji na witrynę w konkretnym kontekście jej użyteczności, wyglądu i wszelkich aspektów związanych z zaufaniem.

Spróbuj reagować i werbalizować w naturalny sposób, moderator zapisze to, co mówisz. Załóżmy, że jesteś potencjalnym klientem e-banku i że jesteś na etapie wstępnych poszukiwań. Jeśli nie czujesz potrzeby, aby coś powiedzieć, to proszę, nie rób tego!

Jesteś proszony o przejście przez stronę i wykonanie następujących zadań w podanej poniżej kolejności. Nie jest konieczne ani oczekiwane, że będziesz musiał poświęcić dużo czasu na wykonanie tych zadań. Przejdź od jednego zadania do następnego tak płynnie, jak tylko możesz.

- **Zadanie A: Zlokalizowanie danych kontaktowych dotyczących podmiotu udzielającego e-finansowania**
- **Zadanie B: Znajdź informacje na temat różnych typów oferowanych kart kredytowych - jak przekonujące są te produkty?**

- **Zadanie C: Zadanie C: Zlokalizuj wyraźne informacje o zaufaniu i oferowanych zabezpieczeniach na stronie. Wyraź swoje przemyślenia na temat informacji, które znajdziesz.**

ZAŁĄCZNIK E: LOGI WYPOWIEDZI - BADANIE UŻYTKOWNIKA DWA

Poniższe logi zostały pozyskane od uczestników badania drugiego stopnia, jak opisano w rozdziale siódmym. W dziennikach tych zapisywane są wypowiedzi każdego uczestnika badania wraz z innymi istotnymi informacjami pomocniczymi. Zastosowana metoda zapisu była ręczna.

Uwaga 1: (*) Dla każdego zarejestrowanego kodu wymowy zamieszczona jest następująca adnotacja: (+) oznacza sygnał lub odpowiedź pozytywną, (-) oznacza sygnał lub odpowiedź negatywną, a w przypadku gdy odpowiedź jest uważana za neutralną lub w inny sposób nieznaną, kod jest wyświetlany bez żadnej adnotacji.

Wypowiedź Nie: Log-1 {\i1} {\i1}Subject 1, zadanie A}

Przedmioty 1-4: Strona: www.smile.co.uk
[Witryna po raz ostatni udostępniona dla celów niniejszego badania użytkowników w dniu 31 lipca 2007 r.]

Zadanie A: ***Zlokalizuj dane kontaktowe dotyczące podmiotu udzielającego e-finansowania.***

Stan systemu	*Działania użytkownika /systemu*	*Wypowiedź (wypowiedzi)*	*Komputerowe znaki, do których się odnoszą:*	*Kod wypowiadania się(*)*
S1 (strona domowa)	Użytkownik loguje się na *stronie głównej.* ["slow" to load?]	"Oto bank uśmiechu". Co jest nie tak z tą stroną...?" "...linki boczne nie są wyświetlane prawidłowo."	Linki boczne.	UC2(-); UC3; UC10(-); UC5(-).
S1 (strona domowa)	*Wyświetlacze strony domowej.*	"Odświeżam stronę, ale	Linki?	UC2(-).

	(odświeża się.)	problem pozostaje."		
S1 (strona domowa)	*Wyświetlacz e strony domowej.*	"Jest tak wiele linków na górze i z boku strony." "Uhmmm... Gdzie ta zawartość byłaby na stronie?"	Linki.	UC2(-).
S2/S3	Użytkownik klika na link "*porozmawi aj z nami*". (otwiera się nowa strona.)	"To było dość proste, wszystkie wymagane informacje są wyświetlane na tej stronie."	Informacje o produkcie.	UC9(+).

Wypowiedź Nie: Log-2 {\i1} {\i1}Temat 2, zadanie A.{\i0}

Przedmioty 1-4: Strona: www.smile.co.uk

Zadanie A: ***Zlokalizowanie danych kontaktowych dotyczących podmiotu udzielającego e-finansowania***

Stan systemu	*Działania użytkownika/ systemu*	*Wypowiedź (wypowiedzi)*	*Komputerow e znaki, do których się odnoszą:*	*Wypowiedź Kod*
S1 (strona domowa)	Użytkownik wchodzi na *stronę domową.*	"Oh, to jest uśmiech!" "Chyba mój przyjaciel Samara korzysta z tego banku!"	Kolory znaku firmowego/b randowego.	UC6(+); UC3.

		"Czego dokładnie szukam?"		
S1 (strona domowa)	*Wyświetlacze strony domowej.*	"ehhh, w lewym dolnym rogu strony głównej wyświetlany jest znak weryfikacji [pieczęć]." "Muszę znaleźć dane kontaktowe... powinny być tutaj, tak!"	Pieczęć zaufania Verisign.	UC3.
S2/S3 S2/S3 c.d.	Użytkownik klika na link "*rozmawiaj z nami*". (otwiera się nowa strona.)	"Udostępniono różne metody kontaktu z bankiem, takie jak telefon, e-mail i tak dalej." "Nie wiem dlaczego, ale zapomniałem, co chciałem teraz powiedzieć... mój umysł jest kompletnie pusty!"	Linki; Wskazówki tekstowe; (dane kontaktowe.)	UC9(+).

Wypowiedź Nie: Log-3 {\i1}{\i1}Potem 3, zadanie A.{\i0}
Przedmioty 1-4: Strona: <u>www.smile.co.uk</u>

Zadanie A: ***Zlokalizuj dane kontaktowe dotyczące podmiotu udzielającego e-finansowania.***

Stan systemu	*Działania użytkownika/ systemu*	*Wypowiedź (wypowiedzi)*	*Komputerowe znaki, do których się odnoszą:*	*Kodeks Wypowiadania się*
S1 (strona domowa)	Użytkownik wchodzi na *stronę domową*. (strona domowa ładuje.)	"Czy to jest prawdziwe... czy to jest prawdziwy bank?" "I tak nigdy wcześniej nie słyszałem o tym banku [marka]!"	Kolory znaku firmowego/brandowego.	UC7(-); UC1; UC3.
S1 (strona domowa)	*Wyświetlacze strony domowej*.	"W każdym razie główne nagłówki kategorii nie są wyświetlane prawidłowo!"	Linki.	UC2(-);
S2/S3	Użytkownicy klikają na "rozmawiaj *z nami"*. Link. (otwiera się nowa strona)	"ahhh... dane kontaktowe[rmation] powinny gdzieś tu być?" "To jest dobre!" "Różne opcje kontaktu z bankiem uśmiechów są dostępne na tej stronie internetowej."	Linki; Wskazówki tekstowe (dane kontaktowe).	UC9(+); UC5(+).
S3	Kliknięcia użytkownika na link "*pomoc*" (wyświetlani	"Oh! Jak mam wrócić do strony domowej? "Nie ma	Link do strony domowej .	UC2(-); UC5(-).

	e nowej strony)	żadnej strony domowej ani przycisku powrotu!"		

Wypowiedź Nie: Log-4 {\i1} {\i1}Temat 4, zadanie A.{\i0}

Przedmioty 1-4: Strona: www.smile.co.uk

Zadanie A: ***Zlokalizuj dane kontaktowe dotyczące podmiotu udzielającego e-finansowania.***

Stan systemu	*Działania użytkownika/ systemu*	*Wypowiedź (wypowiedzi)*	*Komputerowe znaki, do których się odnoszą:*	*Kodeks Wypowiadania się*
S1 (strona domowa)	Ładunki *na stronę domową.*	"Różowe pismo [kolor marki] yuk!"	Kolory marki.	UC5(-); UC1(-).
S1 ("*Talk-to-us*" link aktywowany.)	Kliknięcia użytkownika na link "*talk to us*". (otwiera się nowa strona)	"Baner pokazuje humor, mówiąc '*ostrzeżenie o bogactwie*'".	Baner (animowany przewijany wyświetlacz tekstowy).	UC3(+).
S2/S3	Strona z widokami	"Wymagane dane kontaktowe są dostępne tutaj, na tej jednej stronie."	Kontaktowe informacje tekstowe	UC9(+).

Wypowiedź Nie: Log-5 {\i1} {\i1}Temat 1, zadanie B}
Przedmioty 1-4: Strona: www.smile.co.uk

Zadanie B: ***Zlokalizuj informacje o różnych typach oferowanych kart kredytowych***
- Jak bardzo przekonujące są te produkty?

Stan systemu	*Działania użytkownika/s ystemu*	*Wypowiedź (wypowiedzi)*	*Komputerow e znaki, do których się odnoszą:*	*Kodeks Wypowiad ania się*
S1 (strona domowa) S2 (nowa strona "*dlaczego uśmiech*" otwiera się)	Użytkownik ogląda *stronę domową*. Użytkownik klika w hipertekstowy link "*dlaczego się uśmiechać*" (otwiera się nowa strona).	[żaden] "To nie jest strona domowa?" "Widziałem opcje na stronie domowej o kartach kredytowych".	Linki.	UC2; UC1(-); UC5(-).
S2/S3 (Strona banku otwiera się) S3/4 (otwiera się nowa strona)	Kliknięcia użytkownika na link "*bank*" Wyświetla się nowa strona "*Bank*". Użytkownik klika w *link* "*Bank - karta kredytowa*".	"Co się dzieje?" "Hmmm" "O co chodzi z tym kolorem?" "Różowy nie wygląda profesjonalnie" "Produkty muszą być pod *bankiem...*"	Linki? Kolor marki.	UC3(-); UC5(-).
S3 (nowa strona Wyświetlono "Bank/kartę kredytową")	Nowa strona: Strona "*Bank/karta kredytowa*" wyświetla/kliknięcie użytkownika na link "*karta kredytowa*" po stronie LH.	"Ta strona wyświetla produkty, które oferują; w lewej części strony znajduje się link do karty kredytowej". "Więc jakie karty kredytowe są oferowane?"	Link do karty kredytowej; Lista produktów.	UC9.

S3/S4/S1	Wyświetlana jest strona "*Karta kredytowa*", [użytkownik klika na link, aby powrócić do poziomu strony głównej].	"Ten bank oferuje klasyczną i złotą kartę." "Oh! Oferowane stopy procentowe wydają się być konkurencyjne!" "OK, ruszajmy dalej! [powrót]"	Informacje o produkcie.	UC9(+).

Wypowiedź Nie: Dziennik 6 {\i1}{\i1}Punkt 2, zadanie B}

Przedmioty 1-4: Strona: <u>www.smile.co.uk</u>

Zadanie B: ***Zlokalizuj informacje o różnych typach oferowanych kart kredytowych***
- Jak bardzo przekonujące są te produkty?

Stan systemu	*Działania użytkownika /systemu*	*Wypowiedź (wypowiedzi)*	*Komputerowe znaki, do których się odnoszą:*	*Kodeks Wypowiadania się*
S1 (strona domowa) S2 (nowe "*dlaczego się uśmiechać*") strona)	Użytkownik ogląda *stronę domową*. Użytkownik klika na hipertekstowy link do logo "uśmiech", a następnie na link "*karta kredytowa*". (otwiera się nowa strona)	"Strona ładuje się trochę wolno!" "To powinno być tutaj..."	Strona holistyczna; (częstotliwość odświeżania)	UC10(-).

S2/S3	Wyświetla się nowa strona "*Bank/karta kredytowa*".	"Oh! Nawigacja na tej stronie internetowej mogłaby być ulepszona, ponieważ nie wydaje się być zbyt przyjazna!" "Karty kredytowe oferowane? Karty kredytowe oferowane?" "Nareszcie!" "Oferują dwie karty kredytowe: złotą i klasyczną."	Linki. Informacje o produkcie.	UC2(-); UC10.
S4	Użytkownik wyszukuje link, a następnie klika przycisk powrotu do przeglądarki . (wraca do strony głównej)	"A teraz... jak mam wrócić do poprzedniej strony?" "Element nawigacyjny strony powinien zdecydowanie wymagać poprawy!" "Nie powinienem klikać w przeglądarkę..."	Linki nawigacyjne.	UC2(-).

Wypowiedź Nie: {\i1}Log-7 {\i1}{\i1}Subjekt 3, zadanie B.{\i0}

Przedmioty 1-4: Strona: www.smile.co.uk

Zadanie B: ***Zlokalizuj informacje o różnych typach oferowanych kart kredytowych***
- Jak bardzo przekonujące są te produkty?

Stan systemu	*Działania użytkownika /systemu*	*Wypowiedź (wypowiedzi)*	*Komputerowe znaki, do których się odnoszą:*	*Kodeks Wypowiadania się*
S1 (strona domowa) S2 (link inwestycyjny aktywowany)	Użytkownik ogląda *stronę domową*. Użytkownik klika na link hipertekstowy "*zainwestuj*", następnie na link karty kredytowej (otwiera się nowa strona)	"Ta strona internetowa jest słabo zaprojektowana". "Czy ta strona internetowa zawiera informacje o karcie, którą oferuje...?"	Strona holistyczna; (projekt)	UC1(-); UC9(-).
S2/S3	Nowe: "*Bank/karta kredytowa* " wyświetlana jest strona ".	"Nie?" "Nareszcie! Informacje o kartach kredytowych." "Tu są pewne liczby". "Emm...podają informacje o złotej karcie kredytowej i klasycznej karcie." "Typowa APR dla kredytów wynosi 6,9%". "To brzmi rozsądnie!"	Link do karty kredytowej; Lista produktów.	UC9(+).
S4	Użytkownik wyszukuje	"Idąc dalej..."	Linki nawigacyjne.	UC2.

	link, a następnie klika przycisk *powrotu do* przeglądarki . [wraca do strony głównej]			

Wypowiedź Nie: Log-8 {\i1}{\i1}Punkt 4, zadanie B}

Przedmioty 1-4: Strona: www.smile.co.uk

Zadanie B: ***Zlokalizuj informacje o różnych typach oferowanych kart kredytowych***
- Jak bardzo przekonujące są te produkty?

Stan systemu	*Działania użytkownika /systemu*	*Wypowiedź (wypowiedzi)*	*Komputerowe znaki, do których się odnoszą:*	*Wypowiedź Kod*
S1 (strona domowa) S2 (nowe "*dlaczego się uśmiechać*") strona)	Użytkownik ogląda *stronę domową.* Użytkownik klika na link hipertekstowy "*bank*", a następnie na link "*karta kredytowa*". [nowa strona otwiera się]	"Na stronie głównej jest więcej linków..."	Linki nawigacyjne.	UC2.
S3	Nowe: "*Bank/karta kredytowa* "	"Ta strona wymaga czasu, aby się	Lista produktów.	UC10; UC9(+);

	wyświetla strony.	załadować, w końcu zdjęcia się załadowały." "Ten bank wydaje się oferować nagradzane karty kredytowe, w tym karty *Classic* i *Gold*". "Nigdy nie słyszałem o nagradzanych kartach kredytowych!"		UC6(-).

Wypowiedź Nie: Log-9 {\i1} {\i1}Temat 1, zadanie C}

Przedmioty 1-4: Strona: www.smile.co.uk

Zadanie C: *Zlokalizuj wyraźne informacje o zaufaniu i oferowanych zabezpieczeniach na stronie.*
Wyraź swoje przemyślenia na temat informacji, które znajdziesz.

Stan systemu	*Działania użytkownika /systemu*	*Wypowiedź (wypowiedzi)*	*Komputerowe znaki, do których się odnoszą:*	*Kodeks Wypowiadania się*
S1 (strona domowa) S2 (łącze bezpieczeństwa jest	Użytkownik ogląda *stronę domową.* Kliknięcia użytkownika na hipertekstowy link "*bezpieczeń*	"Teraz muszę zlokalizować informacje o bezpieczeństwie..."	Linki.	UC2.

aktywowane)	*stwo*" (otwiera się nowa strona)			
S2 Strona dotycząca bezpieczeńst wa	Nowy: Wyświetla się strona "*Bezpieczeń stwo*".	"Pierwsza informacja wyświetlana na tej stronie mówi o przekazywaniu treści wysyłanych przez spamerów." "Jest pewna sprzeczność." "Wspomina się, że oferują niezwykle bezpieczną usługę bankowości internetowej wspierającą ISO27001." "Po prostu nie wierzę, że ten bank ma najlepsze systemy zabezpieczeń, jakie twierdzi, że ma." "Chociaż, wyświetlają symbole Verisign i kłódki na stronie, której nie znam. Chyba skończyłem".	Narracja na miejscu. Zewnętrzny Bezpieczeńst wo Standard.	UC9(-); UC3.

Wypowiedź Nie: Log-10 {\i1}{\i1}Temat 2, zadanie C}

Przedmioty 1-4: Strona: <u>www.smile.co.uk</u>

Zadanie C: ***Zlokalizuj wyraźne informacje o zaufaniu i oferowanych zabezpieczeniach na stronie.***
Wyraź swoje przemyślenia na temat informacji, które znajdziesz.

Stan systemu	*Użytkownik/ Działania systemowe*	*Wypowiedź (wypowiedzi)*	*Komputerowe znaki, do których się odnoszą:*	*Wypowiedź Kod*
S1 (strona domowa) S1 lit. a) (Pieczęć Verisign jest aktywowana) S1 S1/S2	Widoki użytkownika: *strona domowa*. Użytkownicy klikają: Pieczęć zaufania "*Verisign*". Pieczęć wyświetla cyfrowe informacje o certyfikatach. Użytkownik klika na link hipertekstowy "*bezpieczeństwo*" (otwiera się nowa strona).	"Teraz muszę zlokalizować informacje o bezpieczeństwie..." "Co to jest?" "Wyświetlony certyfikat potwierdza uśmiechnięty Bank jest ważny". "OK, bardzo ciekawe."	Linki. Pieczęć zaufania.	UC2; UC3(+) UC5(+).
S2 Strona dotycząca bezpieczeństwa	Nowość: Wyświetla się strona "*Bezpieczeństwo*".	"Ta strona zawiera wiele przydatnych informacji, od ogólnych zabezpieczeń po wskazówki dotyczące ochrony mojego komputera." "I, *Uśmiech* zainwestował dużo pieniędzy w zaawansowane	Narracja na miejscu; Standard bezpieczeństwa zewnętrznego.	UC9(+).

		środki bezpieczeństwa, aby chronić naszych klientów." "Chyba przeczytałem tu coś o certyfikacie bezpieczeństwa." "Yeah, tam jest!" "Uśmiech posiada certyfikat bezpieczeństwa ISO27001, który ich zdaniem jest bardzo bezpieczny."		

Wypowiedź Nie: Log-11 {\i1}{\i1}Temat 3, zadanie C}

Przedmioty 1-4: Strona: www.smile.co.uk

Zadanie C: ***Zlokalizuj wyraźne informacje o zaufaniu i oferowanych zabezpieczeniach na stronie.***
Wyraź swoje przemyślenia na temat informacji, które znajdziesz.

Stan systemu	*Działania użytkowni ka/system u*	*Wypowiedź (wypowiedzi)*	*Komputero we znaki, do których się odnoszą:*	*Kodeks Wypowia dania się*	*Przedm iot*
S1 (strona domowa) S2 (łącze bezpieczeń stwa jest aktywowa ne)	Widoki użytkowni ka: *strona domowa*. Kliknięcia użytkowni ka na hipertekst owy link "*bezpiecze ństwo*" (otwiera się nowa strona)	[Żaden]	Linki.	UC2.	3
S2 Strona dotycząca bezpieczeń stwa	Nowość: Wyświetla się strona "*Bezpiecze ństwo*".	"Informacje o bezpieczeństwi e zostały dobrze wyświetlone, ponieważ są podzielone na odpowiednie kategorie." "Terminy, które nie są łatwe do zrozumienia, zostały	Narracja na miejscu.	UC9(+).	3

		wyjaśnione w słowniku, który został dołączony."			

Wypowiedź Nie: Log-12 {\i1}{\i1}Punkt 4, zadanie C}

Przedmioty 1-4: Strona: www.smile.co.uk

Zadanie C: ***Zlokalizuj wyraźne informacje o zaufaniu i oferowanych zabezpieczeniach na stronie.***
Wyraź swoje przemyślenia na temat informacji, które znajdziesz.

Stan systemu	*Działania użytkownika /systemu*	*Wypowiedź (wypowiedzi)*	*Komputerowe znaki, do których się odnoszą:*	*Kodeks Wypowiadania się*
S1 (strona domowa) S2 (łącze bezpieczeństwa jest aktywowane)	Widoki użytkownika: *strona domowa.* Kliknięcia użytkownika na hipertekstowy link "*bezpieczeństwo*" (otwiera się nowa strona)	[Żaden]	Linki.	UC2.
S2 Strona dotycząca bezpieczeństwa Wyświetlacze.	Nowy: Wyświetla się strona "*Bezpieczeństwo*".	"W tej sekcji jest zbyt wiele informacji, chociaż zostały one wyświetlone za pomocą punktów kulistych."	Strona Narracja.	UC9(-); UC9(+).

		"Ważne jest, aby wiedzieć, że strona internetowa posiada niezbędną ochronę, ale powinna być wyrażona w sposób prosty dla konsumenta". "Z tego, co przeczytałem w tej sekcji, wynika, że ten bank zainwestował wiele w bezpieczeństwo tej strony."		

Spis treści

MIX

Papier | Fördert gute Waldnutzung

FSC® C083411

Kolibri 360 GmbH
Ferdinand-Jühlke-Straße 7
99095 Erfurt, Deutschland
produktsicherheit@kolibri360.de

Druck:
CPI Druckdienstleistungen GmbH
im Auftrag der
Kolibri 360 GmbH
Ferdinand-Jühlke-Str. 7
99095 Erfurt